Zum Teufel mit der Hölle

Geschichte des Teufels, der Hölle und des Fegefeuers

D1725646

Peter W.F. Heller

Zum Teufel mit der Hölle

Geschichte des Teufels, der Hölle und
des Fegefeuers

Engelsdorfer Verlag
2010

Bibliografische Information durch
die Deutsche Nationalbibliothek:
Die Deutsche Nationalbibliothek verzeichnet diese Publikation in der
Deutschen Nationalbibliografie; detaillierte bibliografische Daten
sind im Internet über http://dnb.d-nb.de abrufbar.

ISBN 978-3-86901-780-8
Copyright (2010) Engelsdorfer Verlag
Alle Rechte bei Peter W. F. Heller
Fotos: Jingru Yang-Heller
Zeichnungen: Natascha Weber

Hergestellt in Leipzig, Germany (EU)
www.engelsdorfer-verlag.de

14,50 Euro (D)

Die Geschichte liegt nicht in den Händen dunkler Mächte, des Zufalls oder allein im menschlichen Ermessen. Über der Entfesselung böser Kräfte, dem ungestümen Einbrechen des Teufels und dem Auftauchen so vieler Plagen und Übel, erhebt sich der Herr, der höchste Richter über den Verlauf der Geschichte.

Papst Benedikt XVI.,
achter Papst deutscher Abstammung,
in einer Ansprache während der Generalaudienz
vom 11. Mai 2005.

Die klimatischen Bedingungen in der Hölle sind sicherlich unerfreulich, aber die Gesellschaft dort wäre von Interesse.

Oscar Wilde,
irischer Schriftsteller, 1854 – 1900.

.

Inhalt

Vorwort

Das Böse kam mit Adam und Eva in die Welt. Läßt man das ebenso mythische wie biblische Ur-Paar außer Acht, stellt sich die Erkenntnis ein, daß das Böse von Anbeginn an ebenso zur Menschlichkeit gehört wie das Gute. – Eine Einsicht, zu der bereits Generationen von Philosophen, Kirchendenkern und Kriminalautoren gelangt sind und diese breitflächig in der Literatur niedergelegt haben.

Für die ersten Exemplare der Gattung *Homo erectus*, kaum über das Stadium der Unterscheidbarkeit von ihren äffischen Verwandten hinaus, dürften sich Gut und Böse als „fressbar" und „gefressen werden" dargestellt haben.

Mit fortschreitender Zivilisierung erhielten Gut und Böse komplexe Inhalte, welche ihren Ausdruck in Form von Gesetzen sowohl für den Umgang der Menschen mit den Göttern als auch der Menschen untereinander erhielten. Als hilfreich erwies sich in der gesamten Menschheitsgeschichte stets, wenn die „Spielregeln" mit der Autorität des Gottgegebenen ausgestattet werden konnten, was eine gewisse Unantastbarkeit oder zumindest den Ausschluß jeden Hinterfragens verhieß. Die mosaischen Zehn Gebote sind das bekannteste Beispiel dafür.

Bei Mißachtung der Gesetze droht im Judentum die Begegnung mit Gottes Zorn, im Christentum mit dem Teufel und dem unbefristeten Einsitzen in der Hölle.

In der christlichen Religion wird das Böse als Teufel mit Wohnsitz in der Hölle personifiziert. Letztere muß „tief unten" sein, denn das Gute, der Himmel, ist „hoch droben". – Und der sündige Mensch irgendwo dazwischen.

Das Problem ist nur, daß in der biblischen Schöpfungsgeschichte, der Genesis, sowohl Teufel als auch Hölle von der Schöpfung ausgenommen sind; auch im weiteren Inhalt des Alten Testaments findet sich kein Hinweis auf den Leibhaftigen oder seine Wohnung. Die oft und gern zitierte „Hölle" im 14. Kapitel des prophetischen Buches Jesaja hat mit

9

der christlichen Hölle nichts zu tun, was auch für die Auslegung des „vom Himmel gefallenen Morgensterns" als „gefallener Engel" gilt; beides sind wortgewaltige Kommentare zur Verdrängung eines kanaanitisch-syrischen Gottes durch den judäischen Gott Jahwe. Erst die Übersetzung machte die Hölle zur Hölle, gemeint war etwas ganz anderes.

Nicht ganz schuldlos daran sind die Kirchen, in mehr als nur einem Fall höchst eigenwilliger Geschichtsoptimierung überführt: Legenden werden zur absoluten Wahrheit dogmatisiert und die Wahrheit, so sie zu deutlich zutage tritt, als häretisch verurteilt und totgeschwiegen.

Es geht nicht mehr allein um die Rettung der christlichen Seelen, nein, es geht um die Rettung der ganzen Welt, zumindest in der Katholischen Kirche und wenn man den Ausführungen „Zur Lage des Glaubens" Josef Ratzingers aus dem Jahr 1984 folgt, als er noch Kardinal und nicht Papst Benedikt VXI. war:

> Und deshalb müssen wir ihn weiterhin in jenen Zonen der Angst und Unfreiheit, die in nichtchristlichen Religionen oft zu finden sind, verkündigen. Mehr noch: die atheistische Kultur der modernen westlichen Welt überlebt noch dank der vom Christentum bewirkten Befreiung von der Angst vor den Dämonen. Sollte dieses erlösende Licht des Christentums aber erlöschen, würde die Welt samt all ihrem Wissen und ihrer Technologie in eine ausweglose Angst vor der Unheimlichkeit und Undurchschaubarkeit des Seins zurückfallen. Schon jetzt gibt es Anzeichen für die Wiederkehr solch dunkler Mächte, und in der säkularisierten Welt finden Satanskulte immer weitere Verbreitung...

Um dem Teufel, seiner Hölle und seiner Entstehung auf die Schliche und die Spur zu kommen, muß tief in die Geschichte gegriffen und bei Adam und Eva angefangen werden. Wer meint, daß diese beiden biblischen Gestalten völlig aus der Luft gegriffen wären, der irrt: das Paradies mit Adam, Eva und der Schlange hatte ein reales Vorbild, was sich allerdings als alles andere als konform mit der kirchlichen Meinung erweist.

Das Alte Testament der Bibel ist bei der Suche nach den Ursprüngen der Teufelslegende gleichermaßen hilfreich wie irreführend. Noch in den 1950er-Jahren schienen die archäologischen Befunde die biblischen Darstellungen zu bestätigen, doch mit der zunehmenden Zahl der Grabungen und der einhergehenden Verfeinerung der Datierungsmethoden erschloß sich das Bild einer historisch höchst unzuverlässigen Bibel. Hilfreich ist das Alte Testament als Wegweiser zu den Schauplätzen der biblischen Geschichte und zum Aufschluß der politischen und religiösen Situation im Palästina um das 6. Jahrhundert v. Chr. sowie der in dieser Phase schriftlich als Mittel zum Zweck fixierten Volkserzählungen. – Die Verfasser des Alten Testaments waren Interpreten, keine Chronisten.

Eine rein theologische oder gar philosophische Suche ist in diesem Zusammenhang fehl am Platz, denn es gilt Greifbares zu ermitteln.
Synthesen und Einzelergebnisse für historische und kulturhistorische Zusammenhänge liefert die Wissenschaft, dies im Verbund nicht nur benachbarter Disziplinen wie der Altorientalistik, Alten Geschichte, Theologie und Religionswissenschaft, Klassischen Philologie und Archäologie, Vor- und Frühgeschichte, Semitistik, Vergleichender Sprachwissenschaft und Ethnologie, sondern auch interdisziplinär mit der Geologie, Meteorologie, Chemie und Physik.
Dem Außenstehenden bleiben die Ergebnisse der Wissenschaftler häufig verschlossen, obgleich die veröffentlichen Erkenntnisse jedem zur Verfügung stehen. Nur sind diese zumeist in einer dialektischen Sprache abgefaßt, welche der Nichtwissenschaftler kaum in der Lage zu verstehen ist.
Die Verwendung dieser Fachsprache ist notwendig, um Sachverhalte klar, eindeutig und unverwechselbar benennen zu können. Aber selbst wenn durch Zuhilfenahme eines Fremdwörterlexikons Formulierungen übertragen werden, fehlen die zugehörigen Hintergrundinformationen, die fest mit dem dialektischen Ausdruck verbunden sind.
So bleibt es nicht aus, daß in einem Populärbuch zu einem ursprünglich theologischen Thema die Notwendigkeit gegeben ist, den sprachlichen

und informativen Bogen weiter als in einer wissenschaftlichen Abhandlung zu schlagen. Genauso muß in einem solchen Umfeld auf die gründliche Betrachtung bestimmter Details verzichtet werden, was in der rein fachlichen Literatur eine Unmöglichkeit darstellt. Auch können Vermutungen geäußert werden, die ansonsten keinen Eingang finden würden.

Es bleibt ein Privileg des populärwissenschaftlichen Sachbuches, Wissenschaft als Abenteuer darzustellen und damit allgemein zugänglich zu machen.

Die ältesten Spuren „teuflischer" Aktivitäten finden sich in vorsumerischer Zeit in Mesopotamien, dem Land an Euphrat und Tigris; die jüngsten Spuren begegnen nicht im „finsteren" Mittelalter, sondern im Europa unserer Tage.

In angemessener Balance zwischen wissenschaftlicher Korrektheit und Allgemeinverständlichkeit blättert dieses Buch eine "teuflische" Geschichte auf, wie sie der Leser vermutlich so noch nicht erlebt hat. – Und rüttelt kräftig am tradierten Bild vom Teufel, der Hölle und dem Fegefeuer.

Adam und Eva mit Feigenblatt, Schlange und Apfel.
Albrecht Dürers Stich aus dem Jahre 1504 spiegelt die Vorstellung des Mittelalters vom Paradies.

Mit Adam und Eva...

Mit Adam und Eva kam das Böse in die Welt, welches der auf Erden verteilten Nachkommenschaft bis heute als Erbsünde, kirchenlateinisch *peccatum originale originatum*, angelastet wird.

Die Schuldigen sind bei Lektüre des Alten Testaments der Bibel schnell ausgemacht, es sind Eva und eine namenlose Schlange sowie ein nicht ganz harmloser Apfel. - Zumindest nach kirchlicher Meinung.

Harmlos ist nur Adam, denn der hat von dem ganzen Schlamassel viel zu spät gemerkt und wird schlußendlich in die Haftung einbezogen.

Hatte Adam für eine nicht mehr näher bestimmbare Zeit ein sowohl anspruchsloses Vegetarier- als auch geruhsames Junggesellendasein geführt, war es mit letzterem langsam aber sicher vorbei, als Gott sich zur Entnahme einer Rippe Adams entschloß, um ihm aus dieser eine Gefährtin zu erschaffen. - Bekanntlich ist der Mensch nicht gern allein.

Nach dem metamorphosischen Schöpfungsakt hatte Adam zu akzeptieren, daß zu den Früchten des Paradieses fortan auch eine Eva zählte.

Kost und Logis waren gratis, erlaubten doch zum einen die klimatischen Gegebenheiten ein Wohnen unter freiem Himmel und zum anderen die Worte des Herrn das Verspeisen sämtlicher Früchte. Letzteres mit Ausnahme des besagten Apfels, der artfremd am Baum der Erkenntnis wuchs und dementsprechend eine gewisse Unbekömmlichkeit verhieß. Auf diese hatte Gott besonders hingewiesen und das ausgesprochene Verbot um den Hinweis auf die mortalen Folgen ergänzt.

Das paradiesische Leben ging eine ganze Weile gut, bis die bereits genannte Schlange Eva in einem Moment des Alleinseins erwischte und in ein Gespräch verwickelte. Was bei dem Gespräch unter Damen, so denn die Schlange eine solche war, herauskam, war für Eva eine neue Sicht der Dinge, daß nämlich der Apfel zum einen nicht lebensbedrohend sei und zum anderen zur Klugheit verhelfe, welche Eva ganz offensichtlich fehlte.

Auf diese Weise motiviert, pflückt Eva das Obst der besonderen Art und läßt, wie es sich in einer ordentlichen Partnerschaft gehört, auch Adam kräftig zubeißen.

Im Alten Testament der Bibel, im zweiten und dritten Kapitel der Genesis, ist das Geschehen weitaus weniger salopp formuliert und nimmt im weiteren Verlauf sein Ende mit dem Rauswurf des Paares sowie der Schlange aus dem Paradies durch den erzürnten Hausherrn[1]:

> Da sprach Gott der Herr zu der Schlange: Weil du solches getan hast, seist du verflucht vor allem Vieh und vor allen Tieren auf dem Felde. Auf deinem Bauche sollst du gehen und Erde Essen dein Leben lang.
>
> Und ich will Feindschaft setzen zwischen dir und dem Weibe und zwischen deinem Samen und ihrem Samen. Derselbe soll dir den Kopf zertreten, und du wirst ihn in die Ferse stechen.
>
> Und zum Weibe sprach er: Ich will dir viel Schmerzen schaffen, wenn du schwanger wirst; du sollst mit Schmerzen Kinder gebären; und dein Verlangen soll nach deinem Manne sein, und er soll dein Herr sein.
>
> Und zu Adam sprach er: Dieweil du hast gehorcht der Stimme deines Weibes und gegessen von dem Baum, davon ich dir gebot und sprach: Du sollst nicht davon essen, - verflucht sei der Acker um deinetwillen, mit Kummer sollst du dich darauf nähren dein Leben lang.
>
> Dornen und Disteln soll er dir tragen, und sollst das Kraut auf dem Felde essen.
>
> Im Schweiße deines Angesichts sollst du dein Brot essen, bis daß du wieder zu Erde werdest, davon du genommen bist. Denn du bist Erde und sollst zu Erde werden.

---

[1] AT, I. Mose 3, 14-19

Die Handlung scheint auf den ersten Blick höchst profan und aus dem Stoff gefertigt zu sein, aus dem die Menschheit seit eh und je Mythen und Legenden webt.

Doch da hier vorgeblich mit dem Menschen das Böse in Gestalt der Schlange in die Welt trat, lohnt sich eine kritischere Betrachtung der wortmächtigen Schilderung schlichter Vorgänge, denn gerade dieser Abschnitt der Genesis birgt ein Übermaß an Hinweisen und Informationen in sich. – Und zeigt auf, wie Ereignisse aus prähistorischer und antiker Zeit ihre literarischen Schatten bis in die Gegenwart werfen können.

Abb. 1: Der Apfel.
Nichts drin und nichts dran am Apfel, den Eva vom Baum der Erkenntnis pflückte.

Er gehört zur Familie der Rosengewächse, *Rosaceae*, und hat seinen Ursprung aller Wahrscheinlichkeit nach in Asien. Er wächst sowohl als laubwerfender Baum als auch als Strauch oder Dickicht, vorzugsweise in der nördlichen gemäßigten Klimazone Asiens, Europas und Nordamerikas. Die Größe der Frucht reicht, je nach Art, von der einer Kirsche[2] bis zum Kinderkopf. – Der Apfel.

Daß das Pflücken und Verspeisen eines einfachen Gewächses aus der Gattung des Kernobstes, *Pyrinae*, zum Verweis aus dem Paradies ausreicht, mutet seltsam an; das zu recht und trotz des ausgesprochenen Verbots (Abb. 1).

Daß sich der Apfel schon bei den ältesten Kulturen einer hohen Wertschätzung erfreute, belegen die Götterlisten aus Šuruppak, keilschriftliche Texte aus dem heutigen Fāra im Irak. Den Tontafeln ist zu entnehmen, daß der Apfel als Mittel zum Zweck bereits in der sumerischen Kosmogonie, der Weltschöpfungsgeschichte, eingesetzt wird:

Im sumerischen Dilmun-Mythos, in seinen Grundzügen vor der ersten Hälfte des 3. vorchristlichen Jahrtausends entstanden, wird geschildert, wie die Göttin der Weberei und Wäscherei, Uttu[3], den Gott Enki, akkadisch *a'a*, „Herr der Erde", mit Früchten, darunter auch besagte Äpfel, locken will, um ihn zu ihrem Diener zu machen. Doch Enki erfährt von dem Vorhaben und fängt den beauftragten Gärtner ab[4]:

> „Wer bist du?"[5]
> Enki antwortet dem Gärtner:
> Bringe mir Gurken mit ihren phallischen Schäften.
> Bringe mir riesengroße Äpfel.
> Bringe mir Trauben mit ihren Reben.
> Und er brachte ihm Gurken mit ihren phallischen Schäften.

---

[2] Beispielhaft der Japanische Apfel und der Kirschapfel.
[3] Mit Enkelin Ninkurra gezeugte Urenkelin Enkis.
[4] Nach Maurice Lambert.
[5] Fragender ist der Gärtner.

Er brachte ihm riesengroße Äpfel.
Er brachte ihm Trauben mit ihren Reben:
er hatte den ganzen Schoß voll.
Da leuchtete Enkis Gesicht, er ergreift seinen Stab.
Er geht hin, der Gott Enki geht hin zu Uttu.
Er klopft an die Tür: „Mach auf!" ruft er.
Sie sagt: „Wer bist du denn, du?"
Er antwortet: „Ich bin der Gärtner.
Ich bringe dir Gurken, Äpfel und Trauben, soviel du willst."
Uttu öffnet jauchzenden Herzens die Tür ihres Hauses.
Und Enki gab Uttu, der Schönen,
die Gurken mit ihren phallischen Schäften,
gab ihr die riesengroßen Äpfel,
gab ihr die Trauben mit ihren Reben,
und Uttu lief zu ihm hin und klatschte ihm Beifall
mit beiden Händen.
Enki warf sich auf Uttu.
Er faßte sie an der Brust und, auf ihren Beinen liegend,
bog er ihre Schenkel auseinander und liebkoste sie.
Er faßte sie an der Brust, und auf ihren Beinen liegend,
tat er dem jungen Mädchen Gewalt an. Er küßte sie,
und Enki überschwemmte Uttu mit seinem Samen,
und sie empfing den Samen, den Samen des Gottes Enki.

Die mythische Dichtung um Uttu und Enki bezeugt, daß der Apfel eine ebenso beliebte wie uralte Kulturpflanze ist. Doch von besonderen Eigenschaften, anders als bei der zum Aphrodisiakum stilisierten Gurke oder einer wesentlichen Rolle der Frucht im Reich der Götter, ist keine Rede.

Ende des 4. oder 5. Jahrhunderts wird Sophronius Eusebius Hieronymus von Stridon, geboren um 347 in Stridon, Dalmatien, gestorben 419 oder am 30. September 420 in Bethlehem, heiliggesprochen. Er zählt mit Papst Gregor I., Ambrosius von Mailand sowie Augustinus von Hippo zu den vier lateinischen Kirchenlehrern der Spätantike. Zu seinen größten Verdiensten wird seine *Vulgata* gezählt, welche er Ende des 4. Jahrhunderts vorlegt, eine vollständige, das Alte und das Neue Testament beinhaltende Heilige Schrift in Latein. Und in dieser taucht der „Apfel", lateinisch *malus*, erstmalig in der Genesis auf.

Der Akkusativ vom Apfel *malus* ist *malum*, der hier aber gar nicht gemeint ist. Gemeint ist vielmehr das Böse, welches sowohl im Nominativ als auch im Akkusativ lateinisch *malum* heißt. Wen oder was Eva da pflückte, hatte also nichts mit dem Obst gemein.

Den Heiligen Hieronymus trifft keine Schuld, seine Übersetzung der griechischen, mit Hebraismen durchsetzten *Septuaginta*, dem wahrscheinlich um 200 v. Chr. von hellenistisch geprägten Juden im ägyptischen Alexandria verfaßtem jüdischen „Alten Testament", und seine Deklination entsprachen den Regeln. Die Schuldigen sind all jene, welche die Vulgata nach ihm auslegten, übersetzten und sich nicht vorstellen konnten, daß vom allegorischen alttestamentlichen Baum der Erkenntnis etwas anderes als eine Frucht gepflückt werden konnte.

In der Kunst bedecken sich Adam und Eva meist ebenso züchtig wie nur knapp ausreichend mit je einem Feigenblatt (Abb. 2). Dies mag der Freiheit der Kunst geschuldet bleiben, im biblischen Text ist von nur einem Blatt jedoch nichts zu lesen[6]:

> Da wurden ihrer beider Augen aufgetan, und sie wurden gewahr, daß sie nackt waren, und sie flochten Feigenblätter zusammen und machten sich Schürze.

---

[6] AT, I. Mose3, 7

Unabhängig von der Frage, ob der Unterschied zwischen Schurz und Blatt für den Träger mehr Bedeutung als für den Künstler hat, könnte die Aussage ein Hinweis auf ein „paradiesisches" Klima und eine Epoche sein, in welcher der Lendenschurz die einzige Kleidung darstellte. – Oder auf etwas ganz anderes.

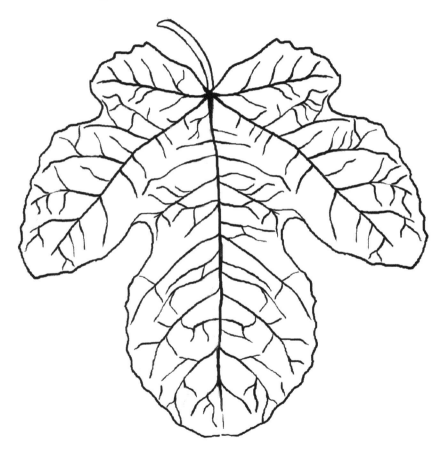

Abb. 2: In der Kunst bedecken sich Adam und Eva meist ebenso züchtig wie nur knapp ausreichend mit je einem Feigenblatt.
Dies mag der Freiheit der Kunst geschuldet bleiben, im biblischen Text ist jedoch von nur einem Blatt nichts zu lesen.

Doch zunächst soll berichtigt werden, was den alttestamentlichen Text vom gemeinen Sprachgebrauch trennt: in der Genesis wird an keiner Stelle der Begriff „Paradies" gebraucht, das Geschehen mit und um Adam und Eva findet im Garten Eden statt.

Das Wort Paradies stammt aus der Klassischen Antike, übernommen vom lateinischen *paradisus* und vom griechischen παράδεισος, *parádeisos*, was soviel wie „Park" oder „Tiergarten" bedeutet und eine eingefriedete, kultivierte Gartenlandschaft meint, welche vorrangig der Erholung und Entspannung der Menschen und nicht der landwirtschaftlichen Nutzung dient.

Griechen und Römer haben ihrerseits das „Paradies" von den Alten Persern übernommen. In der avestischen Sprache Ostirans, zusammen mit dem südwestiranischen Altpersisch als älteste iranische Sprache belegt, wird der ummauerte Park, fester Bestand der persischen Repräsentationsarchitektur, als „umgrenzter Bereich", *pairi.daêza*, bezeichnet und steht für die mehr als 3000 Jahre alte Kunst der persischen Gartengestaltung.

Der „Garten Eden" wurde viel früher „angelegt" und das von den Sumerern, dem Volk, welchem um 3500 v. Chr. die entscheidende Rolle beim Übergang zur Hochkultur an Euphrat und Tigris zukam und dessen für komplexe Sachverhalte brauchbare Schrift bereits für 3200 v. Chr. in der Schicht IVa der Grabungen in Uruk, dem biblischen Erech[7] und vermutlichen Namensgeber des Iraks, nachgewiesen ist. Ältestes Zeugnis ist die Ubaid-Kultur mit bis in das 6. Jahrtausend v. Chr. datierten Tonwaren und Siedlungen (Abb. 3).

Das Land Sumer, das biblische Land Sinear[8], wird zu Seiten der beiden Ströme von einer sonnenverbrannten Lehmsteppe geprägt, die sich nur nach dem Winter- und Frühjahrsregen mit magerem Grün bedeckt, welches für wenige Monate die anspruchslosen Schaf- und Ziegenherden ernähren kann. Anders als der Nil in Ägypten hinterlassen die Flutwasser

---

[7] AT, I. Mose 10, 10
[8] AT, I. Mose 10, 10

von Euphrat und Tigris keinen fruchtbaren Schlamm, sondern toten Lehm.

Das sumerische Wort für Steppe lautet *edena*, auch *edina* oder *adana*, und bezeichnete in erweiterter Form, *an-edena*, „Himmels-Steppe" oder auch „Hohe Steppe", ein von den Städten Uruk, Larsa, Umma, Badtibira und Zabalam umschlossenes Weidegebiet. Durch die Hochlage konnte die „Hohe Steppe" im Gegensatz zum Rest des Landes ganzjährig als Weide genutzt werden, unbeschadet von den Hochwassern des Euphrats und des Tigris. Für die Versorgung mit Wasser sorgte eine ergiebige Quelle am Rande des Grüngebiets. – Die „Himmels-Steppe", ein Paradies für die Sumerer.

Die Hebräer übernahmen den Begriff in ihre Sprache, wahrscheinlich während der als „Babylonische Gefangenschaft" in die Geschichte eingegangenen Phase[9], welche erhebliche Veränderungen in der Bevölkerungs- und Sprachlandschaft des Vorderen Orients im 6. Jahrhundert v. Chr. mit sich brachte: גַּן עֵדֶן, *Gan Eden*.

In der Babylonischen Gefangenschaft erfuhr der bis dahin herrschende judäische Kult um El, Baal und Aschera einen entscheidenden Wandel, an dessen Ende diejenigen dominierten, welche sich Jahwe und der Autorität seiner priesterlichen Schriftgelehrten unterwarfen. Jerusalem und der vorgeblich von König Salomo errichtete Tempel sind zerstört und rücken nun in den Mittelpunkt der im Exil verfaßten Literatur „Altes Testament". Erst hier und jetzt wird Jerusalem zur „Heiligen Stadt" stilisiert[10]:

> Mache dich auf, mache dich auf, Zion! Zieh deine Stärke an, schmücke dich herrlich, du heilige Stadt Jerusalem! Denn es wird hinfort kein Unbeschnittener oder Unreiner zu dir hineingehen.

---

[9] Ausführlich in „Die Spur des Allerheiligstens – Auf der Suche nach der Bundeslade"; Peter W.F. Heller; Engelsdorfer Verlag, Leipzig 2009.
[10] AT, Jesaja 52, 1

Im Tanach, dem jüdischen Original des Alten Testaments, findet *Gan Eden* im Sinne einer Welt Gottes ohne Krankheit, Leid und Tod seinen Niederschlag und wird von der christlichen Bibel übernommen. Allerdings hat dieser „Garten" nichts mehr mit der sumerischen „Himmels-Steppe" zu tun, Tanach und Altes Testament beschreiben eine völlig andere geographische Lage[11]:

> Und es ging aus von Eden ein Strom, zu wässern den Garten, und teilte sich von da in vier Hauptwasser.
> Das erste heißt Pison, das fließt um das ganze Land Hevila; und daselbst findet man Gold.
> Und das Gold des Landes ist köstlich; und da findet man Bedellion und den Edelstein Onyx.
> Das andere Wasser heißt Gihon, das fließt um das ganze Mohrenland.
> Das dritte Wasser heißt Hiddekel, das fließt von Assyrien. Das vierte Wasser ist der Euphrat.

Der erste Vers weist mit der Teilung in „vier Hauptgewässer" auf ein Mündungsgebiet, ähnlich dem Delta des Nils.
Der Fluß Pison im folgenden Vers erweist sich zunächst als Problem, es scheint ihn nämlich nicht zu geben. Doch der Hinweis auf das von ihm umflossene „Land Hevila" erweist sich als hilfreich, wird es doch in der Genesis an weiterer Stelle erwähnt[12]:

> Aber die Kinder von Chus sind diese: Seba, Hevila, Sabtha, Ragma und Sabthecha. Aber die Kinder von Ragma sind diese: Saba und Dedan.
> Chus aber zeugte den Nimrod. Der fing an, ein gewaltiger Herr zu sein auf Erden,
> und war ein gewaltiger Jäger vor dem Herrn. Daher spricht man:

---

[11] AT, I. Mose 2, 10-14
[12] AT, I. Mose 10, 7-10

Das ist ein gewaltiger Jäger vor dem Herrn wie Nimrod.
Und der Anfang seines Reichs war Babel, Erech, Akkad und Chalne im Lande Sinear.

Hevila wird als Person in einer Aufzählung von Namen genannt, gemeint sind aber Länder und Reiche, welche von den Abkömmlingen des in seiner Arche die Sintflut[13] überlebenden Noah gegründet wurden; letztendlich die, wenn auch nicht historisch haltbare, Geschichte des Reiches Sumer, Sinear.
Und noch einmal taucht „Hevila" in der Genesis auf, jetzt im Zusammenhang mit Ismael, einem der Söhne Abrahams[14]:

Und sie wohnten von Hevila an bis gen Sur vor Ägypten und bis wo man nach Assyrien geht. Er ließ sich aber nieder gegen alle seine Brüder.

„Sur" ist eine noch im Mittelalter gängige Bezeichnung Arabiens und der Arabischen Halbinsel. Hevila muß sich also folgerichtig am Persischen Golf befunden haben, „bis wo man nach Assyrien geht".
Auch „Chus", der Erzeuger Nimrods, weist auf eine Region, wenn auch nicht auf das „elende Land Kusch" der Alten Ägypter. Es ist vielmehr der sumerisch-akkadische Stadtstaat Kisch, das heutige *Tall al-Uhaymir*, rund 15 km östlich von Babylon, der aus etwa 40 Ansiedlungen besteht und dessen Teilbesiedlung bis um 3000 v. Chr. nachgewiesen ist.
Doch wo findet sich das zitierte Gold, welches es im vom Pison umflossenen Hevila geben soll?
Die Antwort kommt aus Saudi-Arabien und Kuwait, dort wurde das Edelmetall bis zur völligen Ausbeutung der Lagerstätten noch in den 1950er-Jahren geschürft. Und auch der Pison findet sich dort, nämlich im Norden Saudi-Arabiens: es sind die Wadis *Riniah* und *Batin*, durch welche sich vor dem finalen Trockenfallen einst das Wasser des Pison in den Persischen Golf ergoß.

---

[13] AT, I. Mose 7-8
[14] AT, I. Mose 25, 18

Abb. 3: Eine feingearbeitete Alabastervase wie diese, wurde bei Grabungen in Uruk, dem biblischen Erech und vermutlichen Namensgeber des Iraks, gefunden.

Neben dem „köstlichen" Gold gab es in Hevila Bedellion und Vorkommen von Onyx.

„Bedellion" ist der altertümliche Oberbegriff für Weihrauch, zum Räuchern verwendete Harze des Baumes aus der Familie der Balsambaumgewächse, *Burseraceae*, der Gattung *Boswellia*, welcher in sechs Arten in den Trockengebieten um das Horn von Afrika, in Arabien und Indien gedeiht. In der Antike war Weihrauch ein ungemein kostbarer Stoff, von dem allein in Ägypten enorme Mengen verbraucht wurden. Weihrauch, ägyptisch *senetscher* (*sntr*), gab es in der Rohform gekörnt und zerrieben, in Stücken und Stückchen, aufbereitet als Öl und als Salbe. Geschmolzen und in Formen gegossen, wurde er als Kegel (Abb. 4), Obelisken und kleine Perlen angeboten. Man unterschied, auch im Preis, zwischen dem normalen und dem frischen, an ätherischen Ölen noch besonders reichen Weihrauch, *senetscher waadsch* (*sntr wꜣḏ*)[15].

Der Onyx, ein meist zweifarbig geschichteter Schmuckstein, kommt im gesamten arabischen Raum vor.

Abb. 4: Ein Wandbild im Grab des Sennedjem in Theben aus der 19. Dynastie. Aus mehrfach geklärtem Tierfett wurden mit Weihrauch versetzte Kegel geformt, die bei Festen von den Frauen auf den Perücken getragen wurden. Schmolz das Fett, tränkte es den Haarersatz und gab den Duft frei.

---

[15] Ausführlich in „Ärzte, Magier, Pharaonen – Mythos und Realität der altägyptischen Medizin"; Peter W.F. Heller; Engelsdorfer Verlag, Leipzig 2008.

Der im vierten Vers genannte Gihon läßt jeden Versuch der Lokalisierung scheitern, es gibt ihn einfach nicht. Was bleibt, ist das „Mohrenland", das Land der schwarzen Menschen: Afrika. Daß mit dem Gihon die den Kontinent umfassenden Meere gemeint sind, muß nicht ausgeschlossen werden, auch wenn die Nennung des Gihon in gleicher Weise wie die des Pisons, des Hiddekels und des Euphrats erfolgt.

Das wirft die Frage auf, ob zur Zeit der Redaktion des Alten Testaments, also im 6. und 5. Jahrhundert v. Chr., im mesopotamischen Horizont überhaupt darüber Kenntnis herrschte, daß der afrikanische Kontinent fast vollständig von Ozeanen umgeben ist.

Die Antwort liefert der griechische Reiseschriftsteller, Geograph und Völkerkundler Herodot in den Berichten seiner Reisen, welche ihn im 5. vorchristlichen Jahrhundert nach Kleinasien und Ägypten führten[16]:

> Ich wundere mich, daß man drei Erdteile unterscheidet: Libyen, Asien und Europa. Ihre Größe ist doch zu verschieden. Europa ist so lang wie die beiden anderen zusammengenommen, und an Breite können sie sich offenbar noch weniger mit Europa messen. Libyen ist ja doch rings vom Meer umflossen, abgesehen von der Stelle, wo es mit Asien zusammenstößt. Der König Nekos von Ägypten ist, soviel wir wissen, der erste gewesen, der den Beweis dafür geliefert hat.
>
> Als Nekos nämlich den Bau jenes Kanals eingestellt hatte, der vom Nil nach dem arabischen Meerbusen führen sollte, schickte er Phoiniker mit einer Flotte aus und gab ihnen den Auftrag, den Rückweg durch die Säulen des Herakles zu nehmen und also durch das mittelländische Meer nach Ägypten zurückzukehren. So fuhren denn die Phoiniker durch das Rote Meer nach Süden fort. Als der Herbst kam, gingen sie an Land, bebauten das Feld, an welcher Stelle Libyens sie sich nun gerade befanden, und warteten die Ernte ab. Hatten sie geerntet, so fuhren sie weiter.

---

[16] Herodot, Historien IV, 42; in der Übersetzung von August Horneffer.

So trieben sie es zwei Jahre lang, und im dritten Jahre bogen sie bei den Säulen des Herakles ins nördliche Meer ein und gelangten nach Ägypten. Sie erzählten – was ich aber nicht glaube, vielleicht erscheint es anderen eher glaublich – daß sie während der Umschiffung die Sonne auf einmal zur Rechten gehabt hätten.

Die Beschreibung Herodots ist keine Sage; die im Auftrag des ägyptischen Pharaos Necho II. (Abb. 5), von 610 bis 595 v. Chr. Herrscher des Reiches am Nil, unternommene „Umschiffung" Afrikas hat tatsächlich stattgefunden. Drei Jahre, von 596 bis 594 v. Chr., benötigten die „Phoiniker", die Phönizier, für die im Roten Meer begonnene Fahrt, welche sie entlang der afrikanischen Ostküste bis zum Kap der Guten Hoffnung und weiter bis zur Meerenge von Gibraltar, den Säulen des Herakles, führte (Abb. 6). Nach der Passage des Kaps hatten die Phönizier in der Tat „die Sonne auf einmal zur Rechten"; sie fuhren nach Norden.
Bestätigt wurde der „unglaubliche" Sonnenstand rund 70 Jahre später von einem karthagischen Kapitän namens Hanno, er hatte Afrika um 520 v. Chr. erneut umsegelt.
So kann „das andere Wasser", Gihon, als der frühe Persische Golf angenommen werden, der in den Indischen Ozean übergeht, welcher am Kap der Guten Hoffnung den Atlantik der westafrikanischen Küste trifft. – Und daß die Einzelheiten der Entdeckungsfahrt den gebildeten Kreisen Mesopotamiens bekannt waren.

Das „dritte Wasser" mit Namen Hiddekel wird mit dem Hinweis auf die parallele Schreibung „Chiddekel" bereits in „Meyers Großem Konversations-Lexikon, Band 4", erschienen 1906 in Leipzig, auf Seite 19 als Tigris offenbart.
Das „vierte Wasser", der Euphrat, bedarf keiner weiteren Erklärung.
Und noch eine Information gibt die Bibel preis, daß nämlich der Garten Eden vom Menschen zu bewirtschaften und kein Schlaraffenland war,

Hinweis auf eine seßhafte Population, welche die Epoche der Sammler und Jäger bereits hinter sich gelassen hat[17]:

> Und Gott der Herr nahm den Menschen und setzte ihn in den Garten Eden, daß er ihn baute und bewahrte.

Werden die einzelnen Ergebnisse zu einem großen Ganzen zusammengefügt, erschließt sich als „paradiesischer" Standort des biblischen Gartens Eden eine Landsenke, eine flächige Ebene mit einem gemeinsamen Flußdelta oder Mündungsgebiet des sich hier vereinigenden Euphrats und Tigris', welches heute vom Persischen Golf überflutet rund 100 Meter unter dem Meeresspiegel liegt (Abb. 7).

Wie weit sich dieses Gebiet nach Süden erstreckte, kann nur vermutet werden. Eventuell befand sich die nördliche Küstenlinie des frühen Golfes in der Straße von Hormuz; eine Annahme, welche allerdings höchst ungesichert ist.

Abb. 5: Namenskartusche Pharao Necho II.:
„Herr von Ober- und Unterägypten, mit erneuerndem Willen, ein Re"

---

[17] AT, I. Mose 2, 15

Die Erdkugel bewegt sich in einer nur geringfügig elliptischen Kreisbahn um die Sonne. Die Abweichungen von der idealen Kreisbahn sind nur minimal, im sonnenfernsten Punkt, *Aphel*[18], beträgt die Entfernung 152,1 Millionen km, im sonnennächsten, *Perihel*[19], 149,597 Millionen km zur Sonne. Das entspricht einer Abweichung vom Radius der Erdbahn um lediglich 1,67 Prozent nach oben und nach unten.

Die Erde selbst dreht sich um eine Achse, welche um gegenwärtig etwa 23,44 Grad zur Bahn um die Sonne geneigt ist, steht also nicht senkrecht auf der Bahnebene. Der Winkel zwischen Bahnebene und Achse wird als „Schiefe der Ekliptik" bezeichnet und ist in Verbindung mit dem Sonnenlauf für die Jahreszeiten verantwortlich.

Ein stabiler und für die Ewigkeit geschaffener Zustand, so scheint es, doch der Schein trügt, die Himmelsmechanik hat ihre Tücken. Die Anziehungskräfte von Mond, Sonne und Planeten bringen sowohl die Erdbahn um die Sonne als auch die Drehbewegung der Erde um ihre Achse zum Schlingern. Schuld daran ist weder ein himmlischer noch ein höllischer Einfluß, Schuldiger ist der Erdball selbst, der eben kein perfekter Ball, sondern an den Polen in Folge seiner Rotationsbewegung um 21 km abgeplattet ist und damit den kippenden Kräften von Sonne und Mond unterliegt.

Die Erdachse wandert rotierend um einen in der Erdmitte liegenden Punkt, vollführt eine als *Präzession* bezeichnete Kreisbewegung auf dem Rand eines gedachten Kegelmantels, einen 25 800 Jahre dauernder Umlauf.

Doch auch dieser läuft nicht gleichmäßig, die Schiefe der Mondbahn um die Erde führt zu Störungen, welche die Präzession in einem Zyklus von 18,5 Jahren oszillierend überlagern und *Nutation* genannt werden. Die Bahnneigung ändert sich daher zyklisch zwischen 18 und 29 Grad zur Äquatorebene der Erde (Abb. 8).

Nicht genug der Schwankungen und Zyklen, die „Schiefe der Ekliptik" ist einem periodischen Auf und Ab von rund einem Grad vom etwa 23

---

[18] Zwischen dem 3. und dem 6. Juli eines jeden Jahres.
[19] Zwischen dem 2. und 4. Januar eines jeden Jahres.

Grad betragenden Mittelwert unterworfen, wobei die Dauer zwischen „Auf" und „Auf", beziehungsweise „Ab" und „Ab", um die 40 000 Jahre beträgt.

Ist die Schiefe der Erdachse durch die je nach Winkel mehr oder weniger von der Lufthülle absorbierte Sonnenstrahlung sowie deren geographische Verteilung bei der jährlichen Bahn um die Sonne für die Jahreszeiten verantwortlich, ist die Verantwortung der Präzession wesentlich tiefgreifender. Durch die zusätzliche Minderung oder Stärkung der Schieflage löst die Präzession in einem Zyklus von 25 800 Jahren Kalt- und Warmzeiten aus, *Glaziale* und *Interglaziale*. Theoretisch müßten diese Phasen die gleiche Dauer haben, praktisch sind die Kaltzeiten jedoch etwas länger als die Warmzeiten; als eine der Ursachen wird das langsamere Schmelzen der großen Eisschilde angenommen, die Abläufe sind aber bislang nicht abschließend geklärt.

Überschneiden und ergänzen sich die jeweiligen Maximalstellungen der Präzession mit denen der „Schiefe der Ekliptik", fallen die Warmzeiten besonders warm und die Kaltzeiten besonders kalt aus, sie werden im Sinne des Wortes zu Eiszeiten.

Vor ungefähr 11 000 Jahren endete die letzte Eiszeit und leitete die jüngste Epoche ein, das *Holozän*. Das globale Klima erwärmt sich seither, was am deutlichsten im Abschmelzen der Gletscher zu erkennen ist.

Die Erwärmung erfolgt nicht gleichmäßig, sondern, nach einem gewaltigen Temperaturanstieg vor etwa 12 000 Jahren, in Wellen. Der Mittelwert der globalen Temperatur ist seit dem Ausklingen der letzten Eiszeit nicht mehr als um ein halbes Grad über- oder unterschritten worden, hat also eine Breite von nur einem Grad (Abb. 9).

Ob unser Planet die wärmste Phase bereits hinter sich gebracht oder noch vor sich hat, darüber hält die Diskussion mit stets neuen, wenn auch nicht immer sachlichen, Argumenten an.

Der Feldzug gegen den „Klimakiller" CO_2, das Kohlendioxyd, wesentlicher Bestandteil sprudelnden Mineralwassers, erscheint in diesem Zusammenhang genauso unsinnig wie die Flagellantenzüge des Mittelalters, in welchen sich die Büßer während endloser Prozessionen den entblößten Rücken wundschlugen, um so der Pest entgegenzuwirken, die als Strafe Gottes klar ausgemacht war und als bewiesen galt (Abb. 10). Was unter dem Banner des Kreuzes in dieser Epoche geschah und heute als grotesk betrachtet wird, unterscheidet sich nicht sonderlich vom medienwirksamen Geißeln vorgeblicher CO_2-Sünder unter der Flagge der Ökologie. Ungeachtet der planetaren und kosmischen Kräfte sowie den Gasemissionen höchst irdischer Vulkane werden diese „Sünder" meist im Lager derer ausgemacht, welche der Vernunft und nicht dem ökologischen Schwadronieren und Dampfschwätzen den Vorzug geben. – Seit zehntausend Jahren wird es warm und wärmer, ob der Mensch es nun will oder nicht.

Während des Höhepunktes der letzten Eiszeit lag der Meeresspiegel weltweit etwa 120 Meter unter dem heutigen. Mit dem Schmelzen der kontinentalen Eismassen stieg der Spiegel auf die aktuellen Verhältnisse an. Die damit einhergehende Vergrößerung der Wasserfläche führte zu einer erhöhten Verdunstung und mit dieser zu häufigen Regenfällen. Bis in die Jungsteinzeit herrschte im Horizont des heutigen Persischen Golfes ein äquatorialafrikanisches Klima, feuchtheiß mit häufigen tropischen Regengüssen. Der Regen spülte den Humus in die Flüsse, welche den so entstandenen fruchtbaren Schlamm während der Flutzeiten im tiefer gelegenen Gebieten abluden. Der Regen war also unabdingbare Voraussetzung für die Entstehung des „Paradieses"[20]:

Und allerlei Bäume auf dem Felde waren noch nicht auf Erden, und allerlei Kraut auf dem Felde war noch nicht gewachsen; denn Gott der Herr hatte noch nicht regnen lassen auf Erden, und es war kein Mensch, der das Land baute.

Im Wechselspiel der klimatischen Kräfte veränderten sich Grünflächen erst zu Steppen und dann Öden und beeinflußten ihrerseits das Klima. Die Wandlung zum heutigen Wüstenklima war zu Beginn des 4. vorchristlichen Jahrtausends abgeschlossen.

---

[20] AT, I. Mose 2, 5

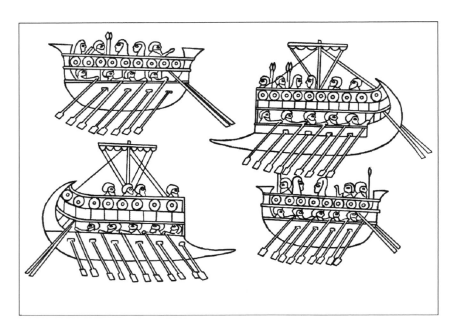

Abb. 6: Drei Jahre, von 596 bis 594 v. Chr., benötigten die „Phoiniker" für die im Roten Meer begonnene Fahrt, welche sie entlang der afrikanischen Ostküste bis zum Kap der Guten Hoffnung und weiter bis zur Meerenge von Gibraltar, den Säulen des Herakles, führte.
Ein Kalksteinrelief aus der Zeit um 700 v. Chr. zeigt phönizische Kriegsschiffe, wie sie auch für diese Fahrt angenommen werden.

Älteste Spuren ortsfester menschlicher Besiedlung im Zweistromland wurden in einer Grabung amerikanischer Archäologen in den Jahren 1964 und 1965 im syrischen Mureybet am Mittleren Euphrat freigelegt und auf die Mitte des 9. Jahrtausends v. Chr. datiert. In der 1971 begonnenen und 1974 abgeschlossenen Folgegrabung unter französischer Leitung wurden die Ergebnisse ergänzt. Halb in den Boden eingelassene Rundhütten aus Stampflehm mit Dächern aus lehmbedecktem Astwerk hatten den prähistorischen Bewohnern als Dauerwohnsitz gedient, rund 2000 Jahre später vollzog sich der Wandel zum Rechteckbau. Der in einem Haus beigesetzte Stierschädel weist auf einen frühen Kult, eventuell auf die Anfänge der Baal-Verehrung[21]; Anordnungen mit Lehm überzogener Schädel, die Gesichter plastisch ausgeformt und bemalt, lassen einen Ahnenkult vermuten (Abb. 11).

Die Erinnerung an diesen frühmesopotamischen, wenn auch nicht bewiesenen Ahnenkult könnte als Grundlage für die alttestamentliche Aussage der Unsterblichkeit Adam und Evas im Garten Eden gewertet werden[22], doch das muß zukünftigen Forschungen vorbehalten bleiben[23]:

> Denn der Tod ist der Sünde Sold; aber die Gabe Gottes ist das ewige Leben in Christo Jesu, unserm Herrn.

Bis zum 5. Jahrtausend v. Chr. hatte sich das Meer an das südliche Babylonien vorgeschoben, der von den Flüssen gedüngte biblische Garten Eden war in den Fluten verschwunden und die Bevölkerung nach Norden gedrängt worden. - Eine sich langsam vollziehende Wanderungsbewegung, welche in die sumerisch-akkadische Volksüberlieferung einging und schließlich ihren Niederschlag als „Vertreibung aus dem Paradies" im Alten Testament erfuhr.

---

[21] Ausführlich in „Die Spur des Allerheiligstens – Auf der Suche nach der Bundeslade"; Peter W.F. Heller; Engelsdorfer Verlag, Leipzig 2009.
[22] AT, I. Mose 2, 17; AT, I. Mose 3, 19-22
[23] NT, Römer 6, 23

So kann nun auch, wenngleich mit gebotener Vorsicht, der zeitliche Bestand des Paradiesgartens Eden zwischen dem 9. und 6. vorchristlichen Jahrtausend abgesteckt werden.

Bis heute ist nicht geklärt, woher die Sumerer kamen. So ist es durchaus vorstellbar, daß sie aus dem Volk hervorgegangen sein könnten, welches im untergegangenen Tal *Gan Eden* den Übergang vom nomadisierenden Jäger und Sammler zum seßhaften Ackerbauern und Viehzüchter vollzogen und gesiedelt hatte.

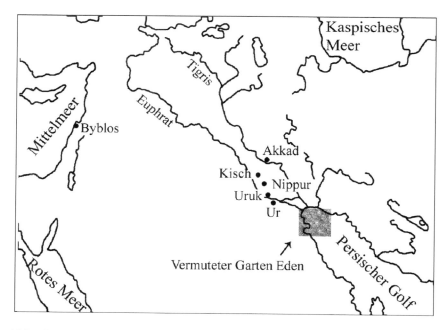

Abb. 7: Werden die alttestamentlichen Hinweise zu einem großen Ganzen zusammengefügt, erschließt sich als „paradiesischer" Standort des biblischen Gartens Eden eine Landsenke, eine flächige Ebene mit einem gemeinsamen Flußdelta oder Mündungsgebiet des sich hier vereinigenden Euphrats und Tigris', welches heute vom Persischen Golf überflutet rund 100 Meter unter dem Meeresspiegel liegt.

Die These des im Persischen Golf versunkenen Gartens Eden wird gelegentlich mit dem Verweis auf das ebenfalls versunkene Atlantis abgetan oder mit diesem gleichgesetzt.

Doch hat das eine mit dem anderen nichts zu tun, Hintergründe und Faktenlage sind völlig verschieden.

Das Wissen über Atlantis übermittelt der griechische Philosoph Platon in seinen um 360 v. Chr. verfaßten Dialogen „Timaios" und „Kritias", geprägt von den politischen Zuständen Athens.

Nach dem für die Spartaner 404 v. Chr. siegreich beendeten Peloponnesischen Krieg beginnt in Athen die von Sparta gestützte Schreckensherrschaft der dreißig Oligarchen; die 403 v. Chr. wiederhergestellte Attische Demokratie steckt für Platon voller Mängel.

Bereits die Hinrichtung seines Lehrers Sokrates im Jahre 399 v. Chr. wegen verderblichem Einfluß auf die Jugend sowie Mißachtung der Götter, war von Platon als Ausdruck moralischer Verkommenheit des politischen Systems des Stadtstaates Athen empfunden worden und hatte ihn zum scharfen Zeitkritiker gemacht.

Letzteres war gefährlich für Leib und Leben; dessen bewußt, versteckte Platon seine Staatskritik im „Timaios", einem Dialog zwischen Sokrates und Timaios von Lokri, sowie im „Kritias", einer ebenso fiktiven Diskussion zwischen Sokrates, Timaios, dem athenischen Politiker, Philosophen und Dichter Kritias sowie dem syrakusanischen General und Staatsmann Hermokrates. Es sind bedeutende Persönlichkeiten der Vergangenheit und zu Lebzeiten Platons schon lange in Ehren verstorben.

Platon unterläßt es, den Mächtigen Athens zu drohen und präsentiert stattdessen die Sage von einem reichen und übermächtigen Inselstaat, der trotz aller Herrlichkeit innerhalb „eines schlimmen Tages und einer schlimmen Nacht" für immer im Meer versank.

Letzteres im Gegensatz zum Garten Eden, welcher nicht „versank", sondern in einem Jahrhunderte dauernden Prozeß überflutet wurde.

Erfahren hat die Geschichte Atlantis' der rund 200 Jahre zuvor verstorbene athenische Staatsmann und Lyriker Solon von Priestern der Neith im unterägyptischen Sais, welcher dieses Wissen über Generationen bis an seinen Nachfahren Kritias weitergegeben hat, der es nun in das Wechselgespräch einbringt[24]:

Demnach erregen viele und große von euch hier aufgezeichnete Heldentaten eurer Vaterstadt[25] Bewunderung, vor allem aber zeichnet sich eine durch ihre Bedeutsamkeit und den dabei bewiesenen Heldenmut aus; denn das Aufgezeichnete berichtet, eine wie große Heeresmacht dereinst euer Staat überwältigte, welche von dem Atlantischen Meere übermütig gegen ganz Europa und Asien heranzog. Damals war nämlich dieses Meer schiffbar; denn vor dem Eingange, der, wie ihr sagt, die Säulen des Herakles heißt, befand sich eine Insel, größer als Asien und Libyen zusammengenommen, von welcher den damals Reisenden der Zugang zu den übrigen Inseln, von diesen aber zu dem ganzen gegenüberliegenden, an jenem wahren Meer gelegenen Festland offenstand. Denn innerhalb jenes Einganges, von dem wir sprechen, Befindliche erscheint als ein Hafen mit einer engen Einfahrt; jenes aber wäre wohl wirklich ein Meer, das es umgebende Land aber mit dem vollsten Rechte ein Festland zu nennen. Auf dieser Insel Atlantis vereinte sich auch eine große, wundervolle Macht von Königen, welcher die ganze Insel gehorchte sowie viele andere Inseln und Teile des Festlandes; außerdem herrschten sie auch innerhalb, hier in Libyen bis Ägypten, in Europa aber bis Tyrrhenien. Diese in eins verbundene Gesamtmacht unternahm es nun einmal, euer und unser Land und das gesamte diesseits des Eingangs gelegene durch einen Heereszug zu unterjochen. Da nun, o Solon, wurde das Kriegsheer eurer Vaterstadt durch Tapferkeit und Mannhaftigkeit vor allen Menschen offenbar. Denn indem sie durch Mut, und die im Kriege anwendbaren Kunstgriffe alle übertraf, geriet sie, teils an der Spitze der Hellenen, teils, nach dem Abfalle der übrigen, notgedrungen auf sich

---

[24] Timaios 3, 24 e–25 d; in der Übersetzung von Hieronymus Müller.
[25] Gemeint ist Athen.

allein angewiesen, in die äußersten Gefahren, siegte aber und errichtete Siegeszeichen über die Heranziehenden, hinderte sie, die noch nicht Unterjochten zu unterjochen, uns übrigen insgesamt aber, die wir innerhalb der Heraklessäulen wohnen, gewährte sie großzügig die Befreiung. Indem aber in späterer Zeit gewaltige Erdbeben und Überschwemmungen eintraten, versank, indem nur ein schlimmer Tag und eine schlimme Nacht hereinbrach, eure Heeresmacht insgesamt und mit einem Male unter die Erde, und in gleicher Weise wurde auch die Insel Atlantis durch Versinken in das Meer den Augen entzogen. Dadurch ist auch das dortige Meer unbefahrbar und undurchforschbar geworden, weil der in geringer Tiefe befindliche Schlamm, den die untergehende Insel zurückließ, hinderlich wurde.

Der Vortrag ist für einen Athener durchaus schmeichelhaft und auch der Hinweis auf die Göttin Neith dürfte seine Wirkung nicht verfehlt haben, sahen doch die Griechen in der ägyptischen Neith ihre Göttin Pallas Athene.

Die vom Seefahrervolk der Phönizier übernommene Ortsangabe „Jenseits der Säulen des Herakles" läßt Zweifel aufkommen. Zur Saitenzeit waren zwar auch den ansonsten allem Seemännischen ziemlich abgeneigten und im wahrsten Sinne des Wortes „bodenständigen" Ägyptern die „Säulen des Herakles" ein Begriff, doch ist nicht auszuschließen, daß dieser auch als Redewendung im Sinne von „Ziemlich weit weg" benutzt wurde.

Die mageren Hinweise auf die Lage der Insel Atlantis reichten zumindest für die Zeichnung einer Karte aus, welche der Universalgelehrte der späten Renaissance, der deutsche Jesuit Athanasius Kircher, in der Mitte des 17. Jahrhunderts auf der Basis eigener Forschungen in Rom anfertigen ließ (Abb. 12). Die entsprechende „Kompetenz" kann ihm nicht abgesprochen werden, wies er doch in seinem 1652 veröffentlichen Werk *Œdipus Ægyptiacus* neben anderem Unfug nach, daß die Sprache Adam und Evas das Ägyptische gewesen sein müsse.

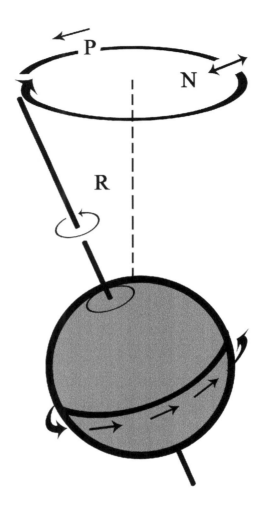

Abb. 8: Die Erdachse wandert rotierend (R) um einen in der Erdmitte liegenden Punkt, vollführt eine als *Präzession* (P) bezeichnete Kreisbewegung auf dem Rand eines gedachten Kegelmantels, einen 25 800 Jahre dauernder Umlauf. Dieser läuft nicht gleichmäßig, die Schiefe der Mondbahn um die Erde führt zu Störungen, welche die Präzession in einem Zyklus von 18,5 Jahren oszillierend überlagern und *Nutation* (N) genannt werden. Die Bahnneigung ändert sich daher zyklisch zwischen 18 und 29 Grad zur Äquatorebene der Erde.

Selbst wenn im „Timaios" und im „Kritias" eine Reihe von Einzelerzählungen tatsächlicher Ereignisse miteinander verschmolzen wurde, rein hypothetisch sogar eine Landung phönizischer Seefahrer in Amerika, besteht der Text aus historischen Ungereimtheiten. Außer bei Platon hat der Kriegszug der „in eins verbundenen Gesamtmacht" Atlantis nirgendwo Spuren hinterlassen. Gereimter wird es in der Fortsetzung im „Kritias", wo Atlantis als Idealstaat bis in die Details geschildert wird. – Ein paradigmatisches Vorbild für Athen und eine schöne Geschichte.

Adam wird in der Bibel als Stammvater der gesamten Menschheit verkündet. Gott schuf ihn aus Erde und hauchte ihm seinen Atem ein[26]:

> Und Gott der Herr machte den Menschen aus einem Erdenkloß, und er blies ihm ein den lebendigen Odem in seine Nase. Und also ward der Mensch eine lebendige Seele.

Der „Erdenkloß" ist ein Klumpen der die Flächen Mesopotamiens bestimmenden „Erde": Lehm.

Das Formen des Menschen aus „Erde" ist kein Privileg der Bibel, bereits im alten Ägypten formte der Schöpfergott Chnum (Abb. 13) Götter und Menschen aus Ton, wenn auch auf einer Töpferscheibe. Die frühesten Darstellungen dieses „Töpferns" finden sich in Gräbern der 18. Dynastie, der ersten Dynastie des Neuen Reiches, welche mit der Thronbesteigung Ahmoses 1551 v. Chr. begann und mit dem Tod Pharao Haremhabs 1306 v. Chr. endete. Noch älter sind die schriftlichen Belege: daß Chnum die Menschen „baute", bezeugen die rund 4500 Jahre alten Texte der Pyramiden[27].

Reliefs und Wandmalereien zeigen Chnum mit dem Kopf eines Widders aus der altafrikanischen Schafrasse *Ovis longipes palaeoaegyptiacus*, dessen horizontal gedrehte Hörner nahezu waagerecht vom Kopf abste-

---

[26] AT, I. Mose 2, 7
[27] Pyr. 524

hen. *Ovis longipes palaeoaegyptiacus* ist bereits zu Zeiten des Neuen Reiches ausgestorben; Gott Chnum hingegen ist höchst lebendig, sein Name blieb in der arabischen Sprache erhalten: *ganam*, Schaf.

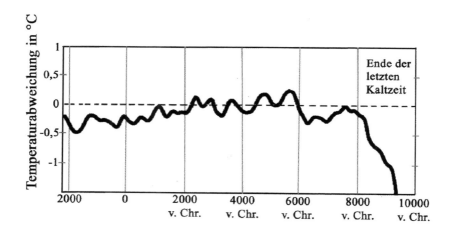

Abb. 9: Vor ungefähr 11 000 Jahren endete die letzte Eiszeit und leitete die jüngste Epoche ein, das *Holozän*. Das globale Klima erwärmt sich seither, was am deutlichsten im Abschmelzen der Gletscher zu erkennen ist. Die Erwärmung erfolgt nicht gleichmäßig, sondern, nach einem gewaltigen Temperaturanstieg vor etwa 12 000 Jahren, in Wellen. Der Mittelwert der globalen Temperatur ist seit dem Ausklingen der letzten Eiszeit nicht mehr als um ein halbes Grad über- oder unterschritten worden, hat also eine Breite von nur einem Grad.

Die Erschaffung des Menschen aus Lehm haben die Verfasser des Alten Testaments mit höchster Wahrscheinlichkeit aus dem theologischen Milieu Babyloniens geschöpft. In der babylonischen Kosmogonie wird das Andenken an die bedeutenden sumerisch-akkadischen Überlieferungen bewahrt, in welcher der Mensch aus Lehm geformt und dem zur Belebung göttliches Blut beigemischt wird[28]:

> Einen Gott soll man schlachten,
> und die andern sollen gereinigt werden durch das Gericht.
> Mit seinem Fleisch und seinem Blut
> vermischte Nin-Hursag den Lehm.
> Gott und Mensch
> werden so vereinigt sein im Lehm.

In diesem Zusammenhang sei erwähnt, daß der babylonische Gott Marduk auch für den Jüngsten Tag, dem Tag für die Erweckung der Toten durch Gott[29], den Stoff geliefert hat. Marduk, akkadisch *amar.utu*, „Kalb des Sonnengottes Utu", ist der Merodach der Bibel[30], eine ursprünglich völlig unbedeutende Gottheit, welche mit zunehmender Verehrung und Verbreitung vom sumerischen Stadtgott zur Hauptgottheit Babyloniens aufstieg. Im *Enûma elîsch*, benannt nach den ersten beiden Worten des Lehrgedichtes: „'Als oben' der Himmel noch nicht genannt war...", dem im 8. Jahrhundert v. Chr. auf sieben Tontafeln niedergeschriebenen Schöpfungsmythos der Babylonier, werden seine edlen Eigenschaften genannt[31]:

> Herr der heiligen Beschwörung, der die Toten auferweckt,
> der Mitleid hatte mit den gefesselten Göttern,

---

[28] Akkadische Sekundärkosmogonie, Schöpfung Mamis. Nach Paul Garelli und Marcel Leibovici.
[29] NT, Johannes 5, 21
[30] AT, Jesaja 39, 1
[31] *Enûma elîsch*, Tafel VII; nach Paul Garelli und Marcel Leibovici.

befreite die Götter, seine Feinde, vom auferlegten Joch,
und um sie zu retten, die Menschheit erschuf.

Ebenfalls sei erwähnt, daß Marduk eine Gattin namens Tiamat hatte,
einen Drachen, nicht unähnlich einer Schlange.

Abb. 10: Ein Holzschnitt aus dem 15. Jahrhundert zeigt zwei Flagellanten.
In den Flagellantenzüge des Mittelalters, schlugen sich die Büßer während endloser Prozessionen den entblößten Rücken blutig, um so der Pest entgegenzuwirken, die als Strafe Gottes klar ausgemacht und als bewiesen galt.

Der alttestamentliche Gott der Bibel übertrug den Lebensodem durch Einblasen; dieses in Adams Nase, nicht in den Mund. Schon aus Sicht der Alten Ägypter war die Nase der wichtigste Teil des Atemweges, der absolut nötig war, um beispielsweise die Luft in der Unterwelt und vor allem im Jenseits atmen zu können[32]:

> Möge die süße Luft meine Nase erreichen,
> wie sie, oh Tum, dich erreicht!
> Es sei gesegnet dein Tempel in Unnu!
> Siehe, schwebend inmitten des himmlischen Meeres
> in Gengen-Ur halte ich Wache
> vor dem kosmischen Ei. Wenn ich erblühe,
> es blüht auch das Ei. Wenn ich lebe,
> lebt auch das Ei. Denn diese Luft,
> welche ich atme, die mich erquickt,
> ist auch die Luft, die ihm Leben verleiht.

Adam wurde aus Erde geschaffen, was sich in seinem Namen spiegelt. Das hebräische אדם, a'dam, bedeutet soviel wie „der von der Erde Genommene" im Sinne von „Mensch".

Damit könnte jede weitere etymologische Suche abgebrochen werden, gäbe es in der sumerischen Mythologie nicht den bereits zitierten Enki, den mit dem Gärtner und den Gurken. Und dieser Enki hat einen Bruder namens Enlil.

Das ist an und für sich nichts Außergewöhnliches, doch wurde bei der seit 1930 andauernden Ausgrabung der antiken Stadt Ugarit[33], nahe dem heutigen Ra's Schamra im Norden Syriens, ein Archiv geborgen, welches ein umfassendes Gesamtbild kanaanitischer Mythen aus vorisraelitischer Zeit vermittelt. In der auf Tontafeln keilschriftlich zwischen dem 14. und 13. Jahrhundert v. Chr. festgehaltenen „Legende vom König

---

[32] Ägyptisches Totenbuch, Kapitel LVI; Übersetzung von G. Kolpaktchy.
[33] Ausführlich in „Die Spur des Allerheiligstens – Auf der Suche nach der Bundeslade"; Peter W.F. Heller; Engelsdorfer Verlag, Leipzig 2009.

Keret" erscheint der sumerische Enlil mit dem Namen Ea und dem Titel *ab adm*, „Vater des Menschen".

So kann davon ausgegangen werden, daß der ugaritische „Mensch" etymologisch der Vorgänger des hebräischen „Menschen" ist, die Wegweisung also auch hier in älteste Zeiten deutet: Adam, im Ursprung eine sumerische Gottheit.

Ein scharfes Profil des zitierten Menschen zeichnet die Bibel nicht, Adam wurde erschaffen, lebte und war Spender der Rippe, aus welcher Gott das Weib „baute"[34]:

> Da ließ Gott der Herr einen tiefen Schlaf fallen auf den Menschen, und er schlief ein. Und er nahm seiner Rippen eine und schloß die Stätte zu mit Fleisch.
> Und Gott der Herr baute ein Weib aus der Rippe, die er von dem Menschen nahm, und brachte sie zu ihm.

Das genügt jedoch völlig, denn es wird göttlicherseits attestiert, daß Adam direkt und Eva über den Umweg „Rippe" erschaffen wurde, der Mann dem Gott damit zwangläufig näher ist als das „Weib". Die Vormachtstellung des Mannes wird beim unfreiwilligen Verlassen des Gartens Eden noch einmal deutlich bekräftigt[35]:

> Und zum Weibe sprach er: Ich will dir viel Schmerzen schaffen, wenn du schwanger wirst; du sollst mit Schmerzen Kinder gebären; und dein Verlangen soll nach deinem Manne sein, und er soll dein Herr sein.

Die Adam auferlegte Strafe wird einleitend damit begründet, daß er hat „gehorcht der Stimme seines Weibes"[36], was aus göttlicher Sicht ganz

---

[34] AT, I. Mose 2, 21-22
[35] AT, I. Mose 3, 16
[36] AT, I. Mose 3, 17

offenbar eine enorme Dummheit darstellt, welche gebührend bestraft werden muß.

Was hier gegründet und festgeschrieben wird, ist die Rollenverteilung von Mann und Frau, wie sie noch heute anzutreffen und auch im Neuen Testament deutlich zu erkennen ist. So hat Jesus Christus als Apostel nur Männer um sich und auch die Jünger scheinen ausschließlich männlichen Geschlechts zu sein. Doch die Unterscheidung zwischen „Aposteln" und „Jüngern" ist so grundlos nicht; setzen sich die Apostel nur aus Männern zusammen, gehören zum Kreis der Jünger auch Frauen, Jüngerinnen[37]:

> Und es begab sich darnach, daß er reiste durch die Städte und Märkte und predigte und verkündete das Evangelium vom Reich Gottes; und die Zwölf mit ihm,
> dazu etliche Weiber, die er gesund hatte gemacht von den bösen Geistern und Krankheiten, nämlich Maria, die da Magdalena heißt, von welcher waren sieben Teufel ausgefahren,
> und Johanna, das Weib Chusas, des Pflegers des Herodes, und Susanna und viele andere, die ihm Handreichung taten von ihrer Habe.

Daß diese Frauen nicht als Jüngerinnen, sondern bestenfalls als Anhängerinnen bezeichnet werden, begründet sich in der gesetzlichen Regelung, Frauen keine Ausbildung bei einem Rabbiner zu gestatten[38]. Die Erklärung liefert der Brief des Paulus an die Epheser[39]:

> Die Weiber seien untertan ihren Männern als dem Herrn.
> Denn der Mann ist des Weibes Haupt, gleichwie auch Christus das Haupt ist der Gemeinde, und er ist seines Leibes Heiland.

---

[37] NT, Lukas 8, 1-3
[38] Ausführlich in „Schelte für das Christentum – Frommer Schwindel, echter Glaube"; Peter W.F. Heller; Engelsdorfer Verlag, Leipzig 2008.
[39] NT, Epheser 5, 22-23

Wer eine andere Betrachtung der Mann und Frau zugewiesenen Ränge vorzieht, muß unzweifelhaft den „listigen Anläufen des Teufels" unterliegen[40]:

> Ziehet an den Harnisch Gottes, daß ihr bestehen könnet gegen die listigen Anläufe des Teufels.
> Denn wir haben nicht mit Fleisch und Blut zu kämpfen, sondern mit Fürsten und Gewaltigen, nämlich den Herren der Welt, die in der Finsternis dieser Welt herrschen, mit den bösen Geistern unter dem Himmel.

Auch bei den Alten Griechen wurde die Frau als von den Göttern aus dem Mann, genauer aus den feigen Männern, geschaffen betrachtet. Mehr oder weniger erwünschter Nebeneffekt war das Entstehen des menschlichen Sexualtriebes, den Griechen in allen Varianten bestens bekannt. In seinem Dialog „Timaios" beschreibt der griechische Philosoph Platon den Schöpfungsakt[41]:

> Folgendes sei von uns also als unsere Ansicht über Derartiges aufgestellt:
> Unter den als Männern Geborenen gingen die Feiglinge, und die während ihres Lebens Unrecht übten, der Wahrscheinlichkeit nach, bei ihrer zweiten Geburt in Frauen über.
> Und deshalb entwickelten die Götter um jene Zeit den Trieb zur Begattung, indem sie so in uns wie in den Frauen ein beseeltes Lebewesen gestalteten, welches sie in beiden in folgender Weise entstehen ließen:
> Sie öffneten den Durchgang der Getränke, welcher den Trank durch die Lunge, unter den Nieren hin, nach der Blase leitet, die ihn in sich aufnimmt und vermöge des Drucks der eingeatmeten Luft mit dieser wieder entsendet, und verbanden diesen Durch-

---

[40] NT, Epheser 6, 11-12
[41] Timaios 44, 91 a-c; in der Übersetzung von Hieronymus Müller.

gang mit dem aus dem Kopfe nach dem Nacken herabsteigenden und im Rückgrate zusammengedrängten Marke, welches wir im vorigen den Samen nannten; jenes Mark aber erweckte, weil es beseelt war und als einen Auslaß das fand, wo es herauskam, in ihm die lebenschaffende Begierde des Ausströmens und brachte so den Zeugungstrieb zur Vollendung.

Darum versucht die, gleich einem der Vernunft nicht gehorchenden Tiere, zu einem Unlenksamen, und selbstherrlich Gebietenden gewordene Natur der männlichen Geschlechtsteile, ihren wütenden Begierden alles zu unterwerfen.

Einem der bedeutendsten Väter des rabbinischen Judentums, dem um das Jahr 50 geborenen und von der Legende überlagerten Akiba ben Josef, hebräisch עקיבא בן יוסף, volkstümlich *Rabbi Akiba* genannt, wird nachgesagt, daß er erst im Alter von vierzig Jahren mit dem Studium der Tora begonnen und bereits nach dreizehn Jahren selbst als Tora-Gelehrter gegolten habe.

Der Besuch der *Jeschiwa*, der Talmudhochschule, hatte jedoch nicht seinem, sondern seiner frisch angetrauten Ehefrau Wunsch entsprochen, welche an ihrem ländlich geprägten Gatten wenig schätzte, daß er weder lesen noch schreiben konnte. Das Studium an der Jeschiwa brachte eine getrennte Lebensführung mit sich, Akiba studierte fern vom Heimatdorf, in welchem seine Frau mit harter Arbeit für den gemeinsamen Lebensunterhalt sorgte.

Nach zwölf Jahren erschien der studierte Mann eines Tages überraschend bei seiner Gattin und teilte ihr mit, daß er mindestens noch weitere zwölf Jahre studieren und sie ihn also weiterhin ernähren, kleiden und für die Kosten der Schule aufkommen müsse.

Nach nunmehr vierundzwanzig Jahren war das Studium beendet und der Gelehrte und Rabbiner Akiba ben Josef kehrte wohlgenährt mit seinen Schülern im Gefolge in das heimische Dorf zurück. Seine Frau, durch die Jahre gealtert und von der Arbeit gebeugt, kam ihm vor dem Haus entgegen und wurde von den Schülern unsanft weggeschoben, hielten sie diese doch wegen der zerschlissenen Kleidung für eine Bettlerin.

Jetzt aber schritt Rabbi Akiba ein und gestattete ihr, seine Füße zu küssen, denn, so wandte er sich an die Schüler:

„Alles was mein und euer ist, kommt von ihr...".

Ein wahrlich großzügiger Zug und bezeichnend für die Epoche.

Abb. 11: Die Schädel von Mureybet.

Älteste Spuren ortsfester menschlicher Besiedlung im Zweistromland wurden in einer Grabung amerikanischer Archäologen in den Jahren 1964 und 1965 im syrischen Mureybet am Mittleren Euphrat freigelegt und auf die Mitte des 9. Jahrtausends v. Chr. datiert. In der 1971 begonnenen und 1974 abgeschlossenen Folgegrabung unter französischer Leitung wurden die Ergebnisse ergänzt.

Halb in den Boden eingelassene Rundhütten aus Stampflehm mit Dächern aus lehmbedecktem Astwerk hatten den prähistorischen Bewohnern als Dauerwohnsitz gedient, rund 2000 Jahre später vollzog sich der Wandel zum Rechteckbau.

Die in einem Haus vorgefundenen Anordnungen mit Lehm überzogener Schädel, die Gesichter plastisch ausgeformt und bemalt, lassen einen Ahnenkult vermuten.

Im 14. Jahrhundert v. Chr. erhält der ägyptische König, Pharao Echnaton, in seiner Hauptstadt *Achet-Aton* (*Ʒḥ.t-Jtn*), „Horizont des Aton", einen Brief aus *urusalim*, der „Stadt des Gottes Schalim", Jerusalem[42]. Das Schreiben ist in bestem Akkadisch, der diplomatischen Sprache dieser Epoche, und in akkadischer Keilschrift auf einer Tontafel verfaßt. Es beginnt mit den Zeilen[43]:

a-na sarriri beli-ia ki-bi-ma
um-ma 'abdi-xi-ba ardu-ka-ma
a-na 2 šêpē šarriri bêli-ia
7-ta-ka-an ù 7-ta-a-an am-qut-mi
a-mur a-na-ku la-a amêlu xa-zi-a-nu
amêluú-i-ú a-na-ku a-na šarriri bêli-ia

Zu dem König, meinem Herrn, hat gesprochen
also Abdicheba, dein Diener:
Zu den 2 Füßen des Königs, meines Herrn,
fiel ich 7mal und 7mal nieder.
Siehe, ich bin nicht ein Regent;
ein Offizier bin ich dem König, meinem Herrn.

Es ist ein Bittbrief des in Bedrängnis geratenen Statthalters von Jerusalem, der seinen König um militärische Unterstützung bittet. Doch nicht der weitere Inhalt des Briefes ist von Interesse, sondern der Name des verzweifelten Bittstellers: Abdicheba, *'abdi-xi-ba*, „Diener der Göttin Hepa".

Der Brief Abdichebas gehört zu den sogenannten Amarna-Briefen, welche im Staatsarchiv Echnatons nahe dem heutigen Tell el-Amarna am östlichen Nilufer in Mittelägypten gefunden wurden. Entdeckt hatte die

---

[42] Ausführlich in „Die Spur des Allerheiligstens – Auf der Suche nach der Bundeslade"; Peter W.F. Heller; Engelsdorfer Verlag, Leipzig 2009.
[43] EA 285

ersten Stücke des Tontafelarchivs 1887 eine Fellachin, doch wurden die Artefakte mangels der gewohnten Hieroglyphen von den ägyptischen Antiquitätenhändlern zunächst für Fälschungen gehalten und der Ankauf abgelehnt. Weitere Untersuchungen bestätigten dann aber die Echtheit; bis heute wurde ein aus mehr als 400 Tafeln bestehender Schatz geborgen, der die Korrespondenz ausländischer Könige, Fürsten und Statthalter mit dem ägyptischen Hof aus der mittleren Zeit der 18. Dynastie überliefert.

Einige der Keilschrifttexte[44] sperrten sich gegen die ersten Übersetzungsversuche, die Sprache war völlig unbekannt. Es sollte nahezu 25 Jahre dauern, bis der Absender als Tušratta von Mittani[45] und die Sprache 1915 zunächst als mittanisch und dann als hurritisch identifiziert und benannt werden konnte.

Tušratta, akkadisch *tu-uš-e-rat-ta*, und der bereits zitierte Abdicheba hatten, außerhalb der Beziehung zum ägyptischen Hof, zwei Gemeinsamkeiten: sie lebten zur selben Epoche und zu beider Götterpantheon gehörte eine Göttin namens Hepa. – Eva, die *Ewwa* der Hebräer?

Hepa, auch als *Hebat*, *Hepit* oder *Ḫepat* benannt, ist in der hurritischen Götterwelt zwar nicht „die" aber eine Königin des Himmels, ehelich verbunden mit dem Wettergott Teššup, dem Herrscher der Götter.

Teššup wird als Gottesappellativ, als göttlicher Inhaber eines sakralen Bezirkes oder einer kultischen Funktionssphäre, bereits in frühester Zeit als lokaler Wettergott von *Ḫalab*, dem heutigen Aleppo im Norden Syriens, nachgewiesen, wenn auch mit einem semitischen Namen. Doch bereits zum Ende der altbabylonischen Zeit, um 1200 v. Chr., kann er klar als der Teššup der Hurriter identifiziert werden. Seinen aleppinischen Lokalnamen hat er abgelegt: *Addu*. – Adam?

---

[44] EA 17 – EA 30: König Tušratta von Mittani an Amenophis III.; König Tušratta von Mittani an die Witwe Teje; König Tušratta von Mittani an Amenophis IV.; Der König von Mittani an Könige in Palästina.

[45] Eigenbezeichnungen: *Ma-i-ta-ni*, *Mi-ta-an-ni*, *Mi-i-ta-an-ni*, *Mi-i-ta-a-an-ni*, *Mi-i-it-ta-an-ni*, *Mi-it-ta-a-an-n[i]*.

Erwähnt werden die Hurriter, die *charru* (*h3rw*) der Ägypter, bereits in der Bibel[46]:

> Dies sind die Fürsten der Horiter: der Fürst Lotan, der Fürst Sobal, der Fürst Zibeon, der Fürst Ana,
> der Fürst Dison, der Fürst Ezer, der Fürst Disan. Das sind die Fürsten der Horiter, die regiert haben im Lande Seir.

Die Suche nach einem Hurritischen Reich erweist sich jedoch als zwecklos, ganz so als hätte es einen solchen Staat nie gegeben.

Es war der deutsche Archäologe und Sprachwissenschaftler Hugo Winckler, Professor für Orientalische Sprachen an der Universität Berlin, welcher bereits 1907 bei der Untersuchung der Amarna-Briefe das „verlorene" Reich der Hurriter als das „Reich von Mittani", das Reich des Briefsenders *tu-uš-e-rat-ta*, erkannte.

Die Bedeutung des Namens *Hōrī(m)*, so die Bezeichnung im hebräischen Text für „Hurriter", ist unbekannt. Nicht ganz von der Hand zu weisen ist die Vermutung, daß eine Verbindung zum assyrischen und akkadischen Begriff x*uradi*, „Wachsoldat", besteht. Ebensogut kann aber auch die im hurritischen Siedlungsraum liegende Stadt *Ḫurra* als Namensgeberin herangezogen werden.

Die Hurriter erlebten ihre Blüte zwischen dem Ende des 3. und der Mitte des 2. vorchristlichen Jahrtausends, die letzten bekannten Dokumente in hurritischer Sprache wurden um 500 v. Chr. verfaßt.

Das „Reich von Mittani" mit der Hauptstadt Waššukanni entstand im 16. Jahrhundert v. Chr. zwischen dem oberen Euphrat und Tigris. Zwar können die Hurriter in viel früherer Zeit in der nordöstlichen Gebirgsrandzone Mesopotamiens nachgewiesen werden, doch haben sie „bis Mittani" das Stadium eines losen Verbundes aus Stämmen und Kleinfürstentümern nie überwunden.

---

[46] AT, I. Mose 36, 29-30

Wurden die Hurriter in der frühen Phase von der sumerisch-akkadischen Hochkultur beeinflußt, befand sich das Mittanireich im Zentrum des Spannungsfeldes zwischen Hethitern und Assyrern. Um 1335 v. Chr. ist Mittani zwar noch eigenständig, doch bereits Vasallenstaat des Hethiterreiches. Rund hundert Jahre später fällt *Šulmānu-ašarēd*, Salmanassar I., König von Assyrien, mit seinen Truppen über Mittani her und zerschlägt das Reich.

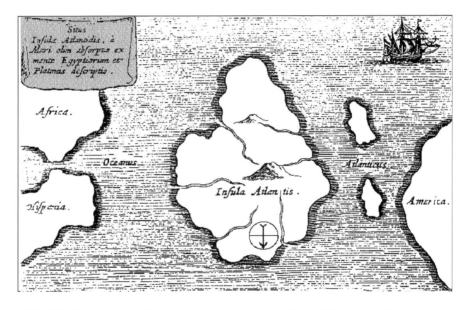

Abb. 12: Die mageren Hinweise auf die Lage der Insel Atlantis reichten zumindest für die Zeichnung einer Karte aus, welche der Universalgelehrte der späten Renaissance, der deutsche Jesuit Athanasius Kircher, in der Mitte des 17. Jahrhunderts auf der Basis eigener Forschungen in Rom anfertigen ließ.

In der Nähe der türkischen, bis 1960 Boğazköy genannten Stadt Boğazkale, einst die Hauptstadt des Hethiterreiches, *Ḫattuša*, befindet sich eine Felsgruppe, welche türkisch als *Yazılıkaya*, „beschriebener Fels", bezeichnet wird. Für die Wissenschaft entdeckt wurden die dort in den Fels gehauenen Hieroglyphen und Reliefs 1884 vom britischen Orientalisten William Wright, der die Schriftzeichen zwar nicht übersetzen konnte, jedoch in seinen Aufzeichnungen festhielt, daß die geheimnisvollen Schriftzeichen seiner Überzeugung nach zu ihm bekannten, ebenfalls bislang nicht übersetzbaren Inschriften in Aleppo und Hamâ passen würden.

Es sollte dreißig Jahre dauern, bis der tschechische Altorientalist Bedřich Hrozný die Sprache entziffert hatte; es war die Sprache der Hethiter.

Die im *Yazılıkaya* in drei Kammern dargestellten Reliefbänder zeigen links männliche und rechts weibliche Gottheiten, welche ihre Blicke auf das zentral angeordnete, sich gegenüberstehende Paar des Wettergottes und seiner göttlichen Gemahlin richten.

Diese trägt ein fußlanges Gewand mit gefälteltem Rock, der Polos auf ihrem Haupt, die hohe Götterkrone der Antike, weist sie als Göttin aus und entläßt einen bis zu den Hüften reichenden Zopf. Sie steht auf ihrem Symboltier, einem Löwen oder einem Panther. Die hethitische Beischrift nennt ihren Namen: *Ḫe-pa-tu*, Hepa (Abb. 14).

Im Jahre 1932 werden im bergigen Ostanatolien unter Leitung des als Begründer der französischen Hethitologie in die Annalen der Archäologie eingegangenen Louis Joseph Delaporte erste Grabungen am *Tell Arslantepe*, dem „Löwenhügel", durchgeführt. Von Bauern gefundene Fragmente aus Ton und Stein haben die Archäologen davon überzeugt, daß unter dem Tell, einem durch wiederholte Besiedlung entstandenem Hügel, die Stadt *Melid*[47] verborgen sein muß, die Hauptstadt des Hethitischen Reiches von *Melidu*[48].

---

[47] Auch als *Melidu* bezeichnet.
[48] Auch als *Melid* bezeichnet.

Die Wissenschaftler behalten recht, doch müssen die Arbeiten 1939 mit dem Kriegsbeginn abgebrochen werden. Der am 22. Oktober 1874 geborene Delaporte kehrt nach Frankreich zurück und nimmt seine Arbeit als Professor für Assyriologie und Hethitologie am *Institut Catholique de Paris* wieder auf.

Am 19. Mai 1942 wird Louis Delaporte von der deutschen Besatzungspolizei in Paris verhaftet und stirbt im Februar 1944 im Außenposten des schlesischen Konzentrationslagers Groß Rosen, im Lager Nr. 329, Dyhernfurth I, im Kreis Wohlau. Die Gründe für seine Verhaftung sind, ebenso wie die Todesursache, bis heute unbekannt.

1947 werden vom deutschen Altorientalisten C.F.A. Schaeffer überraschend Grabungen durchgeführt, deren Ergebnisse jedoch nicht publiziert.

Italienische Archäologen nehmen 1961 die Grabungen am „Löwenhügel" nahe Malatya wieder auf und setzen die Arbeiten bis heute fort.

Nach der aktuellen Fundlage können die Ursprünge Melids bis in das 6. vorchristliche Jahrtausend zurückverfolgt werden.

Erobert wurde die seit dem 4. Jahrtausend v. Chr. bis zu ihrem Ende kontinuierlich besiedelte Stadt 712 v. Chr. von den Assyrern unter König 'Šarrum-ken, Sargon II. (Abb. 15), der sie wegen des geleisteten Widerstandes in Schutt und Asche legen ließ.

Während der Grabungen wurde ein in zwei Teile zerbrochenes Relief gefunden, welches den Kampf zweier Götter gegen ein Schlangenwesen zeigt (Abb. 16). Es sind der bereits zitierte hurritische Wettergott Teššup und ein unbekannter Gott, eventuell auch sein Sohn oder ein Mensch namens *Ḫupašija*, die im Kampf mit dem mythischen Schlangendämon *Illujanka* stehen, der am Ende von Teššup getötet wird.

Die Bedeutung des Namens *Illujanka* ist nicht ganz klar, es wird aber angenommen, daß es sich um ein Appelativum, eine Gattungsbezeichnung, aus vorhurritischer Zeit für „Schlangenungeheuer" handelt.

Im nördlichen Zentralanatolien befand sich in der hethitischen Stadt *Nerik* eines der bedeutendsten Heiligtümer des Wettergottes. Vermutet wird die Stadt in der heutigen Provinz Samsun unter dem Tell Oymaağaç Höyük oder dem benachbarten Ruinenhügel; der Beweis für die eine oder die andere Lage muß aber durch weitere Grabungen noch erbracht werden.

Kella, ein Priester des Wettergottes von Nerik, hat zwei der Mythen um Teššup und Illujanka auf Tontafeln keilschriftlich für die Nachwelt erhalten[49]:

Im ersten Mythos ist Teššup von Illujanka besiegt worden und bittet in seiner Not die anderen Götter um Hilfe. Die Göttin *Inara* richtet ein Fest aus, zu welchem Illujanka eingeladen ist. Als Illujanka mit seinen Kindern erscheint, wird Wein im Übermaß gereicht, bis jene vollständig betrunken sind. Den anderen Göttern mißtrauend, bedient sich die Göttin nun der Hilfe eines Menschen, *Ḫupašija*, der Illujanka ohne Schwierigkeiten fesselt. Der Gebundene wird an Teššup ausgeliefert und von diesem getötet. Zum Dank belohnt Inara *Ḫupašija* mit ihrer Liebe und einem ewigen Leben im Reich der Götter. Beides ist jedoch mit dem Verbot gekoppelt, niemals aus dem Fenster zu schauen. Als der Geliebte in Abwesenheit der Göttin dennoch aus dem Fenster blickt und seine Familie sieht, wünscht er die Rückkehr in sein irdisches Dasein. Die darob höchst erzürnte Göttin nimmt ihm das Leben.

Auch im zweiten Mythos ist Teššup der zunächst Unterlegene. Illujanka beraubt ihn seines Herzens und seiner Augen. Der Wettergott heiratet daraufhin eine Sterbliche und zeugt mit ihr einen Sohn. Dieser Sohn heiratet wiederum eine Tochter Illujankas und fordert als Mitgift Herz und Augen Teššups, welche ihm

---

[49] Nach Alfred Götze.

überreicht werden. Nach dem Erhalt der Organe ist sein Vater wieder vollständig hergestellt und zieht erneut in den Kampf gegen Illujanka. Diesen findet er in Gesellschaft seines Schwiegersohnes an den Gestaden des Meeres. Illujankas Schwiegersohn, der Sohn Teššups, bittet den Wettergott, im Kampf keine Rücksicht auf ihn zu nehmen, ist er doch Illujanka ebenfalls familiär verpflichtet. So werden beide von Teššup im Kampf getötet.

Der erste Mythos, der ältere, liegt deutlich näher am biblischen Mythos von Adam und Eva als der zweite. Auch hier wird das Böse durch ein Schlangenwesen verkörpert und das Mißachten eines göttlichen Verbotes mit dem Tod, dem Verlust der Unsterblichkeit, geahndet.
Doch auch der zweite Mythos findet seinen Nachhall in der Bibel. Der Prophet Jesaja, sein Wirken im damaligen Südreich Juda wird für die Zeit zwischen 740 und 700 v. Chr. angesetzt, überträgt im Angesicht der Bedrohung durch die Assyrer den Sieg des Teššup auf den judäischen Gott Jahwe[50]:

Zu der Zeit wird der Herr heimsuchen mit seinem harten, großen und starken Schwert beide, den Leviathan, der eine flüchtige Schlange, und den Leviathan, der eine gewundene Schlange ist, und wird den Drachen im Meer erwürgen.

Es scheint, daß zur Zeit der Redaktion des Alten Testaments im 6. und 5. Jahrhundert v. Chr. eine Notwendigkeit bestand, die alttestamentlichen Erzählungen in die erfaßbare Gegenwart des Lesers zur Zeit der Niederschrift zu rücken, vergleichbar mit der zeitgenössischen Ausstattung biblischer Darstellungen durch die Künstler des europäischen Mittelalters. In der Pflicht, eine Schöpfungsgeschichte präsentieren zu müssen und befruchtet durch die Götterwelt Babyloniens, wurden Anleihen in den Kosmogonien des gesamten Vorderen Orients gemacht, welche im

---

[50] AT, Jesaja 27, 1

antiken Palästina nicht unbekannt waren. Es galt nicht nur die Erinnerung an den bis dahin in Jerusalem dominierenden Kult um El, Baal und Aschera vergessen zu machen, es galt auch einen allgewaltigen und alleinigen Gott mit Autorität zu versehen, der ohne Nebengötter Herr des Himmels und der Erde ist und sich nahtlos in die Vorstellung vom aus einem Diesseits und einem Jenseits bestehenden Kosmos einfügen ließ[51].

So wurde für den „Garten Eden" die in der Volksüberlieferung noch vorhandene Erinnerung an ein fruchtbares und in vorgeschichtlicher Zeit vom Meer überschwemmtes Gebiet als Vorbild genommen und in die Mose-Legende integriert, wobei als Namensgeber ein sumerisches Fruchtland, *an-edena*, herangezogen wurde.

Das „Paradies" findet sich erst im Neuen Testament und steht dort für eine Welt Gottes, in welche der Mensch frühestens nach dem Tode gelangen kann. So trennt sich durch Vergangenheit und Zukunft der „Garten Eden" vom „Paradies".

Der lokale Wettergott Aleppos, des antiken *Ḫalab*, Addu, liefert mit dem Stoff der hurritisch-hethitischen Mythen nicht nur den Namen „Adam", sondern auch einen Teil der Erzählung „Ausweisung aus dem Paradies". Die Bedeutung „Mensch" im Hebräischen ist dabei von Vorteil und läßt schnell vergessen, daß hier der uralte Wettergott Teššup seinen Auftritt hat.

Wo Addu-Teššup ist, ist seine Gemahlin nicht weit: Hepa, die *Ewwa* der Hebräer, Eva.

Das Relief von *Yazılıkaya* zeigt Hepa auf einem Feliden, einem Löwen oder Panther, stehend.

Das erinnert daran, daß in archaischer Zeit die Gottheiten in tierischer Gestalt gesehen wurden. Im Verlauf der Geschichte verlieren die Götter mehr und mehr ihre Tiergestalt und erhalten zunehmend menschliche Züge; der tierische Ursprung ist teilweise nur noch in ihren Symboltieren

---

[51] Ausführlich in „Die Spur des Allerheiligstens – Auf der Suche nach der Bundeslade"; Peter W.F. Heller; Engelsdorfer Verlag, Leipzig 2009.

oder der Gestaltung der von ihnen getragenen Kronen zu erahnen. Mit zunehmender Vermenschlichung konnte die Verbindung mit den Göttern auf „gleicher Augenhöhe" aufgenommen und diese mit entsprechenden Ritualen vermeintlich beeinflußt werden.

Weder wird dem Gott Moses noch Adam oder Eva symbolisch ein Tier zugeordnet, noch gibt es Hinweise auf eine frühe Tiergestalt. Ist der Mensch ein Spiegelbild Gottes, darf das Tier kein Spiegel des Menschen sein[52]:

> Und Gott sprach: Lasset uns Menschen machen, ein Bild das uns gleich sei, die da herrschen über die Fische im Meer und über die Vögel unter dem Himmel und über das Vieh und über die ganze Erde und über alles Gewürm, das auf Erden kriecht.

Die Redakteure des Alten Testaments waren Meister des subversiven Details; ihren Zeitgenossen präsentierten sie eine Geschichte, wie das „altbekannte" und durch ihre Unsterblichkeit als Götter zu betrachtende Paar „Adam" und „Eva" besagte Unsterblichkeit verlor und zu „normalen" Menschen wurde. Zwangsläufig wurde damit der himmlische Raum frei für einen anderen Gott: Jahwe.

Im Archäologischen Museum von Damaskus befindet sich die aus Gipsstein geschnittene Figurine einer sitzenden Frau, hergestellt zwischen 2900 und 2460 v. Chr. Gefunden wurde sie im Ischtar-Tempel von Mari, dem heutigen Tell Hariri in Syrien, einst einer der bedeutendsten Stadtstaaten der Sumerer.

Die Frau ist in eine für die Gegend von Mari typische Tracht gekleidet. Auf dem Kopf trägt sie eine ballförmige Haube, die vom Scheitel abwärts von einem fußlangen und die Schultern und Arme verhüllenden Überwurf abgedeckt wird. Das Obergewand ist glatt und läßt nicht erkennen, ob es mit Ärmeln ausgestattet ist. Dazu trägt sie einen bis zu den

---

[52] AT, I. Mose 1, 26

Füßen reichenden Rock. Überwurf und Rock scheinen mit blattförmigen Applikationen bestickt oder aus blattförmig gelappten Stoffstreifen versetzt zusammengenäht zu sein (Abb. 17).

Es scheint, daß diese Tracht der marischen Sumererinnen das Vorbild für die „aus Feigenblättern geflochtenen Schürze" abgegeben hat, wie sie in der Genesis genannt werden[53]. – Eventuell, weil es die älteste Kleidung war, welche den Verfassern des Alten Testaments bekannt war.

Die Vermenschlichung der als Teššup und Hepa erkennbaren Handlungsträger erzeugt noch einen weiteren Effekt, der durchaus im Sinne der Verfechter des Jahwe-Kultes[54] ist, er entbindet von der Pflicht des Opferns an das Götterpaar. Die Opfer der Menschen waren die Nahrung der Götter und ein Ausdruck des Verhältnisses von Geben und Nehmen. Im hethitischen, nur fragmentarisch erhaltenen Mythos vom rebellischen Ungeheuer *Ḫedammu* heißt es dazu[55]:

> Würdet ihr die Menschheit vernichten, würde sie die Götter nicht mehr feiern,
> und niemand mehr wird euch Brot und Trankopfer spenden.
> Es wird noch dazu kommen, daß der Wettergott, der mächtige König von Kummija, den Pflug selbst ergreift,
> und es wird noch dazu kommen, daß Ischtar und Hepat die Mühle selbst drehen.

Einbezogen wurde auch der Gegner Teššups, das Schlangenungeheuer Illujanka. Auf der Bühne des Alten Testaments spielt es die ebenso listige wie namenlose Schlange, auch hier Gegner oder Gegnerin.
Das Christentum erkennt in ihr das Böse, den Teufel, der mit der Ausweisung aus dem Garten Eden auf die Erde kam.

---

[53] AT, I. Mose3, 7
[54] Ausführlich in „Die Spur des Allerheiligstens – Auf der Suche nach der Bundeslade"; Peter W.F. Heller; Engelsdorfer Verlag, Leipzig 2009.
[55] Nach der Übersetzung von Gernot Wilhelm.

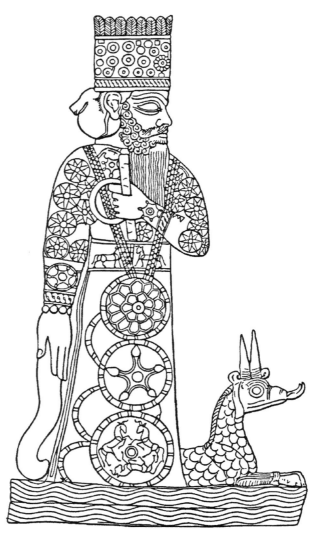

Der babylonische Gott Marduk und seine Gemahlin, der „große Drache" Tia-
mat.
Marduk, akkadisch *amar.utu*, „Kalb des Sonnengottes Utu", der Merodach der
Bibel, eine ursprünglich völlig unbedeutende Gottheit, welche mit zunehmender
Verehrung und Verbreitung vom sumerischen Stadtgott zur Hauptgottheit Baby-
loniens aufstieg.

Teuflische Gestalten

Die Götter und Göttinnen der Antike waren sowohl gut als auch böse und zeichneten sich als durchaus mit menschlichen Eigenheiten behaftet aus. Sie lebten und liebten, verstrickten sich in Intrigen und zeugten mit Sterblichen Kinder. Sie konnten boshaft und nachtragend sein, ebenso wie großzügig oder kleinlich. Einige schätzten derbe Späße, wenigen ging jede Form von Humor ab. – Ein ebenso gemischtes wie heiteres Völkchen also.

Im Falle eines Falles, insbesondere wenn es um das Züchtigen unbotmäßiger Menschen ging, wurden Dämonen beauftragt, die irgendwo zwischen Himmel und Erde angesiedelt waren. Was sie den Menschen brachten, war meist nichts Gutes und konnte mitunter in einer Naturkatastrophe ausarten.

Aber auch „gute" Götter konnten Strafen verhängen. So wurden beispielsweise Krankheiten mit dem theologischen Selbstverständnis begründet, daß der Mensch letztlich selbst die Schuld an seiner Erkrankung trägt und diese als Strafe der Götter für bestimmte Fehlverhalten zu betrachten hat. Wie tief dieses Denken verwurzelt war, zeigt sich auf einer Votivstele im oberägyptischen Deir el-Medineh am Westufer Thebens. Ein Erblindeter namens Neferabu fleht auf dieser den Gott Ptah an, ihm sein für einen Meineid genommenes Augenlicht wiederzugeben[56]:

> Ich bin einer, der einen Meineid geschworen hat
> bei Ptah, dem Herrn der Maat.
> So daß er mich hat Finsternis schauen lassen bei Tage.
> Ich werde seine Macht dem verkünden,
> der ihn nicht anerkennt, wie dem, der ihn anerkennt,
> Kleinen wie Großen:
>
> „Hütet euch vor Ptah, dem Herrn der Maat!
> Denn er läßt keine Missetat eines Menschen unbeachtet.

---

[56] In der Übersetzung von Emma Brunner-Traut.

Fürchtet euch, den Namen des Ptah
lästerlich auszusprechen.
Denn wer ihn lästerlich ausspricht,
wahrlich, der wird zuschanden!"

Er hat mich zu einem streunenden Hund gemacht,
wobei ich in seiner Gewalt bin.
Er läßt Menschen und Götter auf mich blicken
als auf einen, der Verwerfliches gegen seinen Herrn getan hat.

Gerecht ist Ptah, der Herr der Maat, gegen mich,
indem er mir eine Lehre erteilt hat.
Sei mir fortan gnädig!
Laß mich deine Gnade sehen!

Ptah gehörte zu den eher „harmlosen" Göttern, war er doch der Gott der Weisheit und Schreibkunst sowie Berufsgott der bildenden Künste, der Handwerker und Baumeister (Abb. 18).
Nicht ganz so harmlos die ägyptische Göttin Selqet, dargestellt durch den Skorpion (Abb. 19). Sie war die Schutzgöttin der Ärzte, Magier und Verstorbenen und besaß magische Heilkräfte. Wer in ihrer Gunst stand, den schützte die Göttin vor Schlangenbissen und Skorpionsstichen. Wem es an der nötigen Gunst mangelte, der hatte eben Pech und verschied am Biß oder Stich.

Der Gott der Christenheit ist nur gut und vor allem barmherzig. Er liebt alle Menschen, ist in keine Intrigen verstrickt und hat nur ein einziges Mal mit einer Sterblichen ein Kind gezeugt und das auch noch ohne jeden Körperkontakt, nämlich mit einer gewissen Maria seinen Sohn Jesus. Er ist weder boshaft noch nachtragend und macht auch keine derben Späße; ob er Humor hat, ist mehr als fraglich.

Er schickt auch keine Dämonen aus, denn der christliche Himmel ist, allen Bekenntnissen zufolge, nicht nur von Gott, den Heiligen und den Seligen bewohnt, sondern auch von einer Schar dienstbarer Geister, die als Engel bezeichnet werden.

Am bekanntesten sind die Erzengel Gabriel und Michael, die trotz ihres namentlich bekundeten männlichen Geschlechts zur ewigen Keuschheit verdammt sind, was die Geschlechtszuweisung völlig überflüssig macht. Im Sinne mittelalterlicher Machtdarstellung treten sie gerne mit dem Schwert auf, selbiges mitunter brennend, ergänzt durch Schild und Spieß, um das Böse von der Welt zu tilgen (Abb. 20). Doch meist begnügen sie sich mit der Überbringung inhaltsschwerer Botschaften an einen ausgewählten Teil der Bevölkerung, wobei sie generell mehr oder weniger in einem neutralen Weiß auftreten und neben ihren Worten auch noch Licht von sich geben. Ganz im Gegensatz zu den Heiligen sind diese Lichtgestalten in der Regel namenlos und werden auch nicht angebetet, von der Verehrung einiger Heroen wie Gabriel und Michael einmal abgesehen.

Für den christlichen Menschen des europäischen Mittelalters war die Welt klar und verständlich in Gut und Böse geteilt. Gut waren Vater, Sohn und Heiliger Geist, dazu Maria und Josef und die Heiligen. Und gut waren natürlich auch all diejenigen, welche dem verkündeten Wort der herrschenden Kirche folgten und sich brav in die Schar der Christenmenschen einreihten.

Böse mußten demnach alle Menschen sein, welche nicht an Jesus Christus oder zumindest nicht an die Postulate der Heiligen Mutter Kirche glaubten: Ketzer, Juden und Muslime.

Da sich die profane Welt in Gut und Böse teilte, war bereits für die frühen Christen klar, daß ebenso der „gute" Gott einen „bösen" Gegenspieler haben müsse, den Teufel. Doch zu diesem Schluß bedurfte es keiner eigenen Erfahrung, wird doch der Teufel oft genug im Neuen Testament der Bibel genannt[57]:

> Da ward Jesus vom Geist in die Wüste geführt, auf daß er von dem Teufel versucht würde.
> Und da er vierzig Tage und vierzig Nächte gefastet hatte, hungerte ihn.
> Und der Versucher trat zu ihm und sprach: Bist du Gottes Sohn, so sprich, daß diese Steine Brot werden.
> Und er antwortete und sprach: Es steht geschrieben: „Der Mensch lebt nicht vom Brot allein, sondern von einem jeglichen Wort, das durch den Mund Gottes geht."
> Da führte ihn der Teufel mit sich in die heilige Stadt und stellte ihn auf die Zinne des Tempels
> und sprach zu ihm: Bist du Gottes Sohn, so laß dich hinab; denn es steht geschrieben: „Er wird seinen Engeln über dir Befehl tun, und sie werden dich auf den Händen tragen, auf daß du deinen Fuß nicht an einen Stein stoßest."
> Da sprach Jesus zu ihm: Wiederum steht auch geschrieben: „Du sollst Gott, deinen Herrn, nicht versuchen."
> Wiederum führte ihn der Teufel mit sich auf einen sehr hohen Berg und zeigte ihm alle Reiche der Welt und ihre Herrlichkeit
> und sprach zu ihm: Das alles will ich dir geben, so du niederfällst und mich anbetest.
> Da sprach Jesus zu ihm: Hebe dich weg von mir, Satan! denn es steht geschrieben: „Du sollst anbeten Gott, deinen Herrn, und ihm allein dienen."
> Da verließ ihn der Teufel; und siehe, da traten die Engel zu ihm und dienten ihm.

---

[57] Beispielhaft NT, Matthäus 4, 1-11

Ob es sich bei dem Teufel in dieser Geschichte der Versuchung Jesu tatsächlich um „den" Teufel handelt, ist höchst unwahrscheinlich. Im Judentum ist „Satan" als Funktionsbezeichnung für Engel zu verstehen, die von Gott zur Prüfung auserwählter Menschen entsandt werden und diese auf die Probe stellen.

Einem gebildeten Juden dürfte die Führung des Dialogs ohnehin bekannt vorkommen; Streitgespräche unter einseitiger Zitierung alttestamtlicher Verse gehören zu den traditionellen Lernformen an den Jeschiwas – Keine Spur vom Bösen also.

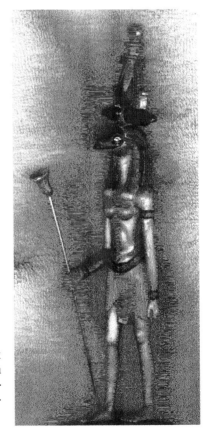

Abb. 13: Der Schöpfergott Chnum.
Das Formen des Menschen aus „Erde" ist kein Privileg der Bibel, bereits im alten Ägypten formte Chnum Götter und Menschen aus Ton, wenn auch auf einer Töpferscheibe.

Der überwiegenden Mehrzahl der Gläubigen blieb zwar der biblische Text mangels Kenntnis des Lesens und Schreibens sowie der lateinischen Sprache verschlossen, die englische Bibelübersetzung von William Tyndale erschien 1526, die deutsche von Martin Luther 1534, doch dürften die Worte der Kleriker für ausreichend Angst vor Teufel und Hölle gesorgt haben.

Daß der Teufel auch in höchsten Adelskreisen als real angenommen wurde, belegen der Mutter des oströmischen Kaisers Constantin I. zugeschriebene Verse, welche die damals siebzigjährige Helena während ihrer zunächst erfolglosen Suche nach dem Kreuz Christi zu Pergament gebracht haben soll[58]:

> Sieh, hier ist der Ort des Kampfes; wo ist der Siegespreis?
> Ich suche die Fahne des Heils und finde sie nicht.
> Ich, im Purpur, und das Kreuz des Herrn im Staube;
> ich an Höfen und der Triumph Christi in den Ruinen;
> soll er und die Palme des ewigen Lebens verborgen bleiben?
> Soll ich mich als Erlöste betrachten und das Zeichen der Erlösung selbst nicht schauen?
> Ich sehe, dein Werk ist's, Teufel, das Schwert, mit welchem du getötet wurdest, zu bedecken.
> Aber du hast dich vergeblich bemüht, du wirst neuerdings besiegt!

Nur am Rande sei erwähnt, daß die frommen Worte wenig Eindruck auf die zur Suche abkommandierten Legionäre machten. Erst ein ausgesetzter Geldpreis sorgte für die nötige Motivation und den Fund gleich dreier Kreuze[59].

---

[58] Nach Johann Evangelist Stader.
[59] Ausführlich in „Schelte für das Christentum – Frommer Schwindel, echter Glaube"; Peter W.F. Heller; Engelsdorfer Verlag, Leipzig 2008.

Obwohl noch niemand dem Teufel leibhaftig begegnet ist oder bei gegenteiliger Behauptung den Beweis schuldig blieb, wußte schon die spätantike Kirche ganz genau, wie der Böse auszusehen hat:

- Seine Gestalt ist menschlich, doch ziert den Kopf ein Paar gebogener Hörner.
- Die Körperbehaarung ist ausgeprägt und am verlängerten Rückgrat entwindet sich ein Schwanz.
- Von der Hüfte abwärts hat er die Beine eines Bocks (Abb. 21); mitunter erscheint er auch mit einem Pferdefuß und einem menschlichen Bein (Abb. 22).
- Die Nägel sind zu Krallen gewachsen und seine Waffe ist der Dreizack.
- Er riecht nach Pech und Schwefel.

Das kirchliche Wissen in dieser Sache kommt nicht von ungefähr, haben doch schon die frühen Kirchen genau dieses Bild inszeniert und das nicht ohne Grund.

Auf Anweisung des spätrömischen Kaisers Justinian wird im Jahre 551 der letzte Tempel Ägyptens, der Isis-Tempel (Abb. 23) auf der Nilinsel Philae, geschlossen und eine christliche Siedlung gegründet, wobei Teile der Tempelanlage als Kirchen genutzt werden. Das freut die ägyptischen Christen, die Kopten, doch wissen sie ganz genau, daß die Verehrung der alten Götter damit nicht vollends aufgehört hat.
Ein Dorn im christlichen Auge ist vor allem der alte Reichsgott *Amun*, der Gott der Herden und Weiden und besonders der Fruchtbarkeit beider. Kein Wunder also, daß das Landvolk diesem Gott trotz aller Missionierung nicht so einfach abtrünnig wird.
Das Symboltier Amuns ist der Widder, seine Urform in archaischer Zeit. Noch heute verheißt der Verzehr der Widderhoden im Orient gestärkte Manneskraft.

So wurde die Mär ins Land gesetzt, daß der Widdergott der Teufel und seine Verehrung damit Teufelsanbetung sei, was in logischer Konsequenz ein ewiges Braten in den Höllenfeuern zur Folge habe.

Doch sicher ist sicher, den noch vorhandenen „Götzenbildern", wie beispielsweise denen der Widderallee am oberägyptischen Karnak-Tempel, schlug man die Hörner ab und machte sie durch diesen Akt der Zerstörung zu harmlosen Schafen, unwürdig jeder Verehrung (Abb. 24). – So kam der Teufel zum ersten Mal zu seinen Hörnern; nicht durch das Abschlagen, sondern die fromme Lüge.

Abb. 14: Die göttliche Gemahlin des Wettergottes trägt ein fußlanges Gewand mit gefälteltem Rock, der Polos auf ihrem Haupt, die hohe Götterkrone der Antike, weist sie als Göttin aus und entläßt einen bis zu den Hüften reichenden Zopf. Sie steht auf ihrem Symboltier, einem Löwen oder einem Panther. Die hethitische Beischrift nennt ihren Namen: He-pa-tu, Hepa.

Abb. 15: König *'Šarrum-ken*, Sargon II., hier mit einem Opfertier dargestellt, eroberte 712 v. Chr. Melid, die Hauptstadt des Hethitischen Reiches von Melidu, und ließ die seit dem 4. Jahrtausend v. Chr. bis zu ihrem Ende kontinuierlich besiedelte Stadt wegen des geleisteten Widerstandes in Schutt und Asche legen.

Was eine ausgeprägte Körperbehaarung mit dem Teufel zu tun haben soll, ist unschwer nachvollziehbar, weist sie doch auf das Tierische, das Nichtmenschliche des „Leibhaftigen" hin. Außerdem entbindet die Behaarung von jeglicher Einhaltung einer Kleiderordnung. Verstärkt wird das Zoomorphe durch den Schwanz, der sowohl glatt behaart als auch mit den Schuppen eines Reptils versehen ausfallen kann. Letztere Darstellungsweise, wenn auch zoologisch nicht ganz korrekt, weist auf die Schlange im Paradies, den Teufel in der Schlangenhaut.

Doch wichtiger noch, ein unbehaarter Teufel könnte Lüste auslösen, die ganz und gar nicht im Sinne des seit seinen Anfängen gegen alles Hellenistische, insbesondere den nachgesagten Hang zu glatten Knabenkörpern, eingestellten körperfeindlichen Christentums sind.

Die ursprünglich gleichberechtigten Patriarchate von Alexandria, Jerusalem, Antiochia, Konstantinopel und Rom (Abb. 25) hatten ein gemeinsames Problem. Selbiges bestand weder aus theologischen Differenzen oder kirchenpolitischen Faktoren noch aus der Trennung in Ost- und Westkirche aufgrund fortschreitender Entfremdung, welche konvergierend mit dem progressiven Wachstum päpstlicher Autorität einherging, und auch nicht aus der Verbreitung der Legende vom Wirken und Sterben Petri in Rom, um das Primat des römischen Patriarchen, des Bischofs von Rom, durchzusetzen[60].

Das Problem der östlichen Mittelmeerhälfte hieß *Pan* und war ein flötespielender Hirtengott der Klassischen Antike; trotz aller Christianisierung auch noch ein allem Anschein nach unsterblicher (Abb. 26).

Dieser Pan, griechisch Παν, Gegenpart des römischen *faunus*, ist der Gott des Waldes und der Natur, der Schutzgott der Bauern und Hirten, ihrer Äcker und ihres Viehs. Das ist an und für sich nichts Schlimmes, doch ist Pan auch noch ein Freund von Wein, Weib und Gesang und dazu mit einer Neigung zu besonderer Wollust ausgestattet. So bleibt nicht aus, daß seine Verehrung bis ins Mittelalter, wenn auch heimlich, fortbesteht.

Die ihm zu Ehren zelebrierten Feste sind nicht nur für ihren Weinrausch bekannt, sondern auch für ihr ebenso ungehemmtes wie unkeusches Treiben. Und das paßt überhaupt nicht in das prüde und sexualfeindliche Konzept des Christentums, welches allen fleischlichen Freuden feindlich gegenübersteht.

Pan, Namensgeber des „panischen Schreckens", einer Massenflucht von durch den Gott erschreckten Herdentieren, ist halb Mensch und halb Tier, ausgestattet mit Hörnern und Bocksfüßen. So wird, ganz nach ägyptisch-koptischem Vorbild, der gesellige Hirtengott zum Teufel umgedeutet. – Mit Erfolg.

---

[60] Ausführlich in „Schelte für das Christentum – Frommer Schwindel, echter Glaube"; Peter W.F. Heller; Engelsdorfer Verlag, Leipzig 2008.

72

Abb. 16: Während der Grabungen am „Löwenhügel" nahe Malatya wurde ein in zwei Teile zerbrochenes Relief gefunden, welches den Kampf zweier Götter gegen ein Schlangenwesen zeigt. Es sind der hurritische Wettergott Teššup und ein unbekannter Gott, eventuell auch sein Sohn, die im Kampf mit dem mythischen Schlangendämon Illujanka stehen, der am Ende von Teššup getötet wird.

Das Bild des Teufels mit den Bocksfüßen hat allerdings einen Pferdefuß und der ist wörtlich zu nehmen, wird doch der Böse auch mit besagtem Pferdefuß dargestellt und verkündet.

Den Pferdefuß erhielt der Teufel im 8. Jahrhundert, kurze Zeit nach der Schlacht bei Verden an der Aller gegen die unbeirrbar heidnischen Sachsen, die 782 vordergründig zum barmherzigen Zwecke der Christianisierung geführt wurde und dem siegreichen Karl dem Großen den Beinamen „Sachsenschlächter" eintrug.

Allerdings dürfte es sich bei diesem „Ehrennamen" um die Folge eines Schreibfehlers seines zeitgenössischen Chronisten Einhard handeln, der in lateinischer Sprache niederschrieb, daß Karl nach der Schlacht die Enthauptung von 4500 Sachsen angeordnet habe. Zweifel weckt nicht nur die Höhe der Zahl, sondern auch die Hinrichtung selbst, für die bis heute jeder archäologische Nachweis fehlt. So bleibt als Erklärung nur die Vermutung, daß Einhard, sei es aus Nachlässigkeit, sei es aus mangelnden Kenntnissen des Lateins, statt *delocabat*, was soviel wie „ließ umsiedeln" heißt, fälschlich das Wort *decollabat*, „ließ enthaupten", niederschrieb.

Doch irrte Einhard nicht nur in diesem Punkt; der Grund für den 772 begonnenen und 32 Jahre dauernden Kriegszug dürfte weniger im mis-

sionarischen Eifer des streitbaren Kaisers als mehr in der historisch be-
legten Tatsache zu finden sein, daß räuberische Übergriffe der Sachsen
auf fränkisches Reichsgebiet an der Tagesordnung waren.

Die wenig friedliche Bekehrung der Sachsen manifestiert sich auch in
einem von Karl vermutlich im Jahr 785 erlassenem Gesetz, der *Capitula-
tio de partibus Saxoniae*, welches jede Beleidigung des Christentums
oder dessen Priester mit der Todesstrafe ahndet; beleidigt wurden Priester und Christentum beispielsweise durch das Mißachten des vorösterli-
chen Fastengebotes oder den „heidnischen" Brauch der Feuerbestattung,
denn letztere widersprach dem alttestamentlichen Worte Gottes, nach
welchem „der Mensch wieder zu Erde werde, aus der er genommen wurde"[61].

Zur Doktrinierung dieses Anspruches wurde vom Gotteswort abgeleitet,
daß nur die Beisetzung in geweihter Erde den Weg ins Himmelreich
ebne; wer sich hingegen verbrennen ließ, schmore auf ewig in den
Flammen der Hölle. Geweihte Erde fand sich dort, wo die Kirchen standen und begraben wurde fortan, je nach Rang, in der Kirche oder einem
zur Kirche gehörigen, umfriedeten Hof, dem *vrîthof*. So konnte in jedem
Sprengel kontrolliert und sichergestellt werden, daß der letzte Weg der
richtige war; die Umdeutung vom umfriedeten Areal zur friedvollen
Stätte, dem Friedhof, vollzog sich zu späterer Zeit.

Taufen ließen sich die Sachsen und das in Massen, allen voran der west-
fälische Sachsenführer Herzog Widukind im Jahr 785, wahrscheinlich in
der Pfalz von Attigny in der französischen Champagne.

Das hielt aber so gut wie keinen der starrsinnigen Sachsen davon ab,
nach wie vor ihren Gott *Horsa*, den Pferdegott, zu verehren. Den
wünschte sich die Kirche zur Hölle und griff zum bereits erprobten Mittel der Umdeutung, daß nämlich Horsa der Teufel sei. Wurde seither
wider den Teufel gepredigt, durfte in Sachsen der Hinweis nicht fehlen,
daß dieser einen Pferdefuß habe.

---

[61] AT, I. Mose 3, 19

Doch so schnell war der zähe Horsa nicht totzukriegen, noch heute zieren aus Balken geschnittene Pferdeköpfe die Giebel der traditionellen Niedersachsenhäuser (Abb. 27).

Das kirchliche Mißtrauen in diese Art der Giebel war zwar gerechtfertigt, doch wurde zur Beruhigung vorgebracht, daß die Anordnung der Giebelbalken der Rune ōþalan entsprach, welche synonymes Zeichen für „Stammgut" oder „Landbesitz" war und seit alters den Stand des freien Bauern bezeugte (Abb.28). Daß der Runenscheitel aus zwei Pferdeköpfen gebildet wurde, zeigte lediglich einen landwirtschaftlichen Zweig an, daß nämlich der in seinen Bräuchen verharrende Niedersachse Betreiber einer Pferdezucht oder zumindest Pferdehalter war. Um es nicht auf die Spitze zu treiben, wurden die Pferdeköpfe demütig gesenkt und waren damit der Kirche genehm.

In der englischen Sprache hat sich Horsa als *horse*, das Wort für Pferd, erhalten. Allerdings glaubt niemand daran, daß bei den seit 1711 in Ascot unter der Schirmherrschaft des britischen Königshauses veranstalteten Pferderennen der Teufel über die Ziellinie galoppiert, auch wenn dort wie der Teufel geritten wird.

Wo dem frommen Christenmenschen Fuß- und Fingernägel wachsen, hat der Teufel Krallen. Die braucht er, um den verführten Menschen samt seiner nicht minder verführten Seele zu packen und als Beute in die Hölle zu verschleppen.

Eine durch und durch harmlose Pflanze aus der Familie der Glockenblumengewächse, *Campanulaceae*, zeigt, wie sich der Mensch die Krallen des Teufels vorzustellen hat. Es ist die Teufelskralle, *Phyteuma*, deren kleine Einzelblüten zu einem großen Blütenstand vereinigt sind, eben der Teufelskralle, um so besonders anziehend auf die für die Bestäubung notwendigen Insekten zu wirken (Abb. 28).

All jene, welche beim besten Willen nichts Teuflisches an dem Pflänzchen erkennen können, nennen sie bei ihrem im Volksmund verwurzelten Namen: Rapunzel.

Abb. 17: Die sitzende Dame von Mari.

Im Archäologischen Museum von Damaskus befindet sich die Figurine einer sitzenden Frau, hergestellt zwischen 2900 und 2460 v. Chr. Gefunden wurde sie im Ischtar-Tempel von Mari, einst einer der bedeutendsten Stadtstaaten der Sumerer.

Auf dem Kopf trägt sie eine ballförmige Haube, die vom Scheitel abwärts von einem fußlangen und die Schultern und Arme verhüllenden Überwurf abgedeckt wird. Dazu trägt sie einen bis zu den Füßen reichenden Rock. Überwurf und Rock scheinen mit blattförmigen Applikationen bestickt oder aus blattförmig gelappten Stoffstreifen versetzt zusammengenäht zu sein.

Wer heute vulgo dem Gott *Poseidon* oder *Neptun* opfert, tut dies zwar in demutsvoller Beugung, doch ist die Opfergabe meist unappetitlichen Inhalts und Folge der Seekrankheit.

Poseidon ist der Gott des Meeres der Alten Griechen. Bei den Alten Römern wurde diese Position von *neptunus*, dem *nethuns* der etruskischen Mythologie, eingenommen, der ab dem frühen 4. Jahrhundert v. Chr. mit Poseidon gleichgesetzt wurde (Abb. 29).

Doch gleich ob zu Poseidon oder Neptun gebetet wurde, für die vom Mittelmeer abhängige Bevölkerung war der Meeresgott von ungeheurer Bedeutung. Er füllte die Netze der Fischer und zerschlug die Schiffe der Seefahrer im Sturm seines Zorns; wer vom Meer lebte, war von seiner Gunst abhängig.

Selbst als das Christentum die Länder des Mittelmeeres längst erobert hatte, wurde dem Meeresgott geopfert. Bis ins Hochmittelalter gaben die Fischer einen bescheidenen Teil ihres Fanges an das Meer zurück, die Seeleute speisten den Gott mit Wein und Brot.

Der Brauch war ebenso heidnisch wie unchristlich und mußte unterbunden werden. So lag es nahe, auch diesen Gott zu verteufeln. Werkzeug und Zepter Poseidons und Neptuns war der Dreizack, der Fischspeer der antiken Fischer. - Ein Gott mit Dreizack konnte also nur der Teufel sein.

Das Symboltier des Meeresgottes war das Pferd, was die Durchsetzung des teuflischen Pferdefußes im Mittelmeerraum enorm erleichterte.

Bereits in der Antike wurden Feste geschätzt, bei denen die Nacht zum Tage gemacht wurde. Das galt sowohl für die religiösen als auch privaten Festivitäten, wobei sich der Übergang vom einen zum anderen mit späterer Stunde oft fließend gestaltete.

In Griechenland wurde beispielsweise in der Spätantike ein dreitägiges Fackelfest gefeiert, bei welchem am ersten Tag der neun Tage und neun Nächte dauernden Geburt Apollons und seiner Mutter Leto, Gemahlin des obersten olympischen Gottes Zeus, gedacht wurde. Der zweite Tag war der Geburt Glykons geweiht und der dritte der Vermählung des Podalirĭos mit Olympias, der Mutter Alexanders des Großen.

Apollon, Sohn des Zeus und einer der zwölf Hauptgötter des griechischen Pantheons, war der frühlingshafte Gott des Lichts, der Reinheit, der Weisheit und Weissagung sowie aller Künste mit besonderer Neigung zur Musik, zur Dichtung und zum Gesang. Im Alten Testament taucht er als Nachfahre des Brudermörders Kain mit dem Namen Jubal auf[62]:

> Und Kain erkannte sein Weib, die ward schwanger und gebar den Hennoch. Und er baute seine Stadt, die nannte er nach seines Sohnes Namen Hennoch.
>
> Hennoch aber zeugte Jrad, Jrad zeugte Mahujael, Mahujael zeugte Methusael, Methusael zeugte Lamech.
>
> Lamech aber nahm zwei Weiber; eine hieß Ada, die andere Zilla.
>
> Und Ada gebar Jabal; von dem sind hergekommen, die in Hütten wohnten und Vieh zogen.
>
> Und sein Bruder hieß Jubal; von dem sind hergekommen die Geiger und Pfeifer.

Glykon von Athen war der Bildhauer, der im 1. Jahrhundert v. Chr. die Statue des Herakles, welche 1546 in den Thermen des Caracalla in Rom entdeckt und 1787 in das Nationalmuseum zu Neapel gebracht wurde, wo sie noch heute als dominantes Objekt der Farnesischen Sammlung zu bewundern ist. Allerdings wird davon ausgegangen, daß der neapolitanische Schatz eine römische Kopie ist, welche von Glykon, vermutlich nicht gratis, mit seiner Signatur versehen wurde.

Podalirios, Sohn des Gottes der Heilkunst, Asklepios, zählt gemeinsam mit seinem Bruder Machon zu den Schutzgöttern der Chirurgen und Internisten und wird mit dem die Mutter Alexanders heiratenden Podalirios gleichgesetzt. Doch es ging nicht um die Frage, wer hier wen heiratete, sondern um die durchaus lustvolle Verbindung zweier Menschen, welche das beste Alter bereits hinter sich haben.

---

[62] AT, I. Mose 4, 17-21

Zu den Höhepunkten zählten die öffentlichen Gymnastikübungen nackter Knaben; den Mädchen war nach hellenischem Recht jede Art von Gymnastik untersagt.

Die Zutaten des festlichen Anlasses lassen die Richtung bereits erkennen, sie stehen weit außerhalb dessen, was Grundlage christlicher Zelebration sein darf.

Bischöfliche Verbote beendeten im 4. Jahrhundert das Spektakel in einem Feldzug gegen die „heidnischen" Götter.

So gab es in Griechenland eine uralte Eiche, in deren Inneren der Göttervater Zeus einen Wohnsitz haben sollte, das Heiligtum von Dodona am Fuße des Tomarosgebirges in Epirus.

Um das Jahr 392 hatten christliche Eiferer nichts Besseres zu tun, als eben diese heilige Eiche zu fällen und damit dem antiken Zeuskult den endgültigen Garaus zu machen. Den machten sie damit auch der Bedeutung Dodonas als Orakelstätte; trotz der Erhebung der Stadt zum Bischofssitz und der Errichtung einer dreischiffigen Basilika um 431 verfiel der Ort in völlige Bedeutungslosigkeit. Bot das antike Theater Dodonas rund 18 000 Zuschauern bequemen Platz, hat das heutige Dodona, die Gemeinde Dodoni, weniger als 4000 Einwohner und der Bischof ist auch schon lange weg[63].

War das öffentliche Fackelfest dem Verbot zum Opfer gefallen, galt dies noch lange nicht für das, was sich hinter den Mauern abspielte, dort wurde munter weitergefeiert.

Die benötigten Fackeln bestanden aus einem hölzernen Stock, der am oberen Teil mit Werg, kurzen Fasern minderer Qualität und Abfall bei der Herstellung von Leinen- und Hanffasern, umwickelt wurde. Vorher wurde das Werg in heißem Pech getränkt, welchem zur besseren Aushärtung Schwefel zugesetzt worden war.

Roch es ohne erkennbaren Grund nach Pech und Schwefel, mußte also Teuflisches im Gange sein.

Mag die physische Ausstattung heute kaum noch als Kinderschreck aus-

---

[63] Ausführlich in „Schelte für das Christentum – Frommer Schwindel, echter Glaube"; Peter W.F. Heller; Engelsdorfer Verlag, Leipzig 2008.

reichen (Abb. 30), war sie für das Mittelalter Mahnung und Realität. Der Teufel konnte überall und jeder sein, zumindest in der Dunkelheit, wenn seine äußerlichen Attribute nicht erkannt werden konnten. Also war es empfehlenswert, des Nachts Türen und Fenster zu verriegeln und artig zu Hause zu bleiben. – Ganz im Sinne der Kirche.

Abb. 18: Der ägyptische Gott Ptah.
Er gehörte zu den eher „harmlosen" Göttern, war er doch der Gott der Weisheit und Schreibkunst sowie Berufsgott der bildenden Künste, der Handwerker und Baumeister.

Wer nachts noch unterwegs sein mußte, dem drohte die Begegnung mit einem sich lautlos bewegenden Wesen, dessen Augen von innen in unheimlicher Glut funkelten, mit einer Katze. Tagsüber der harmlose Mäusefänger, wandelte sie sich in der Dunkelheit zum Grauenvollen, stets bereit zur Kopulation mit Ihresgleichen. Da ein solches Tier weder mit dem lieben Gott noch den Heiligen im Zusammenhang stehen konnte, mußte es also des Teufels sein.

Das hatten bereits die Kopten erkannt, denn noch weit in die christliche Zeit hinein wurde die katzengestaltige Göttin *Bastet* (*B3stt*), Tochter des Sonnengottes Re, von den Frauen Ägyptens verehrt (Abb. 31).

Im Alten Reich erscheint Bastet als Löwin, ihre Katzengestalt ist erst seit Beginn des Neuen Reiches um 1550 v. Chr. sicher nachgewiesen. Ihre zerstörerischen „löwischen" Eigenschaften hat sie abgelegt und ist nur noch die sanfte Göttin der Lust und Liebe, des Kindersegens, der Freude, des Tanzes, der Musik und der Feste, außerdem die Schutzgöttin der Schwangeren.

Ihr angespanntes Verhältnis zu „Lust und Liebe" begründet die christliche Kirche mit den Worten des Apostelfürsten Paulus, der seine Haltung zu den sexuellen Lustbarkeiten in seinem Brief an die Römer offenbart[64]:

> Darum hat sie Gott auch dahingegeben in schändliche Lüste: denn ihre Weiber haben verwandelt den natürlichen Brauch in den unnatürlichen;
>
> desgleichen auch die Männer haben verlassen den natürlichen Brauch des Weibes und sind aneinander erhitzt in ihren Lüsten und haben Mann mit Mann Schande getrieben und den Lohn ihres Irrtums (wie es denn sein sollte) an sich selbst empfangen.
>
> Und gleichwie sie nicht geachtet haben, daß sie Gott erkenneten, hat sie Gott auch dahingegeben in verkehrten Sinn, zu tun, was nicht taugt,

---

[64] NT, Römer I, 26-32

voll alles Ungerechten, Hurerei, Schalkheit, Geizes, Bosheit, voll Neides, Mordes, Haders, List, giftig, Ohrenbläser, Verleumder, Gottesverächter, Frevler, hoffärtig, ruhmredig, Schädliche, den Eltern ungehorsam, Unvernünftige, Treulose, Lieblose, unversöhnlich, unbarmherzig.

Sie wissen Gottes Gerechtigkeit, daß, die solches tun, des Todes würdig sind, und tun es nicht allein, sondern haben auch Gefallen an denen, die es tun.

Wie beispielsweise die Katholische Kirche bis heute zum Ausleben der Sexualität, zumindest bis zu einem gewissen Grad, in der Ehe steht und nur in dieser, teilte Papst Leo XIII. in seinem 1880 verfaßten Rundschreiben *Arcanum divinae sapientiae*, „Ein Geheimnis göttlicher Weisheit", der Welt mit:

> Damit aber die Treue im vollen Glanz erstrahle, muß auch der vertraute Verkehr der Gatten untereinander das Gepräge der Keuschheit an sich tragen. Die Eheleute müssen sich also in allem nach den Normen des göttlichen Gesetzes und des Naturgesetzes richten und sich bemühen, den Willen des allweisen und allheiligen Schöpfers immer mit großer Ehrfurcht vor Gottes Werk zu befolgen...
>
> Ihre christliche Vollkommenheit und Vollendung besteht aber nicht nur in dem, was erwähnt wurde. Denn *erstens* ist der ehelichen Gemeinschaft etwas Erhabeneres und Edleres vor Augen gestellt, als es früher gewesen wäre: sie ist nämlich geheißen, sich nicht nur darauf zu richten, das Menschengeschlecht fortzupflanzen, sondern darauf, der Kirche Nachkommenschaft zu erzeugen, „Mitbürger der Heiligen und Hausgenossen Gottes"...

An *zweiter* Stelle sind jedem der beiden Ehegatten seine Pflichten bestimmt, seine Rechte vollständig umschrieben. Sie selbst müssen nämlich immer so im Herzen gestimmt sein, daß sie sich bewußt sind, daß einer dem anderen größte Liebe, beständige Treue und erfinderischen und beharrlichen Beistand schuldet. Der Mann ist der Herr der Familie und das Haupt der Frau; da diese jedoch Fleisch von seinem Fleische und Bein von seinem Gebein ist, soll sie dem Manne nicht nach Art einer Magd, sondern einer Gefährtin untertan sein und gehorchen: damit nämlich dem geleisteten Gehorsam weder Ehrenhaftigkeit noch Würde fehle. In ihm aber, der vorsteht, und in ihr, die gehorcht, soll, da beide ein Abbild wiedergeben - der eine das Christi, die andere das der Kirche -, die göttliche Liebe die beständige Lenkerin der Pflicht sein.

Nach wie vor gilt demnach die ebenso logische wie lebensferne Erkenntnis des heiligen Thomas von Aquin, daß die Natur des menschlichen Geschlechtsverkehrs die Zeugung von Kindern ist. Jede sexuelle Handlung, die diesem Ziel nicht dient, muß daher widernatürlich, also gegen den Willen Gottes gerichtet, und damit sündig sein. – Um Gottes Willen...

Anno Domini 2001 wurde eine neue Erscheinungsform des Teufels vom Vatikan den Gläubigen zum Besten gegeben, der Auftritt des Bösen, versteckt in einer „guten" Romanfigur. Nicht nur gemeint, sondern ausdrücklich als Werk des Satans wurde Harry Potter bezeichnet, jener von der britischen Schriftstellerin Joanne K. Rowling literarisch erschaffene Zauberlehrling, der seit seinem Eintritt 1997 in die irdische Welt der Kinderliteratur für millionenfache Auflagen und gefüllte Kinos sorgt.
Den Teufel erkannt hatte der 1947 zum Doktor des Rechtswissenschaft promovierte Pater Gabriele Amorth, seines Zeichens oberster Exorzist des Papstes, seit 1986 ordinierter Exorzist der Diözese Rom und seit 1994 gewählter Präsident der Internationalen Vereinigung der Exorzisten, einer 1990 von ihm selbst gegründeten Organisation.

Er führt aus, daß in den Romanen das Wirken Harry Potters wider das Böse auf Magie beruhe, welche bekanntlich nicht von Gott gegeben und damit Sünde sei. So nutze der schlaue Teufel das Buch, um nach den Seelen der Kinder zu greifen.

Bei so viel Kompetenz muß man seinen Worten Glauben schenken. – Oder?

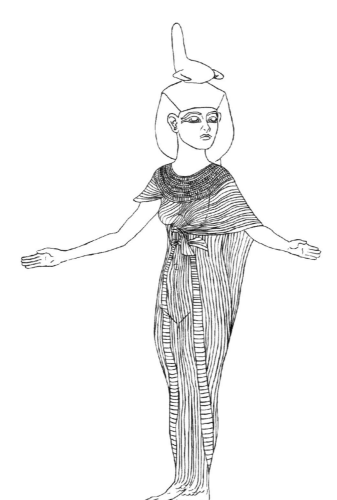

Abb. 19: Die ägyptische Göttin Selqet, dargestellt durch den Skorpion. Sie war die Schutzgöttin der Ärzte, Magier und Verstorbenen und besaß magische Heilkräfte.

Zum Ende des 11. Jahrhunderts entsteht im südlichen Frankreich, am Osthang der Pyrenäen, eine religiöse Laienbewegung, welche sich auf die Werte des Neuen Testaments bezieht. Zu diesen Werten gehörte nicht, was die maßgeblichen Kleriker der römisch-katholischen Kirche in dieser Epoche vorleben, nämlich Arroganz, Machtgier und Völlerei[65].

Die Anhänger der Bewegung werden Katharer genannt, „die Reinen", abgeleitet vom griechischen καθαρός, *katharós*, rein. Sich selbst bezeichneten die Katharer als *veri christiani*, wahre Christen, oder *boni homines*, gute Menschen. Ebenfalls gebräuchlich sind die Bezeichnungen *Patarener* oder *Pateriner*.

Zu Beginn des 12. Jahrhunderts breitet sich die katharische Lehre rasch aus. Der früheste Nachweis findet sich in Deutschland, in Köln. Dort ist es der von 1137 bis 1151 amtierende Erzbischof Arnold von Merxheim, der aus dem Wort „Katharer" die ebenso abwertende wie lebensgefährdende Bezeichnung „Ketzer" für alle Abweichler vom herrschenden Glauben formuliert.

Als die zweite Hälfte des 12. Jahrhunderts anbricht, finden sich Katharer sowohl in Italien, Spanien und Bulgarien als auch in England, Österreich und Byzanz. Die Hauptgebiete aber sind Okzitanien (Abb. 32) und Oberitalien, das Zentrum die südfranzösische Stadt Albi.

Woher die Bezeichnung „Katharer" stammt, ist bislang nicht eindeutig geklärt. Vermutet wird eine Abwandlung der von der Kirche in die Welt gesetzten Schmähung „Cattari", abgeleitet vom lateinischen *cattus*, Katze; eine gezielte Verleumdung, beinhaltete die begleitende Aussage doch, daß die Katharer während ihrer Gottesdienste dem Symboltier des Teufels, der Katze, auf das Hinterteil küssen würden[66].

---

[65] Ausführlich in „Schelte für das Christentum – Frommer Schwindel, echter Glaube"; Peter W.F. Heller; Engelsdorfer Verlag, Leipzig 2008.
[66] Ausführlich in „Die Spur des Allerheiligstens – Auf der Suche nach der Bundeslade"; Peter W.F. Heller; Engelsdorfer Verlag, Leipzig 2009.

Den Kuß auf den Katzenhintern sagte die römische Kirche auch den Hugenotten nach, den Protestanten im vorrevolutionären Frankreich, deren Gottesdienste als „Götzendienst" verteufelt wurden.

Ob die mehrheitlich katholischen Franzosen ihre Hugenotten besonders schätzten, sei dahingestellt. Was sie aber schätzten, das waren ihre Katzen, in welchen sie alles andere als teuflische Wesen sahen. So ist es kein Wunder, daß der Schriftsteller Charles Perrault, seines Zeichens oberster Rat des Sonnenkönigs Ludwig XIV. in allen Fragen der Kultur, 1697 eine Märchensammlung, *Contes de Fées*, veröffentlichte, in welcher die Geschichte vom gestiefelten Kater zu den beliebtesten zählen sollte.

Aus gutem Grunde war das Werk ohne seinen Namen publiziert worden, denn im gleichen Jahr hatte er sich in einem Brief mit Jacques Bénigne Bossuet angelegt, dem Bischof von Meaux und vormaligen Erzieher des Kronprinzen, dazu als vom König geschätzter Autor Mitglied der *Académie Française*. Inhalt des Schreibens war eine heftige Kritik an Bossuets strengem Vorgehen gegen das französische Theater im Jahre 1694, in welchem der fromme Mann das Verderben der Sitten und Seelen, wenn nicht gar den Teufel selbst, erkannt und diese Erkenntnis in seiner Schrift *Maximes et réflexions sur la comédie*, „Allgemeine Theorie der schönen Künste in Einzeln" vor König und Vaterland ausgebreitet hatte. Die Folge war eine zunehmende Erstarrung des geistigen Lebens in Frankreich.

Le Maître Chat ou le Chat botté, so der französische Titel, schildert die Geschichte eines armen Müllersohnes, dessen Erbteil nur aus einem Kater besteht, wogegen dem ältesten Sohn die väterliche Mühle und dem mittleren immerhin noch ein Esel zufällt. Als der nunmehrige Besitzer eines wertlos scheinenden Katers laut darüber nachdenkt, sich ein Paar warmer Handschuhe aus dessen Fell fertigen zu lassen, erweist sich das Tier als mit der menschlichen Sprache begabt und rät verständlicherweise von dem Vorhaben ab. Darüber hinaus gelingt es dem Kater, den Müllerssohn zu überzeugen, ihn mit Paar Stiefeln auszustatten, deren Kauf das letzte Geld verschlingt. Im weiteren Verlauf des Märchens sorgt der so „gestiefelte" Kater dafür, daß der arme Müller zu Ruhm, Ehre und Reichtum und zum abschließenden Höhepunkt zur Ehe mit der Königstochter kommt.

Eine solche Geschichte mochten die Franzosen, auch wenn Perrault nicht der Urheber war und sie wahrscheinlich aus dem Italienischen übernommen hatte, wo sie vom Märchensammler Giovanni Straparola zwischen 1550 und 1553 im zweiteiligen Werk *Le piacevoli notti*, „Die ergötzlichen Nächte", niedergeschrieben worden war.

Aber wie dem auch sei, sowohl in Italien als auch in Frankreich fehlte es seither am rechten Glauben an die teuflische Natur der Katzen.

Abb. 20: Im Sinne mittelalterlicher Machtdarstellung treten Erzengel gerne mit dem Schwert auf, selbiges mitunter brennend, ergänzt durch Schild und Spieß, um das Böse von der Welt zu tilgen.

Wenig Erfolg war auch aus Ägypten zu vermelden, Göttin Bastet war seit mehr als dreitausend Jahren im Volksglauben verankert und erschwerend kam hinzu, daß über Liebesdinge kaum öffentlich und erst recht nicht mit einem männlichen Vertreter der prüden Kirche geplaudert und eine wirksame Kontrolle damit unmöglich wurde.

Katzen konnten für die Ägypter ganz einfach nicht das Böse verkörpern. Wenn nach dem Rückgang der Nilüberschwemmung der zurückgebliebene Schlamm trocknete, kamen aus den Rissen Millionen von Mäusen hervor, so schien es jedenfalls, und die einzig wirksame Waffe gegen die Plage waren die Katzen.

Im altägyptischen Traumbuch, erstmalig vom englischen Ägyptologen Alan Gardiner in den Vierzigerjahren des letzten Jahrhunderts übersetzt, ist die Mehrzahl der Traumbilder aus dem ägyptischen Alltagsleben geschöpft:

Wer beispielsweise eine große Katze sieht, darf eine reiche Ernte erwarten.

Wo große Katzen zu finden sind, gibt es naturgemäß wenige Mäuse, zu deren Lieblingsspeise bekanntlich das gelagerte Saatgut gehört. Für den Betreiber einer Landwirtschaft kann also die Begegnung mit einer Katze oder sogar mehreren ein so erfolgversprechendes Erlebnis sein, daß es sich in seinem Traum niederschlägt[67].

Wie beliebt die Katzen im alten Ägypten waren, zeigt ein aus dem 14. Jahrhundert v. Chr. stammender Papyrus, der in Turin gelagert wird. Der Text, unterstützt von Illustrationen, überliefert das Märchen vom Krieg der Mäuse mit den Katzen, Mäuse greifen die Katzenburg an, das Schlußstück der Buchrolle fehlt leider (Abb. 33). Doch kann getrost davon ausgegangen werden, daß die Katzen am Ende die Sieger gewesen sein werden, ganz ohne den Beistand höllischer Mächte.

---

[67] Ausführlich in „Ärzte, Magier, Pharaonen – Mythos und Realität der altägyptischen Medizin"; Peter W.F. Heller; Engelsdorfer Verlag, Leipzig 2008.

Abb. 21: Schon die spätantike Kirche wußte ganz genau, daß der Teufel eine menschliche Gestalt hat und daß aus dem Haupt ein Paar gebogener Hörner wachsen. Die Körperbehaarung ist ausgeprägt und am verlängerten Rückgrat entwindet sich ein Schwanz. Von der Hüfte abwärts hat er die Beine eines Bocks. Die Nägel sind zu Krallen gewachsen und seine Waffe ist der Dreizack,er riecht nach Pech und Schwefel.

Abb. 22: Obwohl noch niemand dem Teufel leibhaftig begegnet ist oder bei gegenteiliger Behauptung den Beweis schuldig blieb, fehlt in den gängigen Beschreibungen nicht der Hinweis, daß er mitunter auch mit einem Pferdefuß und einem menschlichen Bein erscheint.

Die mythische Welt Chinas ist voller Dämonen und Teufel, die entweder von der Macht des Guten in Schach gehalten werden oder vollauf damit beschäftigt sind, ihr Reich des Bösen vor dem Eindringen des Guten zu schützen. Und nicht wenige dieser Teufel tragen einen Dreizack. – Poseidon in China?

Wohl kaum, der „Dreizack" gehört zu den ältesten Waffen im Reich der Mitte. Es ist eine Gabellanze (Abb. 34), vor deren Blatt links und rechts der Schneide zwei kürzere, nach innen geschrägte Klingen entspringen. Mit dieser Kombination konnten gegnerische Schwerter und Lanzen abgefangen und entwunden werden, insbesondere die fürchterliche Chinesische Lanze, deren Blatt aus einer breiten und leicht nach oben gebogenen Schwertklinge bestand.

Abb. 23: Auf Anweisung des spätrömischen Kaisers Justinian wird im Jahre 551 der letzte Tempel Ägyptens, der Isis-Tempel auf der Nilinsel Philae, geschlossen und eine christliche Siedlung gegründet, wobei Teile der Tempelanlage als Kirchen genutzt werden.

Zur Zeit der Ming-Dynastie wird 1442 auf einem Turm der Stadtmauer Pekings ein Observatorium errichtet. Es ersetzt das alte Observatorium, welches im Auftrag Kublai Khans seit 1279 dafür sorgte, daß der sich nach Sonne und Mond orientierende Kalender der Chinesen nicht allzusehr in Unordnung geriet.

Im Herbst des Jahres 1623 trifft in Peking der Jesuit Johann Schreck ein. Er ist nicht nur Missionar, sondern auch Universalgelehrter mit einer Vorliebe für die Mathematik und Astronomie. Und er bringt neue Technologien für die Himmelsbeobachtung nach China, die dort bislang unbekannt waren. Insbesondere sein galileisches Fernrohr beeindruckt die chinesischen Astronomen.

1629 wird er, gemeinsam mit seinem Jesuitenbruder Niccolò Longobardo vom kaiserlichen Hof mit der Reform des Kalenders beauftragt. Beide sind nicht die ersten Missionare im Reich der Mitte, seit der Jesuit Matteo Ricci 1582 nach China reiste, ist der Orden dort vertreten.

Als Schreck im Mai 1640 stirbt, als Todesursache wird ein medizinischer Selbstversuch vermutet, führen die Jesuiten Adam Schall von Bell und Giacomo Rho seine Arbeit am Kalender fort.

Die Arbeit der Jesuiten war nicht nur theoretischer Natur, die Geräte des Observatoriums wurden von ihnen ergänzt und verbessert. Letzteres war allerdings nur bis zu einem gewissen Grade möglich und so sah sich Ferdinand Verbiest, ein belgischer Jesuit, 1673 genötigt, einen Großteil der Geräte durch neue zu ersetzen und das Instrumentarium zu erweitern. Die Konstruktionen stehen noch heute auf dem Dach des inzwischen freistehenden Turmes, allerdings wurde der Theodolit erst 1715 und die Armillarsphäre 1744 konstruiert und aufgestellt (Abb. 35).

Vorrangiges Ziel der Jesuiten war jedoch nicht die Verbesserung der chinesischen Astronomie oder des Kalenders, sondern die Christianisierung. Der Erfolg war mäßig, für die Mehrheit der Chinesen war der Gott der Jesuiten viel zu farblos und auch die vorgetragene Pflicht der Monogamie sorgte für wenig Begeisterung.

Deutlich näher kam der wohl mit Vehemenz geschilderte Teufel der chinesischen Mentalität; seit dem Wirken Matteo Riccis ist das Reich des chinesischen Bösen um etliche kleine Teufel erweitert, die ausgesprochen abendländisch wirken. Heute gibt es schätzungsweise 4 Millionen Katholiken in China, was bei einer Gesamtbevölkerung von rund 13 Milliarden und einer Missionszeit von etwa 500 Jahren nicht allzuviel ist. Da schafften Engländer und Deutsche während ihrer Kolonialherrschaft deutlich mehr, nämlich, so man den offiziellen Zahlen traut, 12 Millionen Protestanten.

Abb. 24: Den „Götzenbildern", wie beispielsweise denen der Widderallee am oberägyptischen Karnak-Tempel, schlug man die Hörner ab und machte sie durch diesen Akt der Zerstörung zu harmlosen Schafen, unwürdig jeder Verehrung. – So kam der Teufel zum ersten Mal zu seinen Hörnern; nicht durch das Abschlagen, sondern die fromme Lüge.

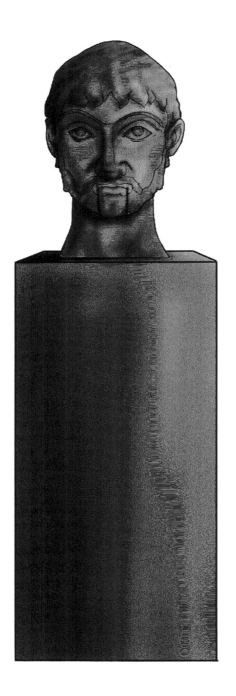

Baphomet, der sprechende Kopf der Templer. Es läßt sich nicht ausschließen, daß rund tausend Jahre nach Heron von Alexandria ein menschlicher Kopf nach seinen Plänen konstruiert und den Templern in *Outremer* zum Kauf angeboten oder in ihrem Auftrag nachgebaut wurde. Über ein Steuerwerk, verborgen im ausgehöhlten Steinsockel, könnten in festgelegten Intervallen Pfeifen angeblasen worden sein, welche jeweils einen Ton erzeugten, der dem nasalen französischen *Qui*, Ja, und *Non*, Nein, nahe kam. Baphomet, eventuell ein alexandrinischer Automat?

Des Teufels Großmutter

Als 1819 die zweite Auflage der von Jacob und Wilhelm Grimm ge-
sammelten Kinder- und Hausmärchen erscheint, ist das Werk auch um
die Geschichte vom „Teufel mit den drei goldenen Haaren" ergänzt.
Der Inhalt des Märchens spielt im „teuflischen" Zusammenhang keine
sonderliche Rolle, von Interesse hingegen ist die Großmutter des Teufels, welche die „gute" Hauptperson vor ihrem „bösen" Enkel versteckt,
dem sie nicht nur die „drei goldenen Haare", sondern auch noch die
Antworten auf drei Fragen entreißt, welche dem Helden im weiteren
Verlauf zum großen Glück, die Hand der Königstochter und die dauer-
hafte Entfernung des boshaften Schwiegervaters eingeschlossen, verhel-
fen.
Zwischen Enkel und Großmutter steht normalerweise ein Elternpaar, von
welchem aber weder im zitierten Märchen noch in der Bibel oder anderen Schriften auch nur die geringste Spur oder der kleinste Hinweis zu
finden ist. Auch die Großmutter selbst wird außerhalb der Märchenwelt
nirgendwo erwähnt. - Wo also kommt der Teufel her?

Aus christlicher Sicht kommt der Teufel aus dem Himmel, wenn auch
nicht freiwillig. Ein Erzengel mit einer Schar „Unterengel" rebellierte
gegen Gott und wird nach einem fürchterlichen Kampf, geführt vom
Erzengel Michael und dessen „Unterengeln", aus dem Himmel entfernt
und auf die Erde „geworfen", wo er seither und unterstützt von seinen
„Unterteufeln", auch diese wurden „geworfen", sein Unwesen treibt, wie
es in den Offenbarungen des Johannes geschildert wird[68]:

> Und es erhob sich ein Streit im Himmel: Michael und seine En-
> gel stritten mit dem Drachen; und der Drache stritt und seine En-
> gel,
> und siegten nicht, auch ward ihre Stärke nicht mehr gefunden im
> Himmel.

---

[68] NT, Offenbarungen 12, 7-9

Und es ward ausgeworfen der große Drache, die alte Schlange, die da heißt der Teufel und Satanas, der die ganze Welt verführt, und ward geworfen auf die Erde, und seine Engel wurden auch dahin geworfen.

Der „große Drache" erinnert an Tiamat, die Gemahlin Marduks; die „alte Schlange" an Illujanka, den Widersacher Teššups; eventuell nicht ungewollt.

Der Autor der „Offenbarungen des Johannes" ist völlig unbekannt. Sicher ist nur, daß er nicht mit dem Johannes identisch ist, welchem das gleichnamige Evangelium zugeschrieben wird. Die Datierung ist unproblematisch, eine in den Offenbarungen apostrophierte politische Situation weist auf die letzte Phase der Herrschaft Domitians über das Römische Reich, auf die Jahre zwischen 94 und 96, sowie eine höchstwahrscheinlich auf der ägäischen Insel Patmos entstandene Urschrift[69].

Was der unbekannte Verfasser der „Offenbarungen" in den zitierten Versen zum Thema nimmt, ist nicht die Schöpfungsgeschichte des Teufels. Thematisiert wird vielmehr der Kampf des jungen Christentums mit den alten Religionen, insbesondere mit dem römischen Götterglaube und dem römischen Kaiserkult. Wer sich zu Domitians Zeiten gegen Kaiser und Kult zu laut aussprach, lebte gefährlich und hatte beste Aussichten auf eine Selbsterfahrung in Sachen Kreuzigung. So kann „der große Drache, die alte Schlange, die da heißt der Teufel und Satanas" durchaus als der römische Imperator betrachtet werden. „Seine" Engel sind all diejenigen, welche sich auch religiös der kaiserlichen Autorität unterstellen.

Für die Christen des 1. Jahrhunderts, eingebettet in das theologische Milieu jahrtausendealter Götterkulte, waren die Worte Balsam bei ihren Missionierungsversuchen; war der Kampf im Himmel bereits gewonnen, galt es nun den Siegeszug auf Erden fortzusetzen[70].

---

[69] NT, Offenbarung 1, 9

[70] Ausführlich in „Schelte für das Christentum – Frommer Schwindel, echter Glaube"; Peter W.F. Heller; Engelsdorfer Verlag, Leipzig 2008.

Als Beweis für den himmlischen Rauswurf müssen auch die Verse Hesekiels herhalten, mit denen der alttestamentliche Prophet den vorgeblichen Ex-Erzengel mit Spott und Hohn überzieht[71]:

> Du bist wie ein Cherub, der sich weit ausbreitet und decket; und ich habe dich auf dem heiligen Berg Gottes gesetzt, daß du unter den feurigen Steinen wandelst.
> Du warst ohne Tadel in deinem Tun von dem Tage an, da du geschaffen wurdest, bis sich deine Missetat gefunden hat.
> Denn du bist inwendig voll Frevels geworden vor deiner großen Hantierung und hast dich versündigt. Darum will ich dich entheiligen von dem Berge Gottes und will dich ausgebreiteten Cherub aus den feurigen Steinen verstoßen.
> Und weil sich dein Herz erhebt, daß du so schön bist, und hast dich deine Klugheit lassen betrügen in deiner Pracht, darum will ich dich zu Boden stürzen und ein Schauspiel aus dir machen vor den Königen.

Gemeint ist jedoch, trotz des zitierten Cherubs, kein gefallener Engel und noch weniger ein Erzengel, sondern der prophezeite Untergang des Stadtstaates Tyros samt seinem Regenten[72].

Gern wird auch der „gefallene Morgenstern" im prophetischen Buch Jesaja als Beispiel dafür herangezogen, daß bereits das Alte Testament die irdische Existenz des Teufels mit der Verbannung aus dem himmlischen Reich bezeugt[73]:

> Deine Pracht ist herunter in die Hölle gefahren samt dem Klange deiner Harfen. Maden werden dein Bett sein und Würmer deine Decke.

---

[71] AT, Hesekiel 28, 14-17
[72] AT, Hesekiel 28, 1-7
[73] AT, Jesaja 14, 11-14

Wie bist du vom Himmel gefallen, du schöner Morgenstern! Wie bist du zur Erde gefällt, der du die Heiden schwächtest! Gedachtest du doch in deinem Herzen: „Ich will in den Himmel steigen und meinen Stuhl über die Sterne Gottes erhöhen; ich will mich setzen auf den Berg der Versammlung in der fernsten Mitternacht; ich will über die hohen Wolken fahren und gleich sein dem Allerhöchsten."

Rund ein halbes Jahrtausend zuvor, nach der Beendigung der Babylonischen Gefangenschaft 539 v. Chr. durch den Perserkönig Kyros II., befanden sich die Anhänger Jahwes in einer ähnlichen Situation wie die frühen Christen, sie hatten gegen den „Götzenkult" um El, Baal (Abb. 36) und Aschera anzukämpfen, deren zentrales Heiligtum noch knapp 50 Jahre vor der Befreiung durch den persischen Großkönig der Tempel in Jerusalem gewesen war.

In akkadischen Keilschriften aus der Zeit um 1900 v. Chr. wird Jerusalem mit dem theophoren Namen *Uruschalim* belegt, Stadt des Schalim. *Schalim* ist ein Sohn des Gottes El und sowohl der Gott der Abenddämmerung, des Westens als auch des Friedens; seine Schwester *Schachar*, Aschera, die Göttin der Morgenröte, der von Jesaja verhöhnte Morgenstern[74].

So sind die zitierten Verse Jesajas nicht mehr und nicht weniger als wortgewaltige Kommentare zur Verdrängung einer kanaanitisch-syrischen Gottheit durch den judäischen Gott Jahwe.

Auch die Römer besaßen in ihrem Pantheon eine Göttin der Morgenröte, welche weder von den Juden noch den Christen sonderlich geschätzt wurde, war sie doch für Liebe, Lust und Schönheit zuständig: Venus.
Am Himmel wird sie durch den in der Morgendämmerung sichtbaren Planeten Venus verkörpert, welcher von den Römern *lucifer*, zusammengesetzt aus *lux*, „Licht" und *ferre*, „tragen", „Lichtträger", Luzifer, genannt wurde.

---

[74] Ausführlich in „Die Spur des Allerheiligstens – Auf der Suche nach der Bundeslade"; Peter W.F. Heller; Engelsdorfer Verlag, Leipzig 2009.

In der Vulgata des Heiligen Hieronymus wird *lucifer* noch als Bezeichnung des Gestirns gebraucht[75]:

Kannst du den Morgenstern hervorbringen zu seiner Zeit oder den Bären am Himmel samt seiner Jungen heraufführen?

Im zweiten Brief des Apostelfürsten Simon Petrus an die Christen Kleinasiens wird der „Lichtträger" positiv als „ein Licht, das da scheint in einem dunklen Ort" belegt[76]:

Und wir haben desto fester das prophetische Wort, und ihr tut wohl, daß ihr darauf achtet als auf ein Licht, das da scheint in einem dunklen Ort, bis der Tag anbreche und der Morgenstern aufgehe in euren Herzen.

Der Brief wird auf die erste Hälfte des 2. Jahrhunderts datiert, zu groß sind die stilistischen Unterschiede zum ersten Petrusbrief, jüngere Untersuchungen lassen die Entstehung in der zweiten Hälfte nicht ausschließen. Das Schreiben kann also nicht von Petrus stammen, der als erster Bischof von Rom gilt und um das Jahr 65 den Märtyrertod unter Kaiser Nero erlitten haben soll[77]. Einen archäologischen Beweis gibt es weder für die eine noch die andere Behauptung, noch nicht einmal dafür, daß Petrus überhaupt jemals in Rom gewesen ist. Doch belegt dieser „Petrusbrief", daß zumindest bis zur Mitte des 2. Jahrhunderts „Luzifer" nicht als Name des Teufels gebraucht wurde.

Aus der Taufe hoben diesen Namen zu einem unbekannten Zeitpunkt die Kirchenväter, jene christlichen Autoren der ersten vier Jahrhunderte, die entscheidend zur Lehre und zum Selbstverständnis des Christentums

---

[75] AT, Hiob 38, 32
[76] NT, II. Petrus 1, 19
[77] Ausführlich in „Schelte für das Christentum – Frommer Schwindel, echter Glaube"; Peter W.F. Heller; Engelsdorfer Verlag, Leipzig 2008.

beigetragen haben, zumindest aus katholischer Sicht. Dabei stützten sie sich auf die Worte Jesu im Lukasevangelium[78]:

> Die Siebzig aber kamen wieder mit Freuden und sprachen: Herr, es sind uns auch die Teufel untertan in deinem Namen.
> Er sprach zu ihnen: Ich sah wohl den Satanas vom Himmel fallen wie einen Blitz.
> Sehet, ich habe euch Macht gegeben, zu treten auf Schlangen und Skorpione, und über alle Gewalt des Feindes; und nichts wird euch beschädigen.

Der Morgenstern, der da vom Himmel fiel, konnte und mußte also der Teufel sein: Luzifer.

Abb. 25: Die ursprünglich gleichberechtigten Patriarchate von Alexandria, Jerusalem, Antiochia, Konstantinopel und Rom.

---

[78] NT, Lukas 10, 17-19

Zwar hat der Mensch so sinnvolle Dinge wie den Fußball und das Fernsehen erfunden, den Computer in die Wohnstuben und sich selbst zum Mond gebracht, doch ist sein Gehirn immer noch das des urzeitlichen Jägers und Sammlers, welches nicht zuläßt, daß er über den Rand seiner eigenen, engbegrenzten Welt hinausschauen kann.

Drei Dimensionen, Länge, Breite und Höhe, sind ihm vertraut, wie es Friedrich Schiller in seinem Gedicht „Spruch des Konfuzius" um 1800 auf den Punkt bringt:

> Dreifach ist des Raumes Maß:
> Rastlos fort ohn' Unterlaß
> Strebt die Länge fort ins Weite,
> Endlos gießet sich die Breite,
> Grundlos senkt die Tiefe sich.

Das Integrieren einer vierten, der Raumkrümmung, bereitet schon enorme Schwierigkeiten, weitere Dimensionen bleiben dem Vorstellungsvermögen völlig verschlossen und können nur mathematisch erfaßt werden.

Doch das Gehirn ist flexibel und bietet Hilfestellungen an, was dazu führt, daß die Menschen zur Personifizierung natürlicher, wenn auch in ihren Ursachen nicht greifbaren, Gegebenheiten und Ereignisse neigen. Und so wird das ultimative Böse mehr oder weniger hilflos als Teufel personifiziert.

Bekanntermaßen waren die Alten Römer den Freuden des irdischen Daseins durchaus zugeneigt, wobei ein Teil der Zuneigung auch dem Glücksspiel im Allgemeinen und dem Würfelspiel im Speziellen, beispielsweise *alea*, *ludus* oder *talarius*, gewidmet wurde.

Der Wurf beim Würfelspiel wurde *bolus* genannt und wenn es bei dem einen blieb, rückte der Gewinn in greifbare Nähe. Schlecht hingegen, sehr schlecht sogar, war die Notwendigkeit eines zweiten Wurfes, *diabolus*, denn erreichte ein Mitspieler die gleiche Augenzahl mit nur einem

Wurf, war er der Gewinner, der das gesetzte Geld einstrich; der *diabolus*, der zweite Wurf, wurde zum Inbegriff persönlichen Unglücks und Synonym allen Schlechten. – Und dafür, daß eine übelwollende Macht die eigene Hand oder den Würfel im *turricula*, im Würfelturm, geleitet hatte. Im Lauf der Geschichte verloren sich weder Würfelspiel noch *diabolus*; jener bereichert noch heute als der *diavolo* der Italiener und der *diable* der Franzosen, der *devil* der Briten und der *Teufel* der Deutschen, die abendländische Sprachlandschaft.

Abb. 26: Pan war ein flötespielenderHirten- gott der Klassischen Antike, Gott des Waldes und der Na- tur, der Schutzgott der Bauern und Hir- ten, ihrer Äcker und ihres Viehs. Die ihm zu Ehren zelebrierten Feste waren nicht nur für ihren Weinrausch bekannt, sondern auch für ihr unge- hemmtes Treiben, welches nicht in das prüde und sexualfeind- liche Konzept des Christentums paßte.

Die Kirchenväter verliehen dem Teufel einen Namen, ganz so, wie es ordentliche Eltern tun. Und Eltern waren sie tatsächlich, denn sie gaben dem Teufel nicht nur Namen und Gestalt, sondern brachten ihn mit ihren Schriften zur Welt, welche bis heute in der katholischen Kirche als unfehlbar gelten.

Papst Bonifatius VIII. ließ es sich 1295 nicht nehmen, persönlich festzulegen, wer fortan zu den Kirchenvätern zählte:

- Ambrosius von Mailand, Bischof von Mailand;
  geboren um 339 in Trier; gestorben am 4. April 397 in Mailand.

- Augustinus von Hippo, Bischof von Hippo Regius;
  geboren am 13. November 354 im numidischen Thagaste, dem heutigen Souk Ahras in Algerien; gestorben am 28. August 430 in Hippo Regius, dem heutigen Annaba in Algerien.

- Papst Gregor I.
  Geboren um 540 in Rom und am 12. März 604 dort gestorben.

- Sophronius Eusebius Hieronymus von Stridon, Priester, Bibelübersetzer und Kirchenlehrer; geboren um 347 in Stridon, Dalmatien, gestorben 419 oder am 30. September 420 in Bethlehem, heiliggesprochen.

Papst Pius V. erkennt 1568 ein kirchenpolitisch ungesundes Übergewicht zugunsten der Westkirche und erweitert die Liste der Kirchenväter um vier weitere Persönlichkeiten der Ostkirche:

- Athanasios von Alexandria, Patriarch von Alexandria;
  geboren um 295 und gestorben am 2. Mai 373 in Alexandria, Ägypten.

- Basilius der Große, Metropolit von Caesarea;
  geboren um 330 in Caesarea, Kappadokien, dem heutigen Kayseri in der Türkei, und dort am 1. Januar 379 gestorben.

- Johannes Chrysostomos, „Goldmund", so genannt wegen seiner Redekunst, Patriarch von Konstantinopel;
  geboren um 350 in Antiochia, dem heutigen Antakya in der Türkei; gestorben am 14. September 407 im kolchischen Pityus, dem heutigen Sochumi in Georgien.

- Gregor von Nazianz, Erzbischof von Konstantinopel;
  geboren um 330 auf seinem Landgut Arianz bei Nazianz, dem heutigen Güzelyurt in der Türkei, und dort am 25. Januar 390 gestorben.

Für diese Männer des Glaubens, alle wurden heiliggesprochen, war der Teufel eine durch die Heilige Schrift bewiesene Tatsache.

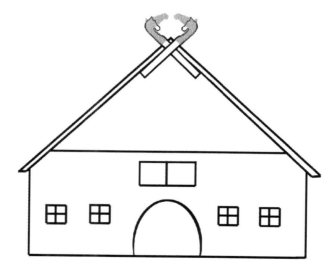

Abb. 27: Aus Balken geschnittene Pferdeköpfe zieren noch heute die Giebel der traditionellen Niedersachsenhäuser, einst Bekenntnis zum Pferdegott Horsa.

Regierte Gott im Himmel und gebot über ein von Erzengeln geführtes Heer von Engeln, saß sein teuflischer Gegenspieler in der tiefsten Hölle und gebot seinerseits über Dämonen und böse Geister.

Daß Himmel und Hölle nach irdischem Schema gelenkt wurden, ließ sich aus dem Alten Testament ableiten, in welchem Gott wiederholt als „Herr Zebaoth" bezeichnet wird[79]:

> Und derselbe Mann ging jährlich hinaus von seiner Stadt, daß er anbetete und opferte dem Herrn Zebaoth zu Silo. Daselbst waren aber Priester des Herrn Hophni und Pinehas, die zwei Söhne Elis.

Zebaoth, hebräisch צבאות, bedeutet soviel „Heerscharen", der „Herr Zebaoth" ist also der „Herr der Heerscharen", der Anführer einer gewaltigen Streitmacht. Seine Generäle sind die Erzengel, seine Soldaten die Engel.

Dem Spannungsfeld zwischen Himmel und Hölle, Gut und Böse, war die Erde mit dem sündigen Menschen zwischengesetzt.

Doch Mensch war nicht gleich Mensch, im Mittelalter wurde ein deutlicher Unterschied gemacht, wer sich zu den Menschen zählen durfte. Dem Himmel nahe waren der Klerus und die frommen Christen; Ketzer, Heiden, Hexen und Hexer standen auf der Seite des Bösen.

Zwischen beiden Gruppen siedelte der schlichte Christenmensch, der nur mit der vereinten Macht der Guten vor den Einflüssen der Bösen bewahrt werden konnte.

Werden die Beziehungen zwischen Gott und Teufel, Himmel und Erde sowie Gut und Böse graphisch dargestellt, bildet sich ein Hexagramm, der Davidstern (Abb. 37). Das gibt immer wieder Anlaß zu Spekulationen, von denen keine einzige als haltbar bewertet werden kann; erst seit dem 18. Jahrhundert gilt der Davidstern als jüdisches Glaubenssymbol. Als Emblem genutzt wird er auch außerhalb jeden religiösen Gedankens: seit 1931 ist er das Hoheitszeichen der Polizei von Trinidad und Tobago.

---

[79] Beispielhaft AT, I. Samuel 1, 3

Abb. 28: Eine harmlose Pflanze aus der Familie der Glockenblu-mengewächse, *Campanulaceae*, zeigt, wie sich der Mensch die Krallen des Teufels vorzustellen hat.
Es ist die Teufelskralle, *Phyteuma*, deren kleine Einzelblüten zu einem großen Blütenstand vereinigt sind, eben der Teufelskralle, um so besonders anziehend auf die für die Bestäubung notwendigen Insekten zu wirken.

Wie ausgeprägt die Trennung zwischen „guten" Christen und „bösen" Heiden war, ist durch die Worte des heiligen Bernhard von Clairvaux überliefert, mit welchen er eventuelle Bedenken ausräumt, mit Mord und Totschlag über ein fremdes Volk herzufallen[80]:

> Wenn er einen Missetäter umbringt, ist er kein Mörder, sondern, wenn ich so sagen darf, ein Übel-Töter. Er rächt Christus an denen, die Böses tun; er verteidigt die Christen. Wenn er selbst stirbt, geht er nicht zugrunde, er gelangt an sein Ziel. Der Tod, den er zufügt, kommt Christus zugute; der ihm zugefügte ihm selbst.

Anlaß war die Rede Papst Urban II., welcher am 27. November 1095 die in Clermont versammelten Bischöfe und Äbte der abendländischen Christenheit zum Kreuzzug aufrief. Sowohl für Urban als auch Bernhard stellten die Muslime und Juden üble „Missetäter" dar. – *Deus lo vult*, „Gott will es".

Daß neben dem lichten Gott des Himmels noch eine dunkle Macht vorhanden sein muß, war nicht unbedingt ein theologischer Geistesblitz, der die Kirchenväter aus heiterem Himmel traf. Vielmehr hat es den Anschein, daß ein Teil der Erleuchtung aus dem persischen Großraum übernommen wurde, wo im spätantiken Neupersischen Reich der Zarathustrismus, auch als Zoroastrismus bezeichnet, unter den Sassaniden eine Blüte erlebte.

Das Sassanidenreich dehnte sich über das Gebiet des heutigen Irans und Iraks und war zwischen dem 3. und 7. Jahrhundert steter Rivale des in Ost und West geteilten Römischen Reiches. Zwar wurde das Verhältnis der beiden Großmächte durch militärische Auseinandersetzungen geprägt, doch in den friedlichen Phasen kam es zu engen Handelsbeziehungen, die eine gegenseitige, kulturelle Befruchtung mit sich brachten.

---

[80] Übertragen von Alain Demurger; Übersetzung von Wolfgang Kaiser.

So wurde beispielsweise im byzantinischen Hofzeremoniell eine phrygische Zipfelmütze, *frigium*, als Krone getragen, die von der römischen Kirche adaptiert wurde, die traditionelle Krone der Päpste, die Tiara (Abb. 38). Eine Vorform war ein hoher entweder gekegelter oder spitzer Turban mit Goldreif, wie ihn die Perserkönige bei offiziellen Anlässen zu tragen pflegten.

Wann der Zarathustrismus entstand, ist bis heute unklar, konventionell wird die Zeit um 1200 v. Chr. angesetzt, wobei die Spanne von 1800 bis 600 v. Chr. reicht.

Wie das Christentum kennt der Zarathustrismus einen Religionsstifter, *Zartošt*, زرتشـت, Zarathustra, „Besitzer des goldfarbenen Kamels", griechisch Ζωροάστρης, *Zoroaster*. War Jesus in seinem Anliegen ein Reformator des Judentums[81], wird Zarathustra als Reformator einer noch nicht faßbaren altiranischen Religion betrachtet, welcher er als Priester diente. Wer Zarathustra war, wann er lebte, woher er stammte und wo er wirkte, ist bis heute ungeklärt; wissenschaftliche Einigkeit herrscht aber in seiner Einschätzung sowohl als Politiker und Prophet als auch Schamane.

Die Grundzüge des Zarathustrismus' sind denen des Christentums ähnlich, auch hier steht ein Schöpfergott im spirituellen Mittelpunkt, Ahura Mazda, „der weise Herr". An seiner Seite befindet sich der „unsterbliche Heilige", Amšaspand.

Das Symboltier Ahura Mazdas ist ein Fabelwesen mit dem Haupt und Oberkörper eines Menschen, welcher einem die Schwingen spreizenden Vogelkörper, wohl einem Falken nachempfunden, aufgesetzt ist: *Faravahar*.

Gewisse Kreise sind davon überzeugt, daß sich in der Darstellung des Faravahar ein Zeugnis der Begegnung mit einem bemannten Fluggerät im vor- oder frühgeschichtlichen Persien verbirgt, welches sich so tief in die Volkserinnerung einprägte, daß sogar noch Darius I., persischer

---

[81] Ausführlich in „Schelte für das Christentum – Frommer Schwindel, echter Glaube"; Peter W.F. Heller; Engelsdorfer Verlag, Leipzig 2008.

Großkönig von 522 bis 486 v. Chr., eine Wand seines Palastes in Persepolis mit dem Symbol verzieren ließ (Abb. 39).

Tatsächlich steckt in Faravahar das Wort „Fliegen", nämlich das avestische *fara*. Allerdings handelt es sich grammatisch um ein reines Transitiv, welches als „derjenige, der fliegt" übersetzt werden muß.

Der Begriff *vahar* kann nur annähernd übersetzt werden, er bedeutet soviel wie „Wahl des Guten", besser noch „auserwählter Guter Geist", ähnlich dem „Heiligen Geist" des Christentums.

Der Wortbedeutung *Faravahar* kommt eine sinngemäße Übersetzung näher als eine wörtliche, nämlich „Der gute Geist, der über allem schwebt".

Faravahar stellt kein Flugzeug oder ähnliches dar, sondern ist die Kombination der wesentlichen Symbole des Zarathustrismus'. So symbolisiert beispielsweise die Dreiteilung der ausgebreiteten Schwingen die drei geforderten Grundsätze menschlicher Lebensweise, das Gute im Denken, Reden und Tun; das Gegenteil bedeuten die dreigeteilten „Schwanzfedern".

Der Kreis in der Mitte des Rumpfes stellt die Unvergänglichkeit des Geistes, der Seele, dar. Wie der Kreis weder einen Anfang noch ein Ende besitzt, hat auch die Seele weder Anfang noch Ende und ist damit unsterblich.

Der Ring in der linken Hand Faravahars wird konventionell als Symbol unvergänglicher Treue gedeutet, Treue zur Religion, zum Staat und zur Familie.

Unterhalb der Schwingen entspringen auf beiden Seiten des „Körpers" Schleifen, welche für die beiden Seiten des Menschen stehen, für das Gute und das Böse.

Sowohl das Christentum als auch die Zarathustra zugeschriebene Religion haben gemein, daß beide Schriftreligionen sind. Basiert der christliche Glaube auf der Bibel, gründet sich der Zarathustrismus auf der aus ursprünglich einundzwanzig Büchern bestehenden *Avesta*.

In beiden Religionen verfügt der Mensch über einen freien Willen, kann also zwischen Gut und Böse selbst entscheiden.

Die Anhänger Zarathustras erwartet nach dem körperlichen Tod das Paradies. Für die Guten ist der Zugang eine breite Brücke am Gipfel des Berges Alburz, die Činvat-Brücke, welche sich für die Bösen zur schmalen Klinge eines Schwertes wandelt. Geht der Tritt fehl, fallen sie in die Tiefe, in das Reich der ewigen Dunkelheit.

Anders als im Christentum der ersten zwei Jahrhunderte hat Ahura Mazda von Anbeginn einen Widersacher, den zerstörerischen Geist *Angra Mainyu*, in den mittelpersischen Texten *Ahriman* genannt. Er ist der Herrscher der Dunkelheit und des Reiches des Bösen, tief unter der Erde, Gegenspieler Ahura Mazdas, der als heilige Flamme noch heute von rund 150 000 Gläubigen in ihren Feuertempeln verehrt wird, so beispielsweise von den Parsen Indiens.

Gleicht das Ewige Licht in den christlichen Kirchen den ebenfalls „ewig" brennenden Flammen der Feuertempel, ist die Nähe der personelle Ausstattung der jeweiligen Himmel erstaunlich, im besseren Jenseits Ahura Mazdas verrichten sechs Erzengel ihren Dienst, Befehlshaber der guten Geister.

Bei so viel Ähnlichkeit liegt es auf der Hand, daß die Kirchenväter bei ihren Überlegungen zu Gut und Böse aus dem theologischen Reservoir der vorderorientalischen Konkurrenz geschöpft haben könnten. Auch die Heilige Dreifaltigkeit, Vater, Sohn und Heiliger Geist, letzterer oft durch eine Taube dargestellt, haben eine erstaunliche Ähnlichkeit mit der zarathustrischen Trinität, Ahura Mazda, Amšaspand und dem Vogelwesen Faravahar. – Der pure Zufall?

Abb. 29: Poseidon, der Gott des Meeres der Alten Griechen. Bei den Römern wurde diese Position von *neptunus*, dem *nethuns* der etruskischen Mythologie, eingenommen, der ab dem frühen 4. Jahrhundert v. Chr. mit Poseidon gleichgesetzt wurde.

Für die vom Mittelmeer abhängige Bevölkerung war der Meeresgott von ungeheurer Bedeutung; wer vom Meer lebte, war von seiner Gunst abhängig.

Werkzeug und Zepter Poseidons und Neptuns war der Dreizack, der Fischspeer der antiken Fischer.

In den bereits zitierten Offenbarungen des Johannes wird der Teufel, ebenso wie im Lukasevangelium, beim Namen genannt: *Satanas*. Der Unterschied zwischen *Satanas* und *Satan* ist rein sprachlicher Natur, *Satanas* ist die graecianisierte Übernahme des hebräischen Wortes שטן, *Satan*. Etymologisch stammt der Satan aus der nordwestsemitischen Sprachfamilie und ist dort zunächst kein Substantiv, sondern ein Verbum: „anklagen" oder auch „anfeinden". Im weiteren Gebrauch wird „Satan" zum Titel, nämlich dem eines Gegners im Allgemeinen und eines Anklägers im Speziellen; im theologischen Lehrbetrieb des Judentums gespiegelt als Versucher und Widerredner.

Abb. 30: Mag die physische Ausstattung heute kaum noch als Kinderschreck ausreichen, war sie für das Mittelalter Mahnung und Realität. Der Teufel konnte überall und jeder sein, zumindest in der Dunkelheit, wenn seine äußerlichen Attribute nicht erkannt werden konnten. Also war es empfehlenswert, des Nachts Türen und Fenster zu verriegeln und artig zu Hause zu bleiben. – Ganz im Sinne der Kirche.

Für Papst Paul VI. war Satan der „raffinierte Ränkeschmied, der das sittliche Gleichgewicht im Menschen stört", wie er es in der Generalaudienz am 15. November 1972 verkündete:

> ...handelt es sich nicht nur um einen Teufel, sondern um viele, aber einer ist der Führer: Satan, was soviel heißt wie Widersacher, Feind. Er ist der raffinierte Ränkeschmied, der das sittliche Gleichgewicht des Menschen stört. Er ist der verräterische und listige Zauberer, der sich in uns einzuschmeicheln versteht über die Sinne, die Phantasie, die Begierde, über das utopische Denken oder über ungeordnete soziale Kontakte im Bereich unseres Handelns, um zu Abirrungen zu verleiten, die ebenso schädlich sind, wie sie unseren physischen und psychischen Strukturen oder unseren tiefen, triebhaften Strebungen scheinbar entsprechen...

Doch, Gott sei Dank, liegt das weltanschauliche Monopol nicht in den Händen der katholischen Kirche, im mosaischen Glauben ist Satan ein Wesen Gottes, ein Sendbote, ein Engel, welcher ausschließlich im Auftrag Jahwes und nicht im eigenen und erst recht nicht im bösen Willen handelt[82].

Die Griechen sahen es ähnlich und verwendeten den Begriff Διάβολος, *Diábolos*. Gemeint war weder ein höllisches Wesen noch das Böse an sich, die wörtliche Übersetzung lautet schlicht „Durcheinanderwerfer" und bezeichnet nicht mehr und nicht weniger als einen Verleumder, Verwirrer und Verdreher von Tatsachen, die Spezies Mensch und das Würfelspiel eingeschlossen.

Erst die Lehrer und Väter der Kirche sowie die Päpste und selbst Reformatoren wie Calvin und Luther, setzten das Dogma in die Welt, daß das Böse als personifizierter Geist real existiere. Dabei bedienten sie sich der

---

[82] Beispielhaft AT, IV. Mose 22, 22-35. Im hebräischen Text wird der Engel als Satan benannt.

Bezeichnung *diabolus*, welche ebenso verfälscht wie dauerhaft als „Deibel", die Verballhornung von Teufel, in den volkstümlichen Wortschatz Einzug hielt.

Kommt der Teufel höchst persönlich und leibhaftig, wird er als der Leibhaftige bezeichnet. Doch Volkes Regeln sind oft anders, wer den Teufel nicht beim Namen rufen will, der spricht vom „Leibhaftigen".

Abb. 31: Weit in die christliche Zeit hinein wurde die katzengestaltige Göttin *Bastet* (*B3stt*), Tochter des Sonnengottes Re, von den Frauen Ägyptens verehrt.

Sie ist die sanfte Göttin der Lust und Liebe, des Kindersegens, der Freude, des Tanzes, der Musik und der Feste sowie die Schutzgöttin der Schwangeren.

Da ein solches Tier weder mit dem lieben Gott noch den Heiligen im Zusammenhang stehen konnte, mußte es also des Teufels sein.

In seinem zweiten Brief an die Korinther nennt der Apostel Paulus einen wenig bekannten Namen für das Böse, *Belial*[83]:

> Ziehet nicht am fremden Joch mit den Ungläubigen. Denn was hat die Gerechtigkeit zu schaffen mit der Ungerechtigkeit? Was hat das Licht für Gemeinschaft mit der Finsternis?
> Wie stimmt Christus mit Belial? Oder was für ein Teil hat der Gläubige mit den Ungläubigen?
> Was hat der Tempel Gottes für Gleichheit mit den Götzen? Ihr aber seid der Tempel des lebendigen Gottes; wie denn Gott spricht: „Ich will unter ihnen wohnen und unter ihnen wandeln und will ihr Gott sein, und sie sollen mein Volk sein."

Wer oder was dieser Belial ist, kann nicht genau festgestellt werden, es scheint, daß er sowohl im Alten wie im Neuen Testament ganz allgemein als Gegenspieler oder Gegenmacht Gottes genannt wird. Auch wenn im Mittelalter „Beliar", die griechische Formulierung Βελιὰρ dieser Gestalt, als der Teufel gesehen wurde, wird die Einstufung als personifizierte Unheilsmacht dem Namen wohl gerechter.

Dieser setzt sich im Hebräischen aus der Negation בלי und einem Namen, יעל, mit der Bedeutung „Wert" zusammen, „בליעל", erlaubt also eine Übertragung als „Unwert" im Sinne von „Unheil".

Wird dieser Belial in der Bibel eher beiläufig erwähnt, wird dem „Unheil" in den fragmentierten Schriftrollen vom Toten Meer, den Qumran-Rollen, im Kampf zwischen Gut und Böse deutlich mehr Gewicht gegeben[84]:

> Mein Haus und Mein Altar und der Heilige Tempel, so wird es getan werden, denn diese Dinge sollen über sie kommen, und sie werden unter der Herrschaft Belials sein, und sie werden dem

---

[83] NT, II. Korinther 6, 14-16
[84] 4Q390, Fragment 2, Spalte 1; nach der Übersetzung von Robert Eisenmann und Michael Wise.

Schwert ausgeliefert werden für eine Woche von Jahren. Vom Beginn dieses Jubeljahres an werden sie alle Meine Gesetze brechen und alle Meine Gebote, die Ich ihnen geboten habe, obgleich Ich ihnen Meine Knechte, die Propheten, gesandt habe. Und sie werden anfangen, miteinander zu streiten. Für siebzig Jahre von dem Tag an, als sie das Gesetz und den Bund brachen, werde Ich sie in die Gewalt der Engel Mastemoths geben, der über sie herrschen wird, und sie werden weder wissen noch verstehen, daß Ich zornig über sie bin wegen ihres Aufstands, weil sie Mich verlassen haben und taten, was übel ist in Meinen Augen, und weil sie gewählt haben, was Mir mißfällt, andere zu überwältigen um des Reichtums und des Gewinns willen. Sie werden ihre Nachbarn berauben und einander unterdrücken und Meinen Tempel beflecken und Meine Feste, durch ihre Kinder werden sie ihren Samen verschmutzen. Ihre Priester werden Gewalttaten begehen.

Die „siebzig Jahre" weisen auf die Babylonische Gefangenschaft, ein Mißverständnis, welches sich erfolgreich durchgesetzt hat. Die „Babylonische Gefangenschaft" war beendet, als der persische Großkönig Kyros II. im Jahr 539 v. Chr. Babylon eroberte, dauerte also etwas weniger als fünfzig Jahre[85].

Schuld ist der Prophet Jeremia, oder besser, die Zeile eines in der Bibel zitierten und ihm zugeschriebenen Briefes[86]:

Denn so spricht der Herr: Wenn zu Babel siebzig Jahre aus sind', so will ich euch besuchen und will mein gnädiges Wort über euch erwecken, daß ich euch wieder an diesen Ort bringe.

Mit dem Ort ist weder Jerusalem noch mit den siebzig Jahren das Ende der „Gefangenschaft" gemeint; die prophetischen Worte beziehen sich

---

[85] Ausführlich in „Die Spur des Allerheiligstens – Auf der Suche nach der Bundeslade"; Peter W.F. Heller; Engelsdorfer Verlag, Leipzig 2009.
[86] AT, Jeremia 29, 10

auf den Tempel, genauer, auf die Zeit ohne diesen. Zwischen der Zerstörung im Jahre 586 und dem Beginn des Wiederaufbaus 516 v. Chr. liegen genau eben diese siebzig Jahre. Ob Jeremia den Brief jemals gekannt hat, ist allerdings höchst zweifelhaft.

Abb. 32: Okzitanien, das Land der Katharer.

Im Morgengrauen des 13. Oktobers 1307, nach dem Julianischen Kalender einem Freitag, nach dem im 16. Jahrhundert eingeführten Gregorianischen Kalender wäre es ein Donnerstag, werden in ganz Frankreich versiegelte Briefe geöffnet, in welchen König Philipp, genannt der Schöne, die sofortige Verhaftung aller Tempelritter und die Beschlagnahme des Ordensbesitzes befiehlt.

Die Anschuldigungen bestehen aus einer Zusammenstellung aller Vorurteile, die im Volk über den geheimnisvollen Orden kursieren und den weltlichen Souverän vorgeblich zum sofortigen Handeln zwingen[87].

Was Philipp der Schöne den Mitgliedern des Templerordens vorwirft, läßt sich grob in neun Anklagepunkten zusammenfassen:

- Gotteslästerung durch Verleugnung Christi
- Gotteslästerung durch Bespucken des Kreuzes
- Obszöne Praktiken
- Homosexualität[88]
- Verehrung eines magischen Kopfes
- Habgier
- Sündenvergebung durch Laien
- Mißachtung der Sakramente
- Nächtliches Versammeln zu sexuellen Ausschweifungen

Fast ein Jahr vergeht, bis im August 1308 das Verfahren der Kirche unterstellt wird. Die päpstlichen Ermittler formulieren die Vorwürfe zu Fragebögen, nach denen jeder Templer befragt und deren Beantwortung mit der Folter in die erwünschte Richtung gelenkt wird.

Als Papst Clemens V. am 26. Mai 1311 die kirchlichen Untersuchungen für abgeschlossen erklärt, hat der Orden aufgehört zu existieren. Die offizielle Auflösung durch den Papst erfolgte erst im März 1312 auf dem

---

[87] Ausführlich in „Die Spur des Allerheiligstens – Auf der Suche nach der Bundeslade"; Peter W.F. Heller; Engelsdorfer Verlag, Leipzig 2009.
[88] Im Mittelalter als Sodomie bezeichnet.

Konzil von Vienne, zwei weitere Monate brauchten die dort versammelten Kleriker, um über die Verteilung des Ordensbesitzes zu beraten.

Gehört zu den Anklagepunkten König Philipps die Verehrung eines „magischen Kopfes", wird dieser Vorwurf bei den Vernehmungen der Tempelritter um einen Namen ergänzt: *Baphomet.*

Wer oder was dieser Baphomet und ob er mit dem „magischen Kopf" identisch ist, kann bis heute nicht geklärt werden. Zum einen erscheint der Name ausschließlich in den südfranzösischen Vernehmungsprotokollen, zum anderen weichen die wenigen Aussagen zum „Kopf" erheblich voneinander ab. Für die Forschung erschwerend kommt hinzu, daß die Aufzeichnungen während der Prozesse überarbeitet wurden, was die Tribunale mit der Mißverständlichkeit mancher Aussagen begründeten.

Warum der vorgebliche Baphomet ausschließlich bei den Vernehmungen in Südfrankreich genannt wird, läßt sich nur damit erklären, daß hier die Hochburgen der Katharer lagen, denen alles Teuflische, einen Baphomet eingeschlossen, sowohl vom französischen König als auch von der römischen Kirche zugebilligt wurde.

Historische Realität kann also sein, daß weder der „magische Kopf" noch seine Verehrung Teil des Ordenszeremoniells waren und die entsprechenden Aussagen unter der Folter erzwungen wurden.

Ein Götze, ein böser Geist, wäre durchaus gelegen gekommen, hätte dieser Baphomet doch die plausible Erklärung geliefert, warum ein christlicher Ritterorden, insbesondere ein Orden dessen oberste Instanz und persönlicher Schirmherr der Papst war, sich den bösen Mächten ergeben hatte. So blieb auch Ruf des römischen Pontifex', seit 1309 in Avignon residierend, unbeschädigt, hatte dieser doch vom heimlichen Vordringen des Bösen in „seinen" Orden nichts geahnt.

Die Bekämpfung eines teuflischen Baphomets macht sich in der Geschichte deutlich besser als das Mißbehagen eines Königs, der in der Phase des Wandels von der Kleinstaaterei zum gemeinsamen Staat, natürlich unter ihm als Souverän, in einem ebenso reichen wie mächtigen Ritterorden einen Staat im Staate und damit ein beträchtliches Hindernis in seinem Streben erkennt.

Der Legende nach soll der „magische Kopf" gesprochen und Fragen beantwortet haben. Nicht von der Hand zu weisen ist die Theorie, daß es sich bei diesem Kopf um eine der Maschinen aus der Werkstatt Herons von Alexandria gehandelt haben könnte.

Der hellenistisch geprägte Mathematiker und Ingenieur wirkte im ersten Jahrhundert in Alexandria und konstruierte Automaten, welche seine Zeitgenossen begeisterte und oft genug an Wunder glauben ließ.

In der Bibliothek der Universität von Oxford wird die uralte Kopie eines noch älteren, wenn auch verschollenen Manuskriptes aufbewahrt, welches auf Heron von Alexandria zurückgeführt wird. In Wort und Bild wird eine äußerst klug angelegte Konstruktion im alexandrinischen Tempel des Serapis aus griechisch-römischer Zeit dokumentiert:

Im Altar vor dem zweiflügeligen Portal des dem Allerheiligsten vorgelagerten Hypostylsaales verbarg sich ein mit Luft gefüllter Kupferkessel, der über Rohrleitungen mit einem geschlossenen Wasserbehälter in einem Kellerraum unter den beiden Türflügeln verbunden war. Wurde auf dem Altar ein Feuer entzündet, erhitzte sich die Luft im Kessel, dehnte sich aus und drückte über eine Rohrverbindung das Wasser aus seinem Behälter. Dieses floss über Rohre in zwei Eimer, von welchen jeder das Gegengewicht zu einem Gewicht bildete, mit dem sie über ein ausgeklügeltes Spiel von Seilzügen und Rollen mit der Drehachse des jeweiligen Türflügels verbunden waren. Die Eimer füllten sich, wurden schwerer als ihre Gegengewichte und sanken nach unten; über die Mechanik öffneten sich die Türen.

War das Opferfeuer erloschen, kühlte sich die Luft ab und zog sich zusammen. Damit entstand im Wasserbehälter ein Unterdruck, wodurch das Wasser aus den Eimern nun wieder zurück in den Tank gesaugt wurde. Die Eimer wurden leichter, die Gegengewichte senkten sich und schlossen die Pforte (Abb. 40).

Auf die Gläubigen muß der einsehbare Teil des Vorganges wie ein Wunder gewirkt haben; sie entzündeten ein Opferfeuer auf dem Altar und zum Zeichen, daß er das Opfer angenommen habe, öffnete der Gott höchst persönlich und unter gewaltigem Zischen die mächtige Doppeltür zu seinem Reich.

Daß es der Gott selbst sein mußte, der sich in dieser Weise offenbarte, war allen bewußt, denn wenn sich die schweren Türflügel bewegten, war keine Menschenseele zu erblicken. - Daß der Gott eine hydropneumatische Maschine war, wußte nur ein eingeweihter Kreis der schlauen Priester.

Abb. 33: Wie beliebt die Katzen im alten Ägypten waren, zeigt ein aus dem 14. Jahrhundert v. Chr. stammender Papyrus, der in Turin gelagert wird und das Märchen vom Krieg der Mäuse mit den Katzen überliefert.

Die von Heron entwickelten Antriebe arbeiteten mit Gewichten, Hitze, Wasser, Dampf und Luft und waren im Inneren seiner mechanischen Wunderwerke verborgen. So soll er auch metallene Vögel geschaffen haben, deren Köpfe und Schnäbel sich bewegten und die täuschend echt das entsprechende Gezwitscher von sich gaben. Letzteres wurde durch Pfeifen erzeugt, deren benötigter Luftstrom aus dem Sog eines sinkenden Wasserspiegels generiert wurde.

Es läßt sich also nicht ausschließen, daß rund tausend Jahre nach Heron ein menschlicher Kopf nach seinen Plänen konstruiert und den Templern in *Outremer*, im Heiligen Land, zum Kauf angeboten oder in ihrem Auftrag nachgebaut wurde.

Über ein Steuerwerk, verborgen im ausgehöhlten Steinsockel, könnten in festgelegten Intervallen Pfeifen angeblasen worden sein, welche jeweils einen Ton erzeugten, der dem nasalen französischen *Oui*, Ja, und *Non*, Nein, sehr nahe kam. War der Frager dazu mit einem angeglichenen Fragenkatalog ausgestattet, war das Wunder perfekt und die Macht des Ordens bewiesen. – Baphomet, eventuell ein alexandrinischer Automat?

Im Evangelium des Matthäus taucht ein weiterer Name für den Teufel auf, *Beelzebub*[89]:

> Aber die Pharisäer, da sie es hörten, sprachen sie: Er treibt die Teufel nicht anders aus denn durch Beelzebub, der Teufel Obersten.
>
> Jesus kannte aber ihre Gedanken und sprach zu ihnen: Ein jegliches Reich, so es mit sich selbst uneins wird, das wird wüst; und eine jegliche Stadt oder Haus, so es mit sich selbst uneins wird, kann's nicht bestehen.
>
> So denn ein Satan den andern austreibt, so muß er mit sich selbst uneins sein; wie kann denn sein Reich bestehen?
>
> So ich aber die Teufel durch Beelzebub austreibe, durch wen treiben sie eure Kinder aus? Darum werden sie eure Richter sein.

Ob der Autor des Matthäus-Evangeliums wußte, um wen es sich bei dem zitierten Beelzebub handelt, ist nicht ganz so fraglich wie die Autorenschaft dieses Evangeliums selbst. Zum einen kann ausgeschlossen werden, daß ein Augenzeuge des Geschehens um Jesum, also der Apostel Matthäus, seinen Bericht der Heilsgeschichte in weiten Teilen mit Plagiaten aus der Schilderung eines Nichtapostels, nämlich Markus, nach altchristlicher Tradition erster Bischof von Alexandria und Begründer der koptischen Kirche, historisch jedoch nicht faßbar, ausstattet; zum anderen wird die Urschrift nach jüngsten Forschungen auf die Zeit zwischen den Jahren 80 und 100 datiert, eine Zeit, zu der nach aller Erkenntnis kein Apostel mehr unter den Lebenden weilte[90].

Beelzebub ist kein Bube, sondern der kanaanitisch-syrische Gott Baal in seiner Funktion als Stadtgott von Ekron, als das heutige Tel Miqne in Israel angenommen, *Baal-Zebul*, der Baal-Sebub des Alten Testaments[91]:

---

[89] NT, Matthäus 12, 24-27

[90] Ausführlich in „Schelte für das Christentum – Frommer Schwindel, echter Glaube"; Peter W.F. Heller; Engelsdorfer Verlag, Leipzig 2008.

[91] AT, II. Könige 1, 2-3

Und Ahasja fiel durch das Gitter in seinem Söller zu Samaria und ward krank; und sandte Boten und sprach zu ihnen: Gehet hin und fragt Baal-Sebub, den Gott zu Ekron, ob ich von dieser Krankheit genesen werde.
Aber der Engel des Herrn redete mit Elia, dem Thisbiter: Auf! und begegne den Boten des Königs zu Samaria und sprich zu ihnen: Ist denn nun kein Gott in Israel, daß ihr hingehet, zu fragen Baal-Sebub, den Gott Ekrons?

Ahasja wurde 852 v. Chr. zum König des Nordreiches Israel gesalbt, seiner Regentschaft wurde 851 v. Chr. durch den Tod als Folge eines Unfalls ein vorzeitiges Ende gesetzt. Er gehörte zu den Königen, von denen das Alte Testament wiederholt berichtet, „daß sie taten, was dem Herrn übel gefiel", nämlich das Verharren in der Verehrung Els, Baals und Ascheras[92].
Der Verfasser des Matthäus-Evangeliums dürfte den „Beelzebub" wohl kaum zur Erinnerung an längst vergangene Könige, ihre Reiche und „üble Taten" Jesus in den Mund gelegt haben, viel näher liegt die Verwendung als Metapher. Zwar hatte Baal im 1. Jahrhundert im Vorderen Orient eine dem Judentum weit überlegene Verbreitung, doch die größte Gefahr für das aufkeimende Christentum war der römische Götterglaube. Der hebräische Beelzebub, בעל זבוב, *Baal Zebub* (Abb. 41), ist der „Herr der Fliegen", so die Übersetzung seines Namens, und damit der Herrscher über Unheil und Dreck. Es ist ein Spottname, der in frühjüdischer Zeit vom tatsächlichen Namen des Gottes abgeleitet wurde, בעל זבול, *Baal Zebul*, „Erhabener Fürst". – Bei Matthäus der römische Kaiser.

---

[92] Beispielhaft AT, II. Könige 21, 19-24.

Vermutlich hat der Dichter Dante Alighieri den sizilianischen Ätna als Vorbild für sein Fegefeuer, den Berg der Läuterung, genommen.

In der griechischen Mythologie befindet sich im Ätna die Schmiedewerkstatt des Hephaistos, Gott des Feuers und der Schmiedekunst, Schöpfers der undurchdringlichen Rüstung des mythischen Helden Achilles, die Schmiede, in welcher er die Donnerkeile, die Blitze für den Göttervater Zeus, schmiedet.

Eine auf 490 bis 480 v. Chr. datierte Trinkschale, aufbewahrt im Alten Museum Berlin, zeigt Hephaistos bei der Übergabe der Waffen für Achilles.

Höllenfeuer

Für die Menschen des christlichen Mittelalters war die Lokalisation von Gut und Böse eine einfache Angelegenheit, der Himmel befand sich unzweifelhaft oben und die Hölle unten. Der Himmel droben war licht und hell, die Hölle in den Abgründen der Erde überwiegend dunkel. Damit war die „einfache Angelegenheit" aber auch schon abgetan, denn das mittelalterliche Höllenbild umfaßt ein ganzes Spektrum höchst facettenreicher Höllen und zeigte eben nicht nur ein zerklüftetes Höhlenlabyrinth voll brennender Feuer.

Die Topographie dieser Hölle schildert der italienische Dichter Dante Alighieri in seiner vermutlich zwischen 1307 und 1320 entstandenen „Göttlichen Komödie", welche er unter dem sein Leben bestimmenden Leidensdruck, ausgelöst durch den frühen Tod seiner Geliebten Beatrice, verfaßte. Allerdings sind sowohl die Person der Beatrice als auch ihr Tod im Jahre 1290 nur literarisch belegt (Abb. 42).

In Dantes *Commedia*, „Komödie", die erst nach seinem Tode *Divina Commedia*, „Göttliche Komödie", genannt wurde, wird die Hölle als tiefer, böschig abgestufter Trichter in der nördlichen Erdhalbkugel beschrieben, entstanden durch den meteorgleichen Einschlag Luzifers, den „vom Himmel gefallenen Morgenstern" (Abb. 43).

Der Trichter hat neun Stufen, umlaufende Ebenen, die Kreise der Hölle (Abb. 44). Der obersten Stufe vorgelagert ist die Vorhölle, welche durch das Höllentor betreten wird[93]:

> Der Eingang bin ich zu der Stadt der Trauer,
> Der Eingang bin ich zu dem ew'gen Schmerze,
> Der Eingang bin ich zum verlornen Volke!
> Gerechtigkeit trieb meinen hohen Schöpfer:

---

[93] Göttliche Komödie, Die Hölle, Auszug 3. Gesang. In der Übersetzung von Philaletes (König Johann von Sachsen).

Die Allmacht hat der Gottheit mich gegründet,
Die höchste Weisheit und die erste Liebe.
Vor mir ist nichts Erschaffenes gewesen,
Als Ewiges, und auch ich daure ewig.
Laßt, die ihr eingeht, jede Hoffnung fahren.

Die Vorhölle ist ein verhältnismäßig ungemütlicher Ort, doch gemessen an den tiefergelegenen Kreisen ein recht harmloser. Hier werden die Seelen derer von Ungeziefer geplagt, die weder zu den Guten noch den Bösen gehörten und die ihr Leben in Gleichgültigkeit gegenüber Gott und den Menschen verlaufen ließen[94]:

Sogleich sah ich es ein und ward versichert,
Daß dieses sei der Feiggesinnten Rotte,
Die Gott mißfällig sind wie seinen Feinden;
Die Jämmerlichen, welche nie gelebet,
Sie waren nackt und wurden viel gestochen
Von Bremsen und von Wespen, die hier schwärmten;
Ihr Antlitz netzten ihnen die mit Blute,
Das tränenuntermischt zu ihren Füßen
Von ekelhaften Würmern ward gesammelt.

Der erste Kreis, der *Limbus*, kirchenlateinisch soviel wie „Rand", „Gürtel" oder „Umgrenzung" bedeutend, nimmt all jene auf, die unschuldig schuldig sind, vornehmlich die sündenfreien Ungetauften, die Nichtchristen. Sie werden auf ewige Zeit vom „Leiden ohne Marter", von der Sehnsucht nach Gott und den himmlischen Gefilden, gepeinigt[95]:

So schritt er vorwärts und ließ ein mich treten
Zum ersten Kreise, der den Abgrund gürtet.

---

[94] Göttliche Komödie, Die Hölle, Auszug 3. Gesang. In der Übersetzung von Philaletes (König Johann von Sachsen).
[95] Göttliche Komödie, Die Hölle, Auszug 4. Gesang. In der Übersetzung von Philaletes (König Johann von Sachsen).

Hier, dem gemäß, was ich erlauschen konnte,
Gab es kein Jammern, sondern nur wie Seufzer,
davon die ew'gen Lüft' erzittern mußten;
Und dies kam her von Leiden ohne Marter,
So Scharen, groß und zahlreich, hier erlitten,
Von Kindern und von Weibern und von Männern.

Die tieferen Kreise schichten sich in drei Bereiche. In den obersten Höllenkreisen büßen die Maßlosen, in den mittleren die Boshaften und ganz unten die Verräter.

Abb. 34: Der „Dreizack" gehört zu den ältesten Waffen im Reich der Mitte. Es ist eine Gabellanze, vor deren Blatt links und rechts der Schneide zwei kürzere, nach innen geschrägte Klingen entspringen. Mit dieser Kombination konnten gegnerische Schwerter und Lanzen abgefangen und entwunden werden.

Abb. 35: Die 1744 auf dem Dach des alten Observatoriums, einem ehemaligen Wehrturm der Stadtmauer, in Peking aufgestellte bronzene Armillarsphäre. Zum Größenvergleich links der Autor.

Im zweiten Kreis werden die Ankommenden von einem Dämon, dem einstigen König Minos, empfangen und zur Sündenbeichte gezwungen. Minos entscheidet, in welche Hölle der Sünder hinabsteigen muß. Wer im zweiten Kreis bleibt, hat sich der Sünde der Wollust schuldig gemacht und wird ohne Rast und Schlaf vom höllischen Sturm gejagt. Ganz im Gegensatz zum „feurigen" Höllenbild ergießt sich im dritten Kreis eisiger Regen auf die am Boden liegenden Seelen der Gefräßigen, diejenigen, welche nie genug bekommen konnten, die Gierigen, welche den zerfleischenden Angriffen des dreiköpfigen Höllenhundes Zerberus ausgesetzt sind[96]:

> Ich bin im dritten Kreise nun des Regens,
> Des ew'gen, kalten, läst'gen, flucherfüllten,
> Dem nie Gesetz noch Eigenschaft sich wandelt.
> Unreines Wasser, Schnee und schwerer Hagel
> Ergießt sich durch die Lüfte Finsternisse,
> Und Stank entsteigt der Erde, die es aufnimmt.
> Das Untier Zerberus, seltsam und wütig,
> Bellt aus drei Kehlen nach der Art der Hunde
> Die Menge an, die überschwemmt hier lieget.
> Rot sind die Augen, schwarz der Bart und triefend,
> Der Bauch geräumig und beklaut die Pfoten,
> Womit's die Geister krallt, zerfleischt und verteilt.

Im vierten Kreis sind die Seelen der Verschwender und Geizigen zum ewigen Wälzen und Tragen schwerer Lasten verdammt[97]:

> So stiegen wir zum vierten Abgrund nieder,
> Mehr von dem Riff der Schmerzen hinterlegend,

---

[96] Göttliche Komödie, Die Hölle, Auszug 6. Gesang. In der Übersetzung von Philaletes (König Johann von Sachsen).
[97] Göttliche Komödie, Die Hölle, Auszug 7. Gesang. In der Übersetzung von Philaletes (König Johann von Sachsen).

Das alles Weh' der Welt in sich verschließet.
O ewige Gerechtigkeit, wer häufte
So viele Müh'n, als ich geseh'n, und Peinen?
Was richtet eigne Schuld uns so zugrunde!
Gleich wie die Flut dort über die Charybdis
Sich mit der andern bricht, an der sie brandet,
So muß sich hier das Volk im Reigen drehen.
Viel mehr als anderswo sah ich des Volks hier
von dieser Seit' und jener, unter lautem
Geheule Lasten wälzend mit den Brüsten.
Sie stießen aneinander, und drauf kehrte
Allda sich jeder wieder rückwärts, schreiend:
„Was kargst du", und „was machst du tollen Aufwand?"
So kehrten durch den finstern Kreis sie wieder
Zu jeder Hand, bis sie gegenüber standen,
Ihr schimpflich Lied von neuem anzustimmen.

Der fünfte Kreis ist der Höllenpfuhl, ein Sumpf aus Dreck und Kot, der
Sumpf der Choleriker, Ignoranten und Phlegmatiker, der Sumpf der zornigen Seelen[98]:

Und ich, der aufmerksam stand im Betrachten,
Sah schlammbedecktes Volk in dieser Lache,
Nackt insgesamt und mit erzürntem Antlitz,
Die schlugen nicht allein sich mit den Händen,
Auch mit dem Haupt, der Brust und mit den Füßen,
Stückweise mit den Zähnen sich zerfleischend.

Im sechsten Kreis liegen die Seelen der „Irrtumsstifter", der Ketzer, in
glühenden Särgen, deren Deckel am Jüngsten Tag geschlossen werden

---

[98] Göttliche Komödie, Die Hölle, Auszug 7. Gesang. In der Übersetzung von
Philaletes (König Johann von Sachsen).

und die dann lebendigen Körper der Verdammten bis in alle Ewigkeit in Dunkelheit zwängen[99]:

> Viel Gräber rings die Stätt' uneben machen:
> So sah ich deren hier auf allen Seiten,
> Nur daß noch bitterer daselbst die Weise;
> Denn zwischen diesen Särgen waren Flammen
> Verstreut, durch welche sie so ganz erglühten,
> Daß keine Kunst mehr von dem Eisen fordert.
> All' ihre Deckel waren aufgeschlagen,
> Und draus erklang wohl ein so herbes Jammern,
> Daß es von Armen schien und von Geplagten.
> Und ich: „Mein Meister, wer sind diese Leute,
> Die, eingesarget dort in jenen Laden,
> Ihr Dasein durch ein kläglich Seufzen künden?"
> Und er zu mir: „Hier sind die Irrtumsstifter
> Mit ihren Jüngern, aller Sekten, und wohl
> Mehr, als du glaubst, beladen sind die Gräber glühend."

Der siebente Kreis ist in drei „Zirkel" unterteilt, ähnlich den Ringen des Saturns, der in der mittelalterlichen Astrologie als Symbol für das Unglück steht[100]:

> Den ersten Kreis füllt, wer Gewalttat übte;
> Doch da man drei Personen kann Gewalt tun,
> Ist er gefügt in drei getrennte Zirkel.

Im äußeren Bereich des Ringes werden Mörder und Räuber in einem Strom aus Blut gekocht.

---

[99] Göttliche Komödie, Die Hölle, Auszug 9. Gesang. In der Übersetzung von Philaletes (König Johann von Sachsen).
[100] Göttliche Komödie, Die Hölle, Auszug 11. Gesang. In der Übersetzung von Philaletes (König Johann von Sachsen).

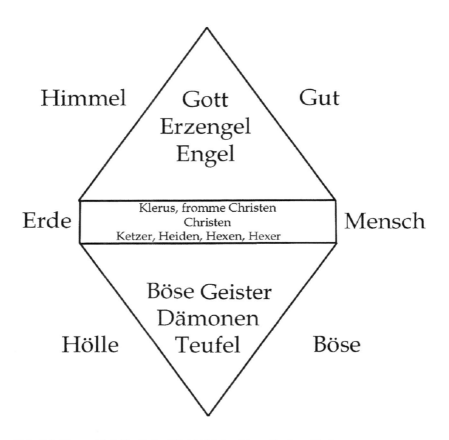

Abb. 36: Das mittelalterliche Weltbild der himmlischen Ordnung.
Dem Spannungsfeld zwischen Himmel und Hölle, Gut und Böse, war die Erde mit dem sündigen Menschen zwischengesetzt.
Doch Mensch war nicht gleich Mensch, im Mittelalter wurde ein deutlicher Unterschied gemacht, wer sich zu den Menschen zählen durfte. Dem Himmel nahe waren der Klerus und die frommen Christen; Ketzer, Heiden, Hexen und Hexer standen auf der Seite des Bösen.
Zwischen beiden Gruppen siedelte der schlichte Christenmensch, der nur mit der vereinten Macht der Guten vor den Einflüssen der Bösen bewahrt werden konnte.

Im mittleren büßen die Selbstmörder als Bäume und Sträucher ihre Schuld, die Äste und Zweige ständig von schaurigen Fabelwesen losgerissen, so wie sie sich durch eigene Hand vom Körper losgerissen haben. Im inneren Ring ist der Boden mit glühendheißem Sand bedeckt und feurige Lohe rieselt hernieder. Dies ist die Hölle der Gotteslästerer, der Sodomiten[101] und Wucherer, der Gewalttäter gegen Gott, wider die Natur und die Gebote[102]:

> Wie Alexander einst in jenen heißen
> Landstrichen Indiens über seine Mannschaft
> Sah Flammen ungedämpft zur Erde fallen,
> Drob er Vorkehrung traf, den Grund zu stampfen
> Durch seine Scharen, weil der Durst noch leichter
> Zu löschen war, eh' neuer noch hinzukam,
> So senkte sich herab die ew'ge Lohe,
> Davon der Sand, wie unterm Feuerzeuge
> Der Zunder, glomm, die Qualen zu verdoppeln.

Der achte Höllenkreis ist eine Partition aus zehn tiefen Gräben voller Schrecken und Pein.
Im ersten Graben treiben gehörnte Teufel die Kuppler und Verführer mit Peitschen vor sich her[103]:

> So hier als dort erblickt' am finstern Fels ich
> Gehörnte Teufel, mit gewalt'gen Peitschen
> Von hinten unbarmherzig jene schlagend.

Der zweite Graben ist mit gärendem Kot gefüllt, Ort des Jammers der eingetauchten Schmeichler und Huren[104]:

---

[101] Mittelalterliche Bezeichnung für Homosexuelle.
[102] Göttliche Komödie, Die Hölle, Auszug 14. Gesang. In der Übersetzung von Philaletes (König Johann von Sachsen).
[103] Göttliche Komödie, Die Hölle, Auszug 18. Gesang. In der Übersetzung von Philaletes (König Johann von Sachsen).

Und er darauf, sich vor den Hohlkopf schlagend:
„Hier tauchten unter mich die Schmeicheleien,
Davon nie müde mir die Zunge worden.“
Alsbald begann zu mir darauf der Führer:
„Streck' nun ein wenig weiter vor dein Antlitz,
Daß besser das Gesicht dein Blick erreiche
der schmutz'gen Dirne mit verworrnen Haaren,
Die dort sich grimmet mit den kot'gen Nägeln,
Sich kauernd bald, bald auf den Füßen stehend.“

Aus Löchern im Fels des dritten Grabens ragen die Füße der Simonisten
mit glühenden Sohlen, all derer, welche sich des verbotenen Handels mit
Kirchenämtern schuldig machten[105]:

Jedwedem ragten vor aus seiner Mündung
Die Füße eines Sünders nebst den Beinen
Bis zu der Wad', doch drin vergeblich das andre.
Die Sohlen beid' erglühten ihnen sämtlich,
Drob mit den Fußgelenken so sie zuckten,
Daß Seil und Wieden sie zerrissen hätten.

Den Sündern des vierten Grabens sind die Körper verrenkt, den hier
büßenden Hexen, Zauberern und Hellsehern sind die Hälse so weit ver-
dreht, daß ihre Gesichter über den Rücken stehen[106]:

Wenn Gott dich, Leser, Frucht von deinem Lesen
Soll ernten lassen, so bedenk' im Innern,

---

[104] Göttliche Komödie, Die Hölle, Auszug 18. Gesang. In der Übersetzung von
Philaletes (König Johann von Sachsen).
[105] Göttliche Komödie, Die Hölle, Auszug 19. Gesang. In der Übersetzung von
Philaletes (König Johann von Sachsen).
[106] Göttliche Komödie, Die Hölle, Auszug 20. Gesang. In der Übersetzung von
Philaletes (König Johann von Sachsen).

Ob tränenlos mein Antlitz bleiben konnte,
Als in der Näh' die menschliche Gestalt ich
Also verwandt sah, daß des Auges Zähren
Die Hinterbacken durch den Spalt benetzten...

Der fünfte Graben ist bis über die Köpfe der hierher verdammten Bestechlichen mit kochendem Pech gefüllt und wird von mit Gabeln bewaffneten Teufeln bewacht, ein Szenarium, welches sich bis heute als allgemeines Bild der Hölle erhalten hat. Wer seinen Kopf aus der siedenden Schwärze steckt, wird mit den Gabeln wieder hinabgedrückt[107]:

Nicht anders läßt der Koch das Fleisch durch seine
Vasallen in des Kessels Mitte nieder
Mit Gabeln drücken, daß es auf nicht schwimme.

Im sechsten Graben müssen die Heuchler unter der Last vergoldeter Bleikutten einherschreiten[108]:

Sie trugen Kutten, die mit tiefen Kappen
Die Aug' bedeckten, ganz von jenem Schnitte,
Wie für die Mönch' in Clugny man sie fertigt.
Vergoldet sind sie außen, daß es blendet,
Doch drinnen ganz von Blei und also wuchtend,
Daß Friedrichs Kutten Stroh dagegen wären.

Diebe und Räuber werden im siebenten Graben ohne Unterlaß von Schlangen gebissen, zerfallen zu Asche und erstehen wieder, um im ewigen Kreislauf erneut gebissen zu werden[109]:

---

[107] Göttliche Komödie, Die Hölle, Auszug 21. Gesang. In der Übersetzung von Philaletes (König Johann von Sachsen).
[108] Göttliche Komödie, Die Hölle, Auszug 23. Gesang. In der Übersetzung von Philaletes (König Johann von Sachsen).
[109] Göttliche Komödie, Die Hölle, Auszug 24. Gesang. In der Übersetzung von Philaletes (König Johann von Sachsen).

Und sieh, auf einen nah an unserm Strande
Schnellt eine Schlange hin sich und durchstach ihn,
Allwo der Hals sich bindet mit den Schultern.
Nie hat so schnell man O noch I geschrieben,
Als er entzündet ward und brannt' und gänzlich
Zu Asch' alsbald hinfallend mußte werden.
Und als er so vernichtet lag am Boden,
Vereinte sich von neu'm die Asch' und wurde
Von selbst stracks wieder, was sie erst gewesen.

Wer seine räuberische Tat durch besondere Hinterlist vertieft hat,
schwebt auf ewig brennend, in Flammen gehüllt, durch den achten Graben[110]:

Von so viel Flammen glänzte allenthalben
Die achte Bulg', wie ich sogleich gewahrte,
Als an der Stell' ich stand, wo man den Grund sieht.
Wie der, so einst sich mit den Bären rächte,
Die Rosse sah, als des Elias Wagen
Hinwegfuhr, himmelwärts gradauf sich schwingen,
So daß sein Blick ihm so nicht folgen konnte,
Daß andres er als nur gleich einem Wölkchen
Die Flamm' empor sich hebend hätt' erblicket;
Also bewegten durch den Schlund des Grabens
Sich alle hin, ohn' ihren Raub zu zeigen,
Denn jede Flamm' entrückt' uns einen Sünder.

Der neunte Graben ist die Hölle der Zwietrachtsäer und Glaubensspalter,
denen von Teufeln unablässig Glieder abgeschlagen und tiefe Wunden

---

[110] Göttliche Komödie, Die Hölle, Auszug 26. Gesang. In der Übersetzung von
Philaletes (König Johann von Sachsen).

beigebracht werden. Ganz unter dem Eindruck der Kreuzzüge[111] finden sich in diesem Höllenteil auch der Stifter des Islams, Mohamed, und sein Schwiegersohn Ali[112]:

> Und der durchbohrt ein Glied und der verstümmelt
> Es zeigt', war's mit der widrigen Gestaltung
> Der neunten Bulge nichts doch im Vergleiche.
> Nicht sprang, wenn Mittelstück es oder Gere
> Verloren, je ein Faß so, als durchhauen
> Vom Kinn bis wo man furzt, ich einen schaute.
> Hinab hing das Gedärm ihm an den Beinen.
> Und das Geschlinge war sichtbar und der Beutel,
> Der schnöde, der aus dem Verschlungenen Dreck macht.
> Dieweil ich ganz auf ihn den Blick nun hefte,
> Sah er mich an und sprach, sich mit den Händen
> Auftu'nd die Brust: „Sieh, wie ich mich zerlege,
> Sieh, wie verstümmelt Mahomed ist! Weinend
> Geht Ali vor mir her, im Angesicht
> Vom Kinn aufgespalten bis zum Stirnhaar,
> Und all' die andern, die du hier erblickst,
> Weil Unruh' sie und Spaltung ausgestreuet,
> Im Leben, sind anjetzt also zerpellt.

In der letzten, der zehnten „Bulge", fallen die Alchemisten, Fälscher und falschen Zeugen übereinander her, behaftet mit Krätze, Wundbrand und eitrigem Ausschlag[113]:

---

[111] Ausführlich in „Schelte für das Christentum – Frommer Schwindel, echter Glaube"; Peter W.F. Heller; Engelsdorfer Verlag, Leipzig 2008.
[112] Göttliche Komödie, Die Hölle, Auszug 28. Gesang. In der Übersetzung von Philaletes (König Johann von Sachsen).
[113] Göttliche Komödie, Die Hölle, Auszug 29. Gesang. In der Übersetzung von Philaletes (König Johann von Sachsen).

So eilig sah noch niemals ich den Burschen,
Auf den die Herrschaft wartet, noch auch jenen,
Der ungern aufbleibt, seine Striegel rühren,
Als unablässig mit der Nägel Schärfe
Sich beid' anfielen hier, weil so gewaltig
Das Jucken rast', dem nimmermehr wird Hilfe.
Sie zogen sich die Krätz' ab mit den Nägeln,
Wie mit dem Messer das Geschupp man abstreift
Dem Brassen oder größerschupp'gen Fische.

Der neunte Ring der Hölle ist der Boden der Hölle, tief im Mittelpunkt der Erde. Hier ist der Verdammungsort der Verräter, eingefroren in einem See aus ewigem Eis, in dessen Zentrum Luzifer selbst im Eise steckt[114]:

Drauf sah ich tausend fletschender Gesichter
Gleich Hunden durch den Frost, drob es mich schaudert
Und stets wird schaudern vor gefrornen Lachen.

Wessen Seele hierher verdammt ist, kann „sobald Verrat geübt die Seele", schon zu Lebzeiten vom Körper getrennt worden sein; die seelenlose menschliche Hülle wird von einem Dämon ausgefüllt, der fortan auf Erden unerkannt sein Unwesen treibt[115]:

Doch daß du williger vom Angesichte
Hinweg mir räumest die verglasten Tränen,
Wiss', daß, sobald Verrat geübt die Seele,
Wie ich getan, der Körper ihr geraubt wird
von einem Dämon, der ihn dann beherrschet,
Bis gänzlich umgelaufen seine Zeit ist.

---

[114] Göttliche Komödie, Die Hölle, Auszug 32. Gesang. In der Übersetzung von Philaletes (König Johann von Sachsen).
[115] Göttliche Komödie, Die Hölle, Auszug 33. Gesang. In der Übersetzung von Philaletes (König Johann von Sachsen).

Was der Einschlag Luzifers und seiner Schar „gefallener Engel" als tiefen Krater in die nördliche Erdkugel getrieben hatte, ist auf der südlichen Halbkugel als rauchender, feuerspuckender Berg emporgedrückt worden, der „Berg der Läuterung", der Ort des Fegefeuers.

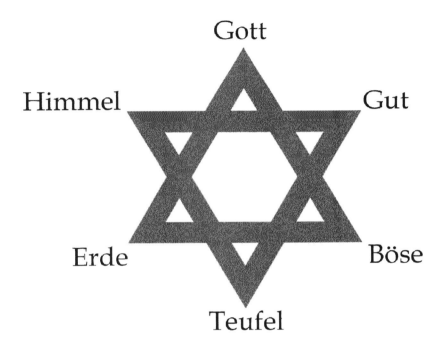

Abb. 37: Werden die Beziehungen zwischen Gott und Teufel, Himmel und Erde sowie Gut und Böse graphisch dargestellt, bildet sich ein Hexagramm, der Davidstern. Das gibt immer wieder Anlaß zu Spekulationen, von denen keine einzige als haltbar bewertet werden kann. Als Emblem genutzt wird er auch außerhalb jeden religiösen Gedankens - Seit 1931 ist er das Hoheitszeichen der Polizei von Trinidad und Tobago.

Vermutlich hat Dante den sizilianischen Ätna als Vorbild genommen, den aktivsten und mit rund 3300 Meter höchsten Vulkan Europas.
In der griechischen Mythologie befindet sich im Ätna die Schmiedewerkstatt des Hephaistos, Gott des Feuers und der Schmiedekunst,

Schöpfers der undurchdringlichen Rüstung des mythischen Helden Achilles, die Schmiede, in welcher er die Donnerkeile, die Blitze für den Göttervater Zeus, schmiedet. Bei den Römern schmiedet dort Vulcanus für Gott Jupiter.

Da die Ursachen des Vulkanismus im Mittelalter völlig unbekannt, waren, galten Vulkane mit ihren Schwefelquellen und giftigen Dämpfen als unheimliche Orte und Eingänge zu einer meist höllischen Unterwelt. – Die Ausnahme bestätigt die Regel, in der Sage vom König Artus und seiner Tafelrunde ist der Ätna der Eingang zum Paradies.

Hatte Dante seine Hölle im Norden angesiedelt, bot sich ein Vulkanberg im Süden geradezu als Heimat des Fegefeuers an (Abb. 45). Doch projiziert der Dichter sein Fegefeuer nicht in das Innere des Vulkans, sondern verlegt es auf sieben umlaufende Terrassen an den Flanken, die über einen rund um den Berg aufsteigenden Weg erreicht werden. Der Weg nach oben ist der Weg zum Licht, zum Paradies und Himmel, welche nach der Zeit der Läuterung die reinen Seelen erwarten.

Abb. 38: Im byzantinischen Hofzeremoniell wurde eine phrygische Zipfelmütze, *frigium*, als Krone getragen, die von der römischen Kirche adaptiert wurde, die traditionelle Krone der Päpste, die Tiara.

Auf der untersten Terrasse, der ersten, werden die Stolzen und Hochmü-
tigen unter der zu schleppenden Last schwerer Steine gebeugt[116]:

> Humbert bin ich, und Schaden hat der Hochmut
> Mir nicht allein getan; denn all' die Meinen
> Hat er mit sich ins Unglück fortgerissen.
> Und hier muß seinethalben die Last ich tragen,
> So lang ich Gott genuggetan nicht habe,
> Weil ich's nicht lebend tat, hier bei den Toten.

Die Seelen der Neidvollen werden auf der zweiten Terrasse geläutert.
Die Augenlider mit „Draht von Eisen" zusammengenäht, irren sie um-
her[117]:

> Und wie Erblindeten nichts hilft die Sonne,
> Also gewähret keinen Teil den Schatten,
> Die ich erwähnt, an sich das Licht des Himmels;
> Denn aller Lid durchzieht ein Draht von Eisen
> Und näht ihr Auge zu, wie Wildfangssperbern
> Zu tun man pflegt, weil sonst sie still nicht bleiben.

Ätzende Schwaden hüllen die Zornigen auf der dritten Terrasse ein und
machen sie blind[118]:

> Erinnre, Leser, dich, wenn in den Alpen
> Dich je ein Nebel überfiel, durch den du
> Nur, wie der Maulwurf durch sein Fell, konnt'st sehen,

---

[116] Göttliche Komödie, Das Fegefeuer, Auszug 11. Gesang. In der Übersetzung
von Philaletes (König Johann von Sachsen).
[117] Göttliche Komödie, Das Fegefeuer, Auszug 13. Gesang. In der Übersetzung
von Philaletes (König Johann von Sachsen).
[118] Göttliche Komödie, Das Fegefeuer, Auszug 17. Gesang. In der Übersetzung
von Philaletes (König Johann von Sachsen).

Wie, wenn sodann die feuchten, dicken Dünste
Sich aufzuziehn beginnen, matten Glanzes.

Wer seine irdische Zeit in Trägheit und ohne Hingabe zu Gott durchleb-
te, dessen Seele wird auf der vierten Terrasse durch Laufen ohne Rast
und Ruhe von dieser Sünde befreit[119]:

> Nicht weiß ich, ob er weiter sprach, ob stillschwieg,
> So weit war er im Lauf bei uns vorbei schon;
> Doch dieses hört' und sucht' ich mir zu merken.
> Und er, für jeglichen Bedarf mein Helfer,
> Sprach: „Wende hierher dich, sieh zwei von ihnen
> Der Trägheit dort im Kommen Bisse geben."

Mit dem Gesicht bewegungslos auf dem Boden liegend, büßen die Seelen der Sünder, denen alles Weltliche näher als Gott war[120]:

> Als auf den fünften Ring ich nun heraustrat,
> Erblickt' ich weinend Volk am Boden liegen,
> Auf ihm umher, nach unten ganz gewendet.

Die sechste Terrasse bietet Früchte und frisches Wasser im Überfluß,
eine Qual für die zur Enthaltsamkeit verurteilten Seelen der Maßlosen,
die sich der Völlerei schuldig gemacht haben[121]:

> Und er zu mir: „Durch ewg'gen Ratschluß senkt sich
> Ins Wasser eine Kraft und in die Pflanze

---

[119] Göttliche Komödie, Das Fegefeuer, Auszug 18. Gesang. In der Übersetzung
von Philaletes (König Johann von Sachsen).
[120] Göttliche Komödie, Das Fegefeuer, Auszug 19. Gesang. In der Übersetzung
von Philaletes (König Johann von Sachsen).
[121] Göttliche Komödie, Das Fegefeuer, Auszug 23. Gesang. In der Übersetzung
von Philaletes (König Johann von Sachsen).

Dort hinter uns, darob so dünn ich werde.
All dieses Volk, das unter Zähren singet,
Weil es der Gurgel ohne Maß gefolget,
Wird hier durch Durst und Hunger neu geheiligt.
Zum Trinken und zum Essen weckt uns Neigung
Der Duft, der aus der Frucht kommt und dem Springquell,
Der droben auf dem Grünen sich verbreitet.
Und nicht bloß einmal werden aufgefrischet
Auf dieses Wegs Umwandrung unsre Qualen;
Ich sage Qual und sollte Wonne sagen,
Denn jenes Sehnen führt uns zu dem Baume,
Das Christum froh geführt zum Eli-Ruf,
Als seiner Ader Blut uns frei gemacht hat."

In der siebenten, der obersten und letzten Terrasse, schlagen Flammen aus den Felswänden, in denen die Wollüstigen brennen. Die Flammen müssen als letzte Reinigung auch von den Seelen durchquert werden, welche auf den tiefergelegenen Terrassen für ihre Sünden gebüßt haben[122]:

Ich streckte mich, verschränkend meine Hände,
Und blickt aufs Feuer, lebhaft mich erinnernd
Verbrannter einst gesehner Menschenkörper.

Die Flammen sind die Glut des Vulkans, ihr Rauch die aus seinem Krater aufsteigenden Schwaden.
Die *Divina Commedia*, unzählig in Altar-, Wand- und Fensterbildern von Künstlern wie Hieronymus Bosch, Sandro Botticelli, Hans Memling und Peter Paul Rubens oder Luca Signorelli reflektiert, erschuf der Hölle und dem Fegefeuer eine Realität, welche im Mittelalter „nach Dante" zum sinnlichen Erlebnis wurde und deren Strukturen sich bis heute kaum verändert im religiösen Erleben erhalten hat.

---

[122] Göttliche Komödie, Das Fegefeuer, Auszug 27. Gesang. In der Übersetzung von Philaletes (König Johann von Sachsen).

Hätte jemand den frühen Christen die Frage nach dem Fegefeuer gestellt, wäre als Antwort nicht mehr als ein Kopfschütteln zu erwarten gewesen, denn besagtes Feuer kommt weder im Alten noch im Neuen Testament vor, ist also weder Bestand der jüdischen noch der christlichen Glaubenslehre.

In die Lehre eingeschmuggelt wurde das Fegefeuer im 6. Jahrhundert von Papst Gregor I., der sich dabei im zweiten Buch seiner Schriften *Dialogi de vita et miraculis patrum Italicorum*[123] auf das Matthäusevangelium bezog[124]:

> Darum sage ich euch: Alle Sünden und Lästerungen wird den Menschen vergeben; aber die Lästerung wider den Geist wird den Menschen nicht vergeben.
>
> Und wer etwas redet wider des Menschen Sohn, dem wird es vergeben; aber wer etwas redet wider den heiligen Geist, dem wird's nicht vergeben, weder in dieser noch in jener Welt.

Da der Kern der christlichen Lehre einerseits aus der Gewißheit eines Lebens nach dem körperlichen Tod besteht, andererseits jedoch nichts Unreines in den Himmel gelangen kann, zog der kluge Papst den Schluß, daß da noch etwas anderes zwischen Himmel und Erde sein müsse, nämlich das *purgatorium*, das Reinigende, das Fegefeuer. Der Unterschied zur Hölle ist temporärer Natur, denn nach einer gewissen Zeit der Läuterung steigt die nunmehr reine Seele in den Himmel auf.

Der Mehrzahl der katholischen Christen dürfte diese Beschreibung des Fegefeuers weitaus vertrauter und verständlicher sein, als die ihrer modernen Theologen. Diese sehen das Purgatorium nämlich gänzlich ohne Feuer und zeitlichen Ablauf und lehren von einem Reinigungsgeschehen, einem Aspekt der Gottesbegegnung, in welchem der Gläubige auf eine Läuterung durch die Gegenwart Gottes hofft[125]:

---

[123] „Dialoge über das Leben und die Wundertaten von Heiligen Italiens", geschrieben 593 und 594.

[124] NT, Matthäus 12, 31-32

[125] Katechismus der Katholischen Kirche Nr. 1030-1031.

Wer in der Gnade und Freundschaft Gottes stirbt, aber noch nicht vollkommen geläutert ist, ist zwar seines ewigen Heiles sicher, macht aber nach dem Tod eine Läuterung durch, um die Heiligkeit zu erlangen, die notwendig ist, in die Freude des Himmels eingehen zu können.

Die Kirche nennt diese abschließende Läuterung der Auserwählten, die von der Bestrafung der Verdammten völlig verschieden ist, Purgatorium. Sie hat die Glaubenslehre in bezug auf das Purgatorium vor allem auf den Konzilien von Florenz und Trient formuliert. Im Anschluß an gewisse spricht die Überlieferung der Kirche von einem Läuterungsfeuer:

„Man muß glauben, daß es vor dem Gericht für gewisse leichte Sünden noch ein Reinigungsfeuer gibt, weil die ewige Wahrheit sagt, daß, wenn jemand wider den Heiligen Geist lästert, ihm ‚weder in dieser noch in der zukünftigen Welt' vergeben wird. Aus diesem Ausspruch geht hervor, daß einige Sünden in dieser, andere in jener Welt nachgelassen werden können"

Die Konzilien, auf welche der noch heute gültige Katechismus verweist, fanden vor rund einem halben Jahrtausend statt; das Konzil von Florenz im Jahre 1439, das von Trient in vier Sitzungsperioden zwischen 1545 und 1563, im Mittelalter.

Die evangelikalen, protestantischen, orthodoxen und freikirchlichen Christen lehnen, so es ihnen nicht zur Gänze unbekannt ist, den Glauben an das Vorhandensein eines Fegefeuers als unbiblisch ab oder verweisen darauf, daß damit die Sündenvergebung durch den Tod Jesu und damit das Opfer Christi, geschmälert werden würde.

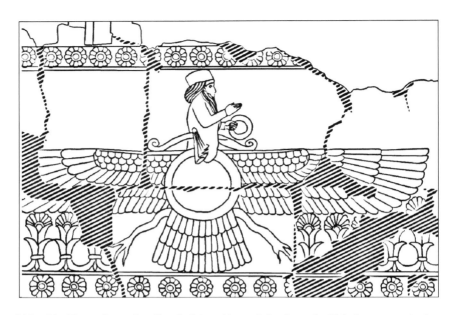

Abb. 39: Faravahar, das Symboltier Ahura Mazdas, ein Fabelwesen mit dem Haupt und Oberkörper eines Menschen, welcher einem die Schwingen spreizenden Vogelkörper, wohl einem Falken nachempfunden, aufgesetzt ist. So bedeutend, daß Darius I., persischer Großkönig von 522 bis 486 v. Chr., eine Wand seines Palastes in Persepolis mit dem Symbol verzieren ließ.

Die heute am häufigsten anzutreffende Sicht der Hölle ist deutlich schlichter als jene des mittelalterlichen Dichters Dante. Die Hölle ist tief unten und dunkel ist sie auch. Letzteres steht allerdings im Widerspruch zu den Feuern, in welchen die Seelen der Sünder bis in alle Ewigkeit gebraten wurden.

Das ist nicht weiter schlimm, denn auch der Himmel hat seine Widersprüche, als Lohn für die guten Menschen und reuigen Sünder wird zum einen der Zugang zum Himmel, zum anderen der Eintritt ins Paradies offeriert. Daß es ein Paradies geben muß, wird dem Worte Jesu entnommen[126]:

---

[126] NT, Lukas 23, 42-43

Und er sprach zu Jesu: Herr, gedenke an mich, wenn du in dein Reich kommst.

Und Jesus sprach zu ihm: Wahrlich ich sage dir: Heute wirst du mit mir im Paradies sein.

Besteht das Paradies in der Vorstellung aus einer Art Garten, ist das Himmelreich eine Wolkenlandschaft im Blauen. Ein Blick nach oben, zumindest bei halbwegs gutem Wetter, bestätigt die Wolkenlandschaft, ein schwebender Garten ist nicht auszumachen. Mit einher geht die Überzeugung, daß die „guten" Verstorbenen diese Wolken als ewig junge Engel bevölkern. So mag sich mancher Gedanken darüber machen, welche Begrüßung angebracht sei, wenn ihm der eigene Großvater plötzlich als pausbäckiger Engel gegenübersteht.

Ist das Himmelreich für den mit der Erbsünde belasteten Normalsterblichen nur als Seele und nach dem Tod erreichbar, erhalten auserwählte, erbsündenfreie Menschen direkt und körperlich, „mit Leib und Seele", den Zugang, beispielsweise die in den Evangelien kaum erwähnte „Jungfrau Maria", wie es Papst Paul VI. im feierlichen „Credo des Gottesvolkes" am 30. Juni 1968 in frommen Worten definierte[127]:

Wir glauben, daß Maria, die allzeit Jungfrau blieb, die Mutter des menschgewordenen Wortes ist, unseres Gottes und Heilandes Jesus Christus, und daß sie, im Hinblick auf die Verdienste ihres Sohnes auf eine besonders erhabene Weise erlöst, von jeglichem Makel der Erbsünde bewahrt worden ist und an Gnade alle übrigen Geschöpfe überragt.

Verbunden in einer ganz innigen und unauflöslichen Weise mit dem Geheimnis der Menschwerdung und Erlösung, wurde die allerseligste Jungfrau, die unbefleckt Empfangene, am Ende ihres irdischen Lebens mit Leib und Seele in die Herrlichkeit des Himmels aufgenommen und - in Vorausnahme des künftigen

---

[127] Vers 13-15

Loses aller Gerechten - ihrem auferstandenen Sohne in der Verklärung angeglichen.

Wir glauben, daß die heiligste Muttergottes, die neue Eva, die Mutter der Kirche, im Himmel ihre Mutterschaft an den Gliedern Christi fortsetzt, indem sie mitwirkt bei der Erweckung und Entfaltung des göttlichen Lebens in den Seelen der Erlösten.

Zum Dogma hatte die leibliche Aufnahme bereits Papst Pius XII. am 1. November 1950 in der Apostolischen Konstitution *Munificentissimus Deus*, die Himmelfahrt Mariens, nach heutiger, offizieller Sprachregelung die Aufnahme in den Himmel, erhoben[128]:

> Deshalb hat es die erhabene Mutter Gottes, mit Jesus Christus von aller Ewigkeit her durch ein und denselben Ratschluß der Vorherbestimmung auf geheimnisvolle Weise verbunden, unbefleckt in ihrer Empfängnis in ihrer göttlichen Mutterschaft völlig unversehrte Jungfrau, die edle Gefährtin des göttlichen Erlösers, der den völligen Triumph über die Sünde und ihre Folgen davongetragen hat, schließlich als höchste Krone ihrer Vorrechte erlangt, daß sie von der Verwesung des Grabes unversehrt bewahrt wurde und daß sie, wie schon ihr Sohn, nach dem völligen Sieg über den Tod mit Leib und Seele zur erhabenen Herrlichkeit des Himmel emporgehoben wurde, wo sie zur Rechten eben dieses ihres Sohnes, des unsterblichen Königs der Zeiten als Königin erstrahlen sollte.

Woher der Papst dieses Wissen schöpfte, könnte auch im Vatikan eine Frage gewesen sein, denn das Dogma wurde vor der Verkündung nicht diskutiert, Pius XII. machte Gebrauch von seinem Privileg der Unfehlbarkeit[129].

---

[128] *AAS* 42 [1950], 768–769; Denzinger-Hünermann 3902.
[129] Ausführlich in „Schelte für das Christentum – Frommer Schwindel, echter Glaube"; Peter W.F. Heller; Engelsdorfer Verlag, Leipzig 2008.

Noch eine Frage bleibt: Wenn Jesus zur rechten Hand Gottes sitzt[130], Maria zur rechten Hand Jesu, sitzt Gottvater dann nicht ganz links und Jesus nunmehr in der Mitte?

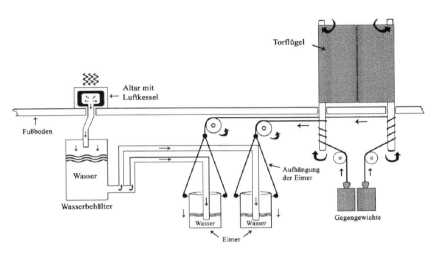

Abb. 40: Das Torwunder im Serapis-Tempel von Alexandria:
Die im Altar durch das Opferfeuer erwärmte Luft dehnte sich und drückte Wasser aus einem Behälter in zwei Eimer. Diese wurden schwerer, sanken nach unten und öffneten über ein System aus Seilzügen und Rollen die Torflügel. Kühlte sich die Luft ab und zog sich zusammen, wurde das Wasser aus den Eimern zurück in den Behälter gesaugt; die Gegengewichte zogen die leichter werdenden Eimer wieder nach oben und das Tor schloss sich.

---

[130] NT, Markus 16, 19

Abb. 41: Beelzebub ist kein Bube, sondern der kanaanitisch-syrische Gott Baal in seiner Funktion als Stadtgott von Ekron, als das heutige Tel Miqne in Israel angenommen, *Baal-Zebul*, der Baal-Sebub des Alten Testaments. Der hebräische Beelzebub, בעל זבוב, *Baal Zebub*, ist der „Herr der Fliegen", so die Übersetzung seines Namens, und damit der Herrscher über Unheil und Dreck. Es ist ein Spottname, der in frühjüdischer Zeit vom tatsächlichen Namen des Gottes abgeleitet wurde, בעל זבול, *Baal Zebul*, „Erhabener Fürst".

Ein Großteil der gläubigen Christen in aller Welt und nach der „European Values Study" rund ein Drittel aller Europäer, ist nicht nur von der räumlichen Existenz der Hölle, sondern auch von dort brennenden Feuern überzeugt. Die Saat, aus welcher diese Überzeugung aufging, wurde von den bereits genannten Kirchenvätern gesät.

Der Zarathustrismus kam den christlichen Vorstellungen von Gut und Böse gefährlich nahe, was das Missionieren nicht nur im Vorderen Orient erheblich erschwerte. Abhilfe wurde geschaffen, indem das von den Anhängern der Lehre Zarathustras in den Tempeln verehrte Feuer als Sinnbild der Hölle verteufelt wurde, was zum einen der Hölle den Ruf eines feurigen Ortes und zum anderen den Zoroastriern die Bezeichnung „Teufelsanbeter" einbrachte.

Damit erschlugen die Kirchenväter gleich mehrere Fliegen auf einen Schlag. Sie präsentierten nicht nur ein verständliches Bild der Hölle, sondern auch nicht minder der Strafe, welche den Gottlosen drohte, das ewige Braten in den Höllenfeuern.

Der von den christlichen Missionaren gepredigte Gott war gut und voller Güte und Barmherzigkeit, was kaum Platz für das Verteilen empfindlicher Strafen ließ. Mit der feurigen Hölle wurde den Missionaren nun ein Druck- und Drohmittel in die Hand gegeben, welches den Gott nicht beschädigen konnte, hatte der Mensch doch seinen freien Willen. Und mit diesem „freien Willen" durfte er selbst zwischen einem jenseitigen Leben in himmlischen Freuden und ewigen Höllenqualen entscheiden.

Was nicht von Gott kommt, ist des Teufels; da die „Obrigkeit", also Adel und Klerus, von Gott für ihr Amt bestimmt wurde, ist in logischer Konsequenz jeder Widerständler ein Kandidat für die Hölle, so man den Worten des Apostel Paulus in seinem Brief an die Römer folgt[131]:

Jedermann sei untertan der Obrigkeit, die Gewalt über ihn hat. Denn es ist keine Obrigkeit ohne von Gott; wo aber Obrigkeit ist, die ist von Gott verordnet.

---

[131] NT, Römer 13, 1-5

Wer sich nun der Obrigkeit widersetzt, der widerstrebt Gottes Ordnung; die aber widerstreben, werden über sich ein Urteil empfangen.

Denn die Gewaltigen sind nicht den guten Werken, sondern den bösen zu fürchten. Willst du dich aber nicht fürchten vor der Obrigkeit, so tue Gutes, so wirst du Lob von ihr haben.

Denn sie ist Gottes Dienerin dir zugut. Tust du aber Böses, so fürchte dich; denn sie trägt das Schwert nicht umsonst; sie ist Gottes Dienerin, eine Rächerin zur Strafe über den, der Böses tut.

Darum ist's not, untertan zu sein, nicht allein um der Strafe willen, sondern auch um des Gewissens willen.

Paulus beläßt es nicht dabei, Klerus, Adel und die von diesen Beauftragten, mit göttlicher Autorität zu versehen, er belegt auch gleich die Steuern und Abgaben als von Gott gewollt[132]:

Derhalben müßt ihr auch Schoß geben; denn sie sind Gottes Diener, die solchen Schutz sollen handhaben.

So gebet nun jedermann, was ihr schuldig seid: Schoß, dem der Schoß gebührt; Zoll, dem der Zoll gebührt; Furcht, dem die Furcht gebührt; Ehre dem die Ehre gebührt.

Unter dieser Betrachtung reduziert sich die Hölle auf eine angstauslösende Metapher, bestens geeignet auch für den Einsatz zu höchst weltlichen Zwecken.

Den bis heute gültigen Standpunkt der katholischen Kirche legte 1336 Papst Benedikt XII. mit seiner Bulle *Benedictus Deus*, „Gott der Gepriesene", *ex cathedra*, unanfechtbar und unwiderruflich, fest. In dieser Bulle wird irreversibel die katholische Lehre der *visio beatifica*, der Gottes-

---

[132] NT, Römer 13, 6-7

schau der Seelen nach dem Tode, im Allgemeinen und der Abstieg in die Hölle im Speziellen, definiert:

> Wir definieren zudem,
> daß nach allgemeiner Anordnung Gottes die Seelen der in einer aktuellen Todsünde Dahinscheidenden sogleich nach ihrem Tod zur Hölle hinabsteigen, wo sie mit den Qualen der Hölle gepeinigt werden,
> und daß nichtsdestoweniger am Tage des Gerichts alle Menschen „vor dem Richterstuhl Christi" mit ihren Leibern erscheinen werden, um Rechenschaft für ihre eigenen Taten abzulegen, „damit ein jeder seinen Lohn empfange für das, was er im Leib Gutes oder Böses getan hat".

Die Evangelisch-Lutherische Kirche hat eine ähnliche Sicht der jenseitigen Dinge, die knapp 200 Jahre nach Benedikts Bulle auf dem Reichstag zu Augsburg von den lutherischen Reichsständen Kaiser Karl V. in 28 Artikeln schriftlich fixiert dargelegt wurden[133]:

> Auch wird gelehrt, daß unser Herr Jesus Christus am jüngsten Tage kommen wird, zu richten, und alle Toten auferwecken, den Gläubigen und Auserwählten ewiges Leben und ewige Freude geben, die gottlosen Menschen aber und die Teufel in die Hölle und ewige Strafe verdammen. Derhalben werden die Wiedertäufer verworfen, so lehren, daß die Teufel und verdammten Menschen nicht ewige Pein und Qual haben werden.

Noch heute beziehen sich die Verfechter der Lehre von der feurigen Hölle auf die Worte Jesu, mit denen er vor eben diesen „höllischen Feuern" warnt[134]:

---

[133] A.B., Artikel XVII
[134] NT, Matthäus 5, 22

Ich aber sage euch: Wer mit seinem Bruder zürnet, der ist des Gerichts schuldig: wer aber zu seinem Bruder sagt: Racha! der ist des Rats schuldig; wer aber sagt: Du Narr! der ist des höllischen Feuers schuldig.

Was Jesus mit dem „höllischen Feuer" androht, liest sich in den griechischen Texten des Neuen Testaments ganz anders und stimmt mit der Nennung in der Septuaginta völlig überein, nämlich der Begriff γέεννα, „gehenna", abgeleitet vom aramäischen *gêhinnam*.
Gehenna ist die graecianisierte Form des hebräischen גֵּי־הִנֹּם, *Ge-Hinnom*, „Schlucht von Hinnom".
Diese Schlucht ist kein Produkt religiöser Phantasie, sondern befindet sich im Süden der Jerusalemer Altstadt und reicht von dort bis ins östlich gelegene Kidrontal.
Seit 1927 werden, wenn auch mit Unterbrechungen, archäologische Grabungen durchgeführt, deren Funde belegen, daß sich seit spätestens der Zeit Hiskias, König des Südreiches Juda von etwa 727 bis 698 v. Chr., in der Schlucht eine Nekropole existiert hat.
Nach der Legende und den Ausführungen des Propheten Jeremia sollen an diesem Ort dem Gott Baal Kinder geopfert worden sein, was sich bislang archäologisch nicht bestätigen läßt[135]:

...darum daß sie mich verlassen und diese Stätte einem fremden Gott gegeben haben und andern Göttern darin geräuchert haben, die weder sie noch ihre Väter noch die Könige Juda's gekannt haben, und haben die Stätte voll unschuldigen Bluts gemacht und haben dem Baal Höhen gebaut, ihre Kinder zu verbrennen, dem Baal zu Brandopfern, was ich ihnen weder geboten noch davon geredet habe, was auch in mein Herz nie gekommen ist.
Darum siehe, es wird die Zeit kommen, spricht der Herr, daß man diese Stätte nicht mehr Thophet noch das Tal Ben-Hinnom, sondern Würgetal heißen wird.

---

[135] AT, Jeremia 19, 4-6

Beim Vorwurf des Kinder- und Menschenopfers dürfte es sich um eine üble Nachrede handeln, ausgelöst durch die in der Schlucht von Hinnom vorgenommenen Feuerbestattungen, welche von den Anhängern Jahwes als Greuel wider ihren Gott empfunden wurden.

Seit etwa dem vierten vorchristlichen Jahrhundert wurde die unheilige Schlucht als Müllkippe benutzt und dem Gestank mit dem wiederholten Abbrennen des Mülls ein Ende gesetzt. – Ein „höllisches" Feuer.

Doch zurück zu den zitierten Worten Jesu; völlig verschwunden in diesem Vers ist auch das Spiel mit Worten, welches sich nur noch in der leeren Worthülse „Racha" erahnen läßt. Abgeleitet vom hebräischen *b'racha*, „Segen", im Sinne eines „Gesegneten", steht *racha* als Konnotation mit der Bedeutung „Dumm-" oder „Hohlkopf".

Abb. 42: Dante Alighieri, italienische Dichter und Philosoph, einer der bedeutendsten Dichter des mittelalterlichen Europas, schuf im frühen 14 Jahrhundert mit seiner „Göttlichen Komödie" nicht nur die italienische Literatursprache, sondern auch das Bild der Hölle, wie es in seinen wesentlichen Zügen bis heute überkommen ist.

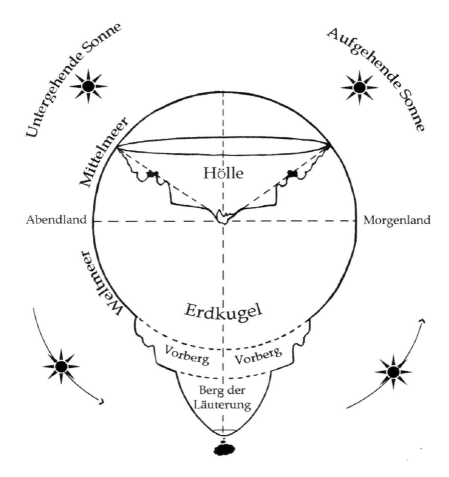

Abb. 43: In Dantes *Commedia*, „Komödie", die erst nach seinem Tode *Divina Commedia*, „Göttliche Komödie", genannt wurde, wird die Hölle als tiefer, böschig abgestufter Trichter in der nördlichen Erdhalbkugel beschrieben, entstanden durch den meteorgleichen Einschlag Luzifers, den „vom Himmel gefallenen Morgenstern". Diese Sicht spiegelt das mittelalterliche Weltbild des 14. Jahrhunderts, in welchem sich die Sonne um die Erde bewegt.

Wo genau die Hölle zu finden ist und wie es dort aussieht, das wissen die Chinesen ganz genau. Sie liegt auf einem Berg am Yangzi, flußabwärts der 33-Millionen-Metropole Chongqing, zwischen Fuling und der Qutangschlucht, der ersten der drei weltberühmten Schluchten, in Fengdu. Auf dem dortigen Berg Mingshan hat der Höllenkönig Yü Shen seinen Tempel und regiert das Reich des Bösen.

Nach der Lehre des Taoismus, auch Daoismus, chinesisch 道教, dàojiào „Lehre des Weges", fliegen die Seelen der Verstorbenen direkt nach dem Tod zum Mingshan, wo vom König entschieden wird, ob ihr weiterer Weg sie in das Paradies oder die Hölle führt.

Wer als Lebender den Höllenkönig (Abb. 46) in seinem Tempelpalast auf dem Gipfel aufsuchen möchte, kann dies ebenso preiswert wie schweißtreibend über die nahezu siebenhundert Stufen tun, welche den Berg hinaufführen; wer das weniger Anstrengende bevorzugt, nimmt den Sessellift und genießt die gebotene Aussicht.

Die Anfänge der Anlage lassen sich bis ins 5. Jahrhundert, in die Zeit der „Nördlichen und Südlichen Dynastien", Nanbeichao, zurückverfolgen, vermutet wird ein noch älterer Ursprung in der von 316 bis 420 dauernden „Östlichen Jin-Dynastie"; Berg und Höllenkönig genießen damit die Autorität der Tradition.

Besucher gibt es reichlich, kann doch gegen mehr oder weniger geringes Entgelt symbolisch ein Pass für den Himmel erworben werden, welcher der Seele des Inhabers den lästigen Umweg über Fengdu erspart und den direkten Zugang zum Paradies garantiert (Abb. 47).

Sowohl die Taoisten als auch die Konfuzianer und Buddhisten glauben an die Seelenwanderung, die Wiedergeburt, was die Zusammensetzung der Besucherströme aus allen der drei großen Religionen Chinas erklärt, von den Touristen einmal abgesehen.

Hölle und Paradies sind zunächst nur Zwischenstationen, der Kreislauf der Wiedergeburten wird erst mit der vollkommenen Erleuchtung abgeschlossen, sei es im Guten oder im Bösen.

Auch die nächste Wiedergeburt kann auf dem Mingshan beeinflußt werden, nämlich durch das Überqueren einer von zwei kleinen Brücken:

- Wer die linke Brücke mit nur drei Schritten überquert, kann im nächsten Leben verbindlich mit Glück und Gesundheit rechnen.
- Wer die drei Schritte über die rechte bevorzugt, dem winkt unermeßlicher Reichtum.
- Passieren Ehepaare eine der beiden Brücken gemeinsam, möglichst Hand in Hand, werden sie auch im nächsten Leben wieder als Ehepaar zusammenkommen.

Allgemeiner Beliebtheit, insbesondere in homophilen Kreisen, erfreut sich das „Tor zur Unterwelt":

- Tritt eine Frau zuerst mit dem linken Fuß über die Schwelle, wird sie als Mann wiedergeboren.
- Für Männer droht oder winkt die Widergeburt als Frau, wenn sie den rechten Fuß als ersten durch die Pforte setzen.

Ergänzt wird das Spektakel von einem Wackelstein, auf dem die eigene Standfestigkeit auf einem Bein beweist, daß man nicht zu den Lügnern gehört.

Welche Qualen die Seelen in der Hölle zu erwarten haben, zeigen die mit allerlei unschönen Gerätschaften ausgerüsteten Dämonen vor und in dem Tempel; wenn das Äußere der Stuckgestalten mit ihrem Tun übereinstimmt, müssen die angebotenen Torturen wahrlich scheußlich sein (Abb. 49).

Der Höllenkönig und seine dämonischen Gehilfen sind jedoch nicht nur für das Jenseitige zuständig, mit Gebet und Spende sollen sie sich mitunter zu durchaus irdischem Treiben bewegen lassen, sehr zum Vorteil des frommen Spenders und zum Nachteil des Objektes der meist wenig frommen Wünsche. – Teufel auch, wie praktisch...

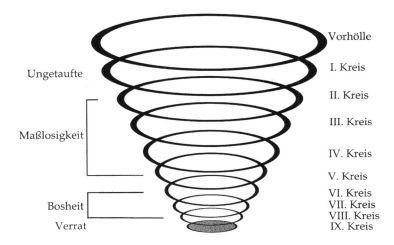

Abb. 44: Die neun Kreise der Hölle.
Dantes Hölle hat neun Stufen, umlaufende Ebenen, die Kreise der Hölle. Der obersten Stufe vorgelagert ist die Vorhölle, welche durch das Höllentor betreten wird: „Laßt, die ihr eingeht, jede Hoffnung fahren."

Daß eine Religion ganz ohne Hölle auskommen kann, bewiesen bereits die Alten Ägypter. Zwar war ihr durch steten Synkretismus kaum überschaubares Götterkollegium mitunter mehr Panoptikum denn Pantheon, doch hinderte dieser Umstand niemanden, den Göttern nicht nur gebührend zu huldigen, sondern das ganze Leben im Diesseits auf ein zukünftiges Leben im Jenseits auszurichten.
Nur mit der Gunst der Götter, gepaart mit der Kunst der Balsamierer, gelang es, die Körper der Toten vor dem Zerfall zu bewahren und den Traum der Lebenden nach körperlichem Bestand über den Tod hinaus zu erfüllen[136].
Der „körperliche Bestand" war von entscheidender Wichtigkeit, denn nur die eigene Unversehrtheit, sichergestellt durch das Grab und in Verbindung mit der für den Übergang ins Jenseits nötigen Ausstattung, war der Garant für das Weiterleben nach dem körperlichen Tod.

---

[136] Ausführlich in „Ärzte, Magier, Pharaonen – Mythos und Realität der altägyptischen Medizin"; Peter W.F. Heller; Engelsdorfer Verlag, Leipzig 2008.

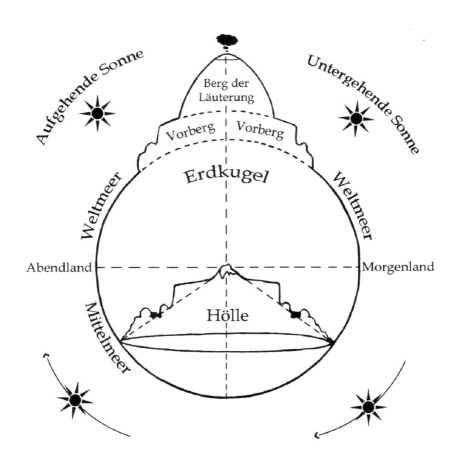

Abb. 45: Hatte Dante seine Hölle im Norden angesiedelt, bot sich ein Vulkanberg im Süden geradezu als Heimat des Fegefeuers an. Doch projiziert der Dichter sein Fegefeuer nicht in das Innere des Vulkans, sondern verlegt es auf sieben
umlaufende Terrassen an den Flanken, die über einen rund um den Berg aufsteigenden Weg erreicht werden. Der Weg nach oben ist der Weg zum Licht, zum
Paradies und Himmel, welche nach der Zeit der Läuterung die reinen Seelen
erwarten.

Die ältesten uns bekannten ägyptischen Mumien sind mehr als 6000 Jahre alt. Es sind Naturmumien, die ohne menschliche Einwirkung erhalten blieben. Die Toten wurden in Hockstellung gebracht und, in Matten, Tücher oder Felle eingeschlagen, in einfachen Gruben auf der Seite liegend beigesetzt (Abb. 50).

Es kam vor, daß die Körper vom Wind freigeweht oder von wilden Tieren ausgegraben wurden. Die Lebenden stellten dann fest, daß die Verstorbenen sich zwar verändert hatten, aber nicht verwest waren; eine Folge der Austrocknung durch den Wüstensand.

Zum Schutz vor Wind und Aasfressern häufte man Steine über die Gräber. Mit zunehmender Kultivierung und einhergehender Verfeinerung des theologischen Bildes vom Diesseits und Jenseits, entwickelten sich aus den Steinhaufen stufenförmig geböschte Graboberbauten: die Mastabas entstanden.

Mit der erwachenden Jenseitsarchitektur mauerte man die Grabgrube mit Ziegeln aus und deckte sie mit Lagen aus Balken ab, auf denen dann die Mastaba errichtet wurde.

Die Gräber wurden tiefer und größer und entwickelten sich zu unterirdischen Grabkammern, zu denen eine Treppe hinabführte. Der auf den Seitenwänden lastende Druck wurde durch Zungenmauern abgefangen, es entstanden die ersten Nischen und späteren Kammern um den eigentlichen Grabraum.

Der Preis für diesen Wandel war hoch, ohne den direkten Kontakt mit dem trockenen Sand der Wüste gingen die Körper sehr schnell in Verwesung über. So entwickelte sich langsam die Kunst des Balsamierens; zur Erhaltung wurden die Toten mit Harz oder, wie die frühen Könige, mit Gold überzogen und in Binden gewickelt, welche mit harzigen Salbölen getränkt und denen magische Amulette beigefügt waren.

Die frühesten dieser Mumien sind nicht sonderlich gut erhalten, die Kunst der Mumienherstellung befand sich noch in den Anfängen. Erst mit zunehmender Praxis erkannte man, daß die eigentliche Mumifizierung keine Folge der Balsamierung, sondern der völligen Austrocknung des Leichnams war.

Später kam dann die Erkenntnis dazu, daß die äußerliche Trocknung nicht ausreicht, denn durch das Gehirn und die Eingeweide setzte der Verwesungsprozeß auch von innen ein. So ersannen die Balsamierer neue Techniken und verfeinerten sie weiter, indem zum Beispiel das Gehirn durch Terpentinöl zersetzt und mit einem Haken durch die Nase herausgezogen wurde. Durch einen Schnitt in die linke Seite, etwa in Höhe des Bauchnabels, entnahm man die inneren Organe und füllte die Leibeshöhle dann mit Sägemehl, Kräutern und aromatischen Stoffen. Die entnommenen Körperteile wurden ebenfalls balsamiert und in vier verschlossenen Krügen, den sogenannten Kanopen, mit der Mumie beigesetzt (Abb. 51).

Die Kanopenkrüge waren nach den Söhnen des Horus benannt[137]:

- Duamutef, der Falke, für den Krug mit dem Magen.
- Kebechsenuef, der Schakal, für den mit dem Darm.
- Hapi, der Pavian, für den mit den Lungen.
- Amset, menschlich dargestellt, gab den Namen für das Gefäß mit der Leber.

Das Herz, im Alten Reich noch durch einen Stein ersetzt, beließ man im Körper, denn nach ägyptischer Überzeugung war es der Sitz des menschlichen Geistes und damit auch der Erinnerungen, welche der Verstorbene im Jenseits dringend benötigte, um die magischen Sprüche rezitieren zu können, was zur Wiederbelebung des Körpers unbedingt erforderlich ist[138]:

Ich bin das Heute.
Ich bin das Gestern.
Ich bin das Morgen.

---

[137] Nach Rainer Hannig, Wolfgang Helck und Eberhard Otto. Nach Hans Bonnet ist Kebechsenuef falkenköpfig und Duamutef der Schakal.
[138] Ägyptisches Totenbuch, Auszug Kapitel LXIV; in der Übersetzung von Gregoire Kolpaktchy.

Meine wiederholten Geburten durchschreitend
Bleibe ich kraftvoll und jung;
Ich bin dem Geheimnis verwobene göttliche Seele,
Die einstmals, in frühester Zeit,
Die Göttergeschlechter erschuf
Und deren verborgenes Wesen ernähret
Im Himmel, im Duat, in Amenti die Götter.

Der Verstorbene wird in der ersten der Prüfungen des jenseitigen Totengerichts von Anubis zu einer Waage geführt, auf welcher das Herz gegen
eine Feder abgewogen und alles Handeln im vergangenen Leben von
Thot niedergeschrieben wird (Abb. 52).
Wiegt die Feder schwerer, ist diese erste Prüfung bestanden und der Verstorbene wird von Horus weitergeführt.
Ist das Herz zu schwer, wird es von einem Ungeheuer, dem großen Fresser, verschlungen, der Tote damit der ewigen Dunkelheit ohne Wahrnehmung und Denken, dem endgültigen Ende seiner Existenz, preisge-
geben.

Die moderne Theologie hat sich inzwischen vom mittelalterlichen Höllenbild abgewandt und sieht die „Hölle" nicht mehr als Ort, sondern als
abstrakten Zustand, nämlich in der Ferne von Gott[139]:

Die Lehre der Kirche sagt, daß es eine Hölle gibt und daß sie
ewig dauert. Die Seelen derer, die im Stand der Todsünde sterben, kommen sogleich nach dem Tod in die Unterwelt, wo sie
die Qualen der Hölle erleiden, „das ewige Feuer". Die schlimms-
te Pein der Hölle besteht in der ewigen Trennung von Gott, in
dem allein der Mensch das Leben und das Glück finden kann,
für die er erschaffen worden ist und nach denen er sich sehnt.

---

[139] Katechismus der Katholischen Kirche Nr. 1035.

Papst Johannes Paul II., mehr bekannt als Konservativer denn Liberaler, hielt zwar an der tradierten Höllenlehre fest, wies aber, wie beispielsweise in der Generalaudienz am 28. Juli 1999, auf eine „richtige Interpretation" hin:

> Liebe Schwestern und Brüder!
>
> Gott ist ein unendlich guter und barmherziger Vater. Aber der Mensch in seiner Freiheit kann seine Liebe und seine Vergebung endgültig ablehnen und sich somit seiner Gemeinschaft für immer entziehen. Diese tragische Situation wird von der christlichen Lehre als "Verdammnis" oder "Hölle" bezeichnet.
>
> Die Bilder, mit denen die Heilige Schrift die Hölle darstellt, müssen richtig interpretiert werden. Sie wollen die völlige Leere eines Lebens ohne Gott aufzeigen. Die Hölle meint nicht so sehr einen bestimmten Ort, sondern vielmehr die Situation dessen, der sich frei und endgültig von Gott entfernt hat.
>
> Der Gedanke an die Hölle soll uns nicht in Angst versetzen, denn wir sind aufgerufen, unseren Lebensweg frohgemut mit Jesus Christus zu gehen, der den Satan und den Tod für immer besiegt hat. Dieser Glaube voller Hoffnung ist der Kern der christlichen Verkündigung.

Auch das Fegefeuer sah Johannes Paul II. anders als seine Vorgänger, nämlich als zeitlich begrenzte Gottesferne und, im Gegensatz zur Hölle, „in der Liebe Christi". In seiner Ansprache am 4. August 1999 zeigte er aber nachdrücklich auf, daß dies kein Grund sei, mit dieser Gewißheit leichtfertig über die Strenge zu schlagen, denn der Mensch „kann im Fegfeuer nicht nachholen, was er einst auf Erden versäumt hat":

Liebe Schwestern und Brüder!

In den letzten beiden Katechesen haben wir die Alternative beleuchtet, die den Menschen vor die Wahl stellt: entweder mit dem Herrn in Ewigkeit zu leben oder seiner Gegenwart fern zu bleiben. Anders gesagt: Der Mensch hat die Wahl zwischen Himmel und Hölle. Viele haben sich zwar Gott geöffnet, aber das Leben mit Gott blieb unvollkommen.

Um die volle Seligkeit zu erlangen, bedarf der Mensch einer Art "Reinigung", die der Glaube der Kirche mit dem Begriff "Fegfeuer" umschreibt. Diese Bezeichnung meint keinen Ort, sondern einen Zustand. Alle, die nach dem Tod für die Begegnung mit Gott noch "gereinigt" werden, sind schon in der Liebe Christi. Dabei ist das Fegfeuer nicht die Verlängerung des irdischen Lebens. Der Mensch kann sich nicht noch einmal neu entscheiden. Er kann im Fegfeuer nicht nachholen, was er einst auf Erden versäumt hat.

Gleichzeitig bleibt ihm aber die Solidarität der Kirche nicht versagt. Die pilgernde Kirche tritt für ihn ein durch Gebet und Werke der Liebe. So wird die Reinigung von einem Band gehalten, das besteht zwischen denen, die noch auf dieser Welt leben, und jenen, die schon die ewige Seligkeit genießen dürfen.

So tröstlich und hoffnungspendend diese Worte für manchen Gläubigen auch gewesen sein könnten, irgendwo zwischen Vatikan und den Kanzeln der katholischen Christenheit hatte wohl der Teufel irgendwie seine Hand im Spiel, denn allem Anschein nach sind die trostvollen Worte auf dem langen Weg spurlos versickert; der Glaube an Hölle und Feuer ist bis heute nahezu ungebrochen.

Goldmarie schüttelt Frau Holles Betten aus.
Eine Zeichnung des romantischen Illustrators Hermann Vogel für das Märchen „Frau Holle" in der 1887 erschienen Ausgabe der „Volksmärchen der Deutschen".
Schüttelt die mehr oder weniger possierliche Märchengestalt die Betten aus, fallen die Federn als Schneeflocken zur Erde.

Frau Holles Hölle

Als die ersten Missionare bei den Stämmen zwischen Nord-, Ost- und Bodensee eintrafen, waren weder sie noch die von ihnen angepriesene Religion sonderlich willkommen.

Oft genug wurden Diskussionen theologischen Inhalts von den starrsinnigen Heiden mit der Streitaxt beendet, was dem betroffenen Missionar den Rang eines Märtyrers sowie einen Platz im von ihm verkündeten Himmel sicherte. So wurde beispielsweise der heilige Bonifatius am 5. Juni 754 in Dokkum während einer Einsegnung von darob erzürnten Friesen erschlagen, mit ihm 52 seiner Gefährten.

Um das Jahr 1000 gehörte das Erschlagen von Missionaren schon nicht mehr zu den Bräuchen der Friesen und anderer Stämme, wohl aber die Zelebration der traditionellen Feste. Da „heidnischen" Ursprungs, wurde von der Geistlichkeit verboten, was ihr nicht geheuer war.

Abgeschafft wurden Feste wie beispielsweise *Beltane*, die Nacht zum 1. Mai, wobei am ersten Maitag weitergefeiert wurde, denn das nächtliche Treiben der unverheirateten Paare war der Kirche ein gewaltiger Dorn im Auge.

Beltane setzt sich aus den vermutlich aus dem Keltischen stammenden Wörtern *bel*, „schön", und *tane*, „Strahl", „Schein", zusammen und markierte den Beginn der schönen Zeit, der Zeit des Sonnenscheins, der warmen Jahreszeit.

Da nutzte es auch wenig, daß während einiger Zeitabschnitte des Mittelalters am 1. Mai der Gedenktag der heiligen Walburga gefeiert wurde; auch diese christliche Feierlichkeit nutzten die Gläubigen, um sich nächtens zu unkeuschem Tun in die Büsche zu schlagen. So wurde die Nacht der Walburga zur Walpurgisnacht erklärt, jener Nacht, in welcher sich die Hexen zum teuflischen Tanz zusammenfinden, es also tunlichst geraten war, zu Hause zu bleiben.

Abb. 46: Der chinesische Höllenkönig Yü Shen.
Auf dem Berg Mingshan in Fengdu am Yangtzi hat der Höllenkönig seinen
Tempel und regiert das in zehn Höllen aufgeteilte Reich des Bösen.

Übel stieß der Kirche auf, daß vor allem ihre Gläubigen im Norden ganz offensichtlich ein Bild vom Himmel hatten, welches sich nicht recht mit der christlichen Sicht vereinbaren wollte. Trotz des Bekenntnisses zu Weihwasser und Halleluja sahen die Germanen im Himmel keinen Ort der vollendeten Glückseligkeit, sondern, ihren Überlieferungen folgend, eher ein jenseitiges Reich völliger Neutralität, frei von Prädikationen wie Gut oder Böse.

In diesen „Himmel" gelangte jeder, wobei die Leichen der Verbrecher vom dort ansässigen Drachen *Niðhǫggr*, Nidhögger, dem „grimmighasserfüllt Schlagenden", dem „neidischen Zerhacker", gefressen werden, nachdem ein Wolf sie zerfleischt hat.

Eine Ausnahme bilden nur die tapfersten aller Krieger, die im Kampf gestorben sind; sie gelangen nach Walhall, einer prächtigen Halle, wo sie bis in alle Ewigkeit an der Tafel Odins, dem Hauptgott des nordischen Pantheons, ihren Platz haben.

Dem Totenreich der „Normalen", gelegen unter den Wurzeln des Weltenbaumes, der Esche Yggdrasil, stand eine Göttin vor, welche namensgleich mit ihrer Unterwelt als *Hel* benannt wurde.

Etymologisch läßt sich *Hel* auf den germanischen Begriff *haljô*, dem *halja* der Goten, zurückführen, „das Verborgene", beziehungsweise „die Verborgene", und ebenfalls Wurzel des Wortes „Hehler".

Ob die Zuständigen der römischen Kirche Rat ob des Problems in der Bibel suchten, ist nicht überliefert. Hätten sie es getan und das auch noch in den hebräischen Texten, wäre ihnen sicherlich das Wort *helel* aufgefallen, Morgenstern, jener „vom Himmel gefallene Morgenstern", der letztlich als Luzifer, als Teufel, in den frommen Schriften landete.

Auch wenn die Ähnlichkeit bemerkenswert ist, kann getrost bezweifelt werden, daß *helel* Auslöser für den Bogenschlag zwischen Hel und Hölle war, es genügte, daß sich das Mittel der Umdeutung bereits im mediterranen Raum als probat erwiesen hatte, um die hohe Geistlichkeit kurzerhand zur Erklärung der germanische Totenwelt Hel als Hölle und die Göttin zum höllischen Wesen zu veranlassen.

Damit war das Primat des Christentums zwar durchgesetzt und die Göttin Hel verbannt, hieß aber nicht, daß sie völlig verdrängt war; Hel verkörperte viel mehr als nur die unsterbliche Vorsteherin eines unterirdischen Totenreiches, welches vormals sowohl Himmlisches als auch Höllisches in sich vereinigt hatte.

Abb. 47: Richter und Schreiber im Tempel auf dem Mingshan.
Bei ihnen kann gegen mehr oder weniger geringes Entgelt symbolisch ein Pass für den Himmel erworben werden, welcher der Seele des Inhabers den lästigen Umweg über Fengdu erspart und den direkten Zugang zum Paradies garantiert.

Im Jahr 1908 finden Bauarbeiter bei Ausschachtungen im österreichischen Willendorf an der Wachau eine kleine Statuette, die sehr alt zu sein scheint. Es ist eine 11 cm hohe, stehende, aus Kalkstein gearbeitete, nackte Frauenfigur mit vollen Brüsten und breitem Gesäß, den gesichtslosen Kopf bedeckt eine Lockenfrisur. Farbreste weisen eine dick aufgetragene Bemalung mit Rötel nach. Über Umwege gelangt das Artefakt nach Wien, wo Wissenschaftler das Alter schließlich auf etwa 25 000 Jahre datieren (Abb. 53).

Das mit über 30 000 Jahren bislang älteste Objekt dieser Art, die Venus vom Galgenberg, wird unweit der Fundstelle der Venus von Willendorf, bei der Grabung an einem Wohnplatz paläolithischer Jäger, 80 Jahre später gefunden. Die 7,2 cm hohe, aus grünem Serpentin bestehende Figur zeigt in tänzerischer Haltung eine flache Rück- und eine plastisch gestaltete Vorderseite. Die Datierung mittels Radiokarbontest kann durch in der gleichen Schicht geborgene Holzteilchen als gesichert angenommen werden. Nicht gesichert ist die uneindeutige Ikonographie; sie berechtigt ebenso zur Vermutung eines keulenbewehrten Jägers.

Beide Figuren, die Venus vom Galgenberg mit vorsichtiger Zurückhaltung, werden nach heutiger Erkenntnis als Muttergottheiten betrachtet, deren Verehrung in der Jungsteinzeit die Fruchtbarkeit von Mensch und Natur sicherstellen sollte[140].

Hel ist eine Göttin des Nordens, ihr Name verliert sich auf dem Weg nach Süden und wird durch einen anderen ersetzt, der sich in Märchen und Sagen bis heute erhalten hat: Frau Holle.

Frau Holle ist die Hel Mitteleuropas und ihr Einfluß ist bis zu den Dolomiten nachweisbar.

Im Land der Chatten, den heutigen Hessen, ruht an der Ostflanke des Hohen Meißners, etwa 1 km nördlich vom Schwalbenthal, der Hollenteich, heute zum Frau-Holle-Teich romantisiert. Der Sage nach soll das Stillgewässer unendlich tief und der Eingang zu Frau Holles Unterwelt

---

[140] Ausführlich in „Schelte für das Christentum – Frommer Schwindel, echter Glaube"; Peter W.F. Heller; Engelsdorfer Verlag, Leipzig 2008.

sein. Die „unendliche" Tiefe kann bezweifelt werden, auch wenn die heutige durch Versandung weniger als drei Meter beträgt. Nicht zu bezweifeln ist das Alter des Teiches, an seinen Ufern wurden römische Goldmünzen mit dem Abbild Kaiser Domitians gefunden, Gaben an die Götter, sowie steinzeitliche Werkzeuge und Speerspitzen aus Feuerstein.

Abb. 48: Die nächste Wiedergeburt kann auf dem Mingshan durch das Überqueren einer von zwei kleinen Brücken beeinflußt werden.
Wer die linke Brücke mit nur drei Schritten überquert, kann im nächsten Leben verbindlich mit Glück und Gesundheit rechnen. Wer die drei Schritte über die rechte bevorzugt, dem winkt unermeßlicher Reichtum. Passieren Ehepaare eine der beiden Brücken gemeinsam, möglichst Hand in Hand, werden sie auch im nächsten Leben wieder als Ehepaar zusammenkommen.
Beliebt ist das sich hinter den Brücken öffnende „Tor zur Unterwelt".
Tritt eine Frau zuerst mit dem linken Fuß über die Schwelle, wird sie als Mann wiedergeboren. Für Männer droht oder winkt die Widergeburt als Frau, wenn sie den rechten Fuß als ersten durch die Pforte setzen.

Frau Holle besitzt noch alle Attribute, welche Hel im Verlauf der Christianisierung und der damit einhergehenden Stigmatisierung zur reinen Totengöttin verloren hat.

Julius Sturm, thüringischer Pfarrer und einer der bedeutendsten Dichter der Spätromantik, schmückte Mitte des 19. Jahrhunderts die Sagengestalt in seinen Versen:

> Vorm Fenster Flockengewimmel,
> Im Ofen knisternder Brand!
> Nun reitet auf schnaubendem Schimmel
> Frau Holle wieder durchs Land.

> Sie reitet in wallendem Kleide,
> Ihr Auge blitzt hell und klar,
> Es funkelt ihr reiches Geschmeide,
> Es flattert im Wind ihr Haar.

> Daß keiner sein Glück versäume,
> Ihr Schläfer im Garten erwacht!
> Frau Holle segnet die Bäume
> Zu neuer Blütenpracht.

> Sie naht und ist verschwunden,
> Ist gleich dem Glück auf der Flucht;
> Und wen sie schlafend gefunden,
> Der trägt nicht Blüte noch Frucht.

Schüttelt die mehr oder weniger possierliche Märchengestalt der Gebrüder Grimm ihre Betten aus, deren Federn dann als Schneeflocken zur Erde fallen, prescht die Frau Holle der Mythologie auf einem Schimmel über die Wolken und sorgt so für „Flockengewimmel" (Abb. 54).

Doch Frau Holle ist nicht nur für den „Winterdienst" zuständig, im Frühjahr reitet sie über das Land und bringt die Natur zum Erwachen; wer im Winterschlaf verharrt und den Moment versäumt, bleibt unfruchtbar.

Das Spinnen und Weben, eine bis ins Mittelalter den Frauen und Mädchen vorbehaltene Tätigkeit, lehrte Frau Holle die Menschen.

Beeren und Saft sowie der Tee aus Rinde und Blüten des Schwarzen Holunders, *Sambucus nigra*, sind alte Hausmittel gegen die Krankheiten des Winters, Erkältung, Blasen- und Nierenleiden. Nur noch selten wird der Holunder mit seinem alten Namen genannt, Holler, geweiht der Frau Holle, der Göttin Hel.

Das Frau Holle zugeschriebene Wirken charakterisiert sie als Muttergottheit und stellt sie in eine Reihe mit der uralten Venus von Willendorf und eventuell auch mit der vom Galgenberg.

Ihr unterirdisches Reich weist sie als Erdgöttin aus, doch ob die Fundstücke von Willendorf und vom Galgenberg ebenfalls einen Bezug zur „Unterwelt" haben, entzieht sich jeder Kenntnis.

Bekannt ist hingegen, daß sowohl aus *hel* als auch aus *holle* mit regionalem Unterschied die Hölle „gemacht" wurde, die englische *hell*, die schwedische *helvete* und die deutsche *Hölle*.

Das Christentum konnte Frau Holle nicht völlig aus den Köpfen verbannen und auch nicht die ihr geweihten Festtage zwischen dem 23. Dezember und dem 5. Januar, an denen alle Arbeit zu ruhen hatte.

So blieb nichts anderes übrig, als diese „Rauhnächte" mit der Weihnacht zu überlagern, dem christliches Fest anläßlich der Geburt Jesu Christi in Bethlehem, die von einem unbekannten Tag, vermutlich in einem März zwischen den Jahren 7 und 4 „vor Christus", passend auf den 25. Dezember verschoben wurde.

Beginn der Zelebration ist der vorangehende Abend, die Heilige Nacht. Ob das Julfest oder die Wintersonnenwende ebenfalls eingebunden sind, läßt sich bei jetziger Beleglage nicht mit Sicherheit feststellen.

Mit Sicherheit feststellen läßt sich aber, daß der Weihnachtsmann, angetan mit rotem Zwirn, Sack, Rute, Zipfelmütze und weißem Bart, um 1920 in den USA erfunden und von einem weltweit agierenden Getränkehersteller seit 1931 alljährlich als weihnachtliche Werbefigur eingesetzt wird. – Für ein höllisch gutes Weihnachtsgeschäft.

Abb. 49: Welche Qualen die Seelen in der Hölle zu erwarten haben, zeigen die mit allerlei unschönen Gerätschaften ausgerüsteten Dämonen vor und im Tempel auf dem Mingshan; wenn das Äußere der Stuckgestalten mit ihrem Tun übereinstimmt, müssen die angebotenen Torturen wahrlich scheußlich sein.

Franz von Assisi, Leitfigur der Exorzisten.
Ein Fresko aus dem 13. Jahrhundert von Giotto di Bondone in der Sankt-Franziskus-Kirche in Assisi zeigt, wie der heilige Franz von Assisi die Dämonen von Arezzo austreibt.

Teuflische Besessenheit

In der Nacht vom 14. auf den 15. Mai 1966, der Nacht vom Samstag auf den Sonntag, stirbt im rund 300 Einwohner zählenden und im Schweizer Kanton Zürich in 700 Meter Höhe gelegenen Ringwil im Zürcher Oberland, die siebzehnjährige Bernadette Hasler.

Todesursache ist die Mißhandlung mit Stock- und Peitschenschlägen, mit denen der 61-jährige „Vater des heiligen Werkes", ein exkommunizierter Pallottiner-Pater, und die vierundfünfzigjährige „Mutter des heiligen Werkes", eine ehemalige Laienhelferin des Ordens der Borromäerinnen, gemeinsam mit vier weiteren Anhängern der obskuren Sekte dem Mädchen ihren Bund mit dem „Teufel Luzifer" austreiben wollten.

Die Gerichtsmediziner werden später feststellen, daß Bernadette in der Nacht an einer Fettembolie verschied, „die als Folge der durch die brutale Züchtigung entstandenen schweren Zertrümmerung des Gewebes der Hinterbacken und ihrer Umgebung eingetreten war.".

Gefunden wird die Leiche am Sonntagmorgen zwischen 9 und 10 Uhr von „Vater" Josef Stocker und „Mutter" Magdalena Kohler, seiner Geliebten.

Beiden ist klar, daß ihnen und den vier beteiligten Männern und nicht dem Teufel von der weltlichen Gerichtsbarkeit die Schuld angelastet werden wird. Um den „heiligen Eltern" Unannehmlichkeiten zu ersparen, wird Bernadettes Leiche in einem Auto versteckt nach Wangen im vom Kanton Zürich durch den Kanton Aargau getrennten Kanton Solothurn in die Wohnung eines der beteiligten Sektierer gebracht.

Wie vereinbart berichtete dieser dem Arzt sowie der Polizei, er habe Bernadette als Ferienkind bei sich gehabt und sie wiederholt wegen übermäßiger Onanie geschlagen und am Morgen tot in ihrem Bett gefunden.

Das Täuschungsmanöver verfehlt seinen Zweck, die Polizei hat Informationen über die „mißlungene" Teufelsaustreibung erhalten und beschlagnahmt den Leichnam. Im Gerichtsmedizinischen Institut der Universität

Basel bestätigt sich der Verdacht, daß keine natürliche Ursache für den Tod verantwortlich ist.

Zehn dringend der Tat Verdächtige werden von der Züricher Kantonspolizei verhaftet, unter ihnen Bernadettes Eltern und Onkel sowie „Vater" Stocker und „Mutter" Magdalena Kohler.

Vier Personen werden wieder freigelassen, der Prozeß gegen Josef Stocker, Magdalena Kohler, Emilio Bettio, Hans Barmettler, Heinrich Barmettler und Paul Barmettler beginnt im Januar 1969 vor dem Geschworenengericht des Kantons Zürich, die Anklage lautet auf schwere Körperverletzung mit voraussehbarer Todesfolge.

Die Widerwärtigkeiten der Tat berichtet ein Auszug aus dem Urteil des Revisionsverfahrens[141]:

22. Auszug aus dem Urteil des Kassationshofes vom 24. März 1971
i.S. Stocker und Kons. gegen Staatsanwaltschaft des Kantons Zürich.
Regeste

Art. 122 Ziff. 2 StGB. Schwere Körperverletzung mit voraussehbarer Todesfolge.

1. Begriff der Voraussehbarkeit (Erw. 4 a-c).

2. Voraussehbarkeit des Todes als Folge von rund 100 brutalen Stock- und Peitschenschlägen auf das Gesäss eines 17- jährigen Mädchens
(Erw. 4 d).

---

[141] Sammlung der Entscheidungen des Schweizerischen Bundesgerichts; Collection des arrêts du Tribunal fédéral suisse; Raccolta delle decisioni del Tribunale federale svizzero. BGE 97 IV 84

3. Bedeutung der persönlichen Verhältnisse der Täter für deren Fähigkeit, die möglichen Folgen der Misshandlung vorauszusehen (Erw. 5).

Sachverhalt

A.- 1) Die fromme Laienhelferin Magdalena Kohler lernte mit 36 Jahren bei einer religiösen Veranstaltung den 43-jährigen Pallottiner-Pater Josef Stocker kennen und als Prediger schätzen. Sie erhielt die Bewilligung, für den Orden der Borromäerinnen in den Mittleren Osten zu reisen; mit Zustimmung seiner Ordensleitung begleitete sie Stocker als geistiger Betreuer. Zusammen wirkten sie erfolgreich in vielen Klöstern in Ägypten, im Libanon und in Jordanien. Stocker führte Exerzitien durch, Magdalena Kohler betrieb Gewissenserforschung und bereitete die Schwestern auf die Beichte vor. 1954 lernten die beiden Schwester Stella (Olga Endres) kennen, die seit geraumer Zeit "Heilandsbotschaften" zu vernehmen glaubte. Mit kirchlicher Gutheissung wurden diese Botschaften, die sich vorwiegend auf religiöse Fragen bezogen, veröffentlicht und mit Erfolg vertrieben.

2) Seit 1956 vermeinte Schwester Stella immer häufiger, der Heiland verkünde ihr, sie sei mit Magdalena Kohler und Josef Stocker als neue "heilige Familie" auserkoren, die Menschheit vor der Sünde zu erretten. Alle drei waren von der Echtheit dieser göttlichen Botschaften so überzeugt, dass sie sich durch die erwachende Opposition kirchlicher Kreise davon nicht abbringen liessen. Sie nahmen alle äusseren Nachteile auf sich, um ihrer vermeintlichen Berufung zu folgen; Stocker wurde in der Folge aus seinem Orden ausgeschlossen und exkommuniziert. Die "heiligen Eltern" Stocker und Kohler bildeten eine auch physisch konsumierte Ehegemeinschaft, während Schwester Stella die

Rolle des Kindes spielte. Zusammen gründeten sie in Deutschland eine "Gemeinschaft des heiligen Werkes", dessen geistiges Fundament marianische Schriften und immer neue Heilandsbotschaften Schwester Stellas bildeten. Es gelang ihnen, im Laufe der Zeit eine grössere Zahl von Familien in Deutschland und in der Schweiz als Anhänger zu gewinnen. Von diesen Jüngern wurde vollständige Hingabe an das heilige Werk verlangt. Um den teils befürchteten teils tatsächlichen Massnahmen der katholischen Kirche zu entgehen, wurde die Gemeinschaft in einen Verein "Internationale Familiengemeinschaft zur Förderung des Friedens" umgewandelt, mit Josef Hasler aus Hellikon als Präsidenten.

3) Nachdem es kirchlichen Kreisen gelungen war, Schwester Stella von der Gemeinschaft zu lösen und in ein Kloster zu verbringen, und als gegen die "heiligen Eltern" in Deutschland Strafverfahren eingeleitet wurden, flohen diese in die Schweiz, wo sie sich von 1958-1965 in engsten räumlichen Verhältnissen im Hause Hasler in Hellikon versteckt hielten, völlig auf sich und den eigenen Anhängerkreis beschränkt. 1965 erwarb ein begütertes Mitglied der Gemeinschaft, Emilio Bettio, in Ringwil ein Chalet, wohin die "heiligen Eltern" übersiedelten. Von dort aus übten sie einen nachhaltigen Einfluss auf ihre Anhänger aus, unter anderem auf die Familie Röller in Singen, wo Kinder von Anhängern der Gemeinschaft untergebracht und in strengster klösterlicher Disziplin erzogen wurden. Ab Frühjahr 1962 gehörten die beiden Töchter des Josef Hasler, Bernadette und Magdalena, zu den Zöglingen dieses Hauses. Zeitweise verbrachten die Kinder die Ferien in Ringwil, unter der direkten Obhut der "heiligen Eltern".

4) Im Herbst 1965 begannen Schwierigkeiten zwischen der damals 16-jährigen Bernadette Hasler und der Leitung der Gemeinschaft. Um die Unbotmässigkeit des heranwachsenden Mädchens zu brechen, sein Gewissen bis ins letzte zu erforschen und es - wie sie glaubten - so auf den rechten Weg zu bringen, nahmen die "heiligen Eltern" Bernadette in ihre besondere Obhut. Sie verboten jeden Besuch bei den Eltern, verhängten immer schwerere Strafen, verweigerten dem gläubigen Mädchen zu beichten, untersagten ihm die Ausübung der ihr lieben Musik und isolierten Bernadette vollständig von allen Kameradinnen. Das Mädchen wurde gezwungen, jede kleinste "sündige" Regung oder Handlung zu Papier zu bringen. In endlosen "Gewissenserforschungen" konnte sich besonders Magdalena Kohler nicht genug tun, in der Seele der Halbwüchsigen nach irgendwelchen uneingestandenen schmutzigen oder "unchristlichen" Gedanken herumzuspüren. Solange nicht die letzte Gefühlsregung seziert und die schwächste Anwandlung von Selbstsucht oder Sinnlichkeit bereut war, galt Bernadette als unwürdig und verworfen. Die Tagebücher geben den Gemütszustand des Mädchens wieder; tiefste Verzweiflung wechselt mit immer heftigerem Trotz, der dann Anlass zu neuen Massnahmen, Schlägen, Ohrfeigen usw. wurde.

Nach Ostern 1966 spitzten sich die Dinge zu. Die "heiligen Eltern" verstärkten den Druck auf Bernadette, um sie vor Semesterbeginn auf den rechten Weg zu bringen. Bernadette schrieb die verlangten Sündenbekenntnisse, wobei sie die abartigsten angeblichen Missetaten "gestand", sich des Paktes mit dem Teufel, der sexuellen Buhlschaft mit diesem, aller nur möglichen schändlichen und blasphemischen Gedanken, Wünsche und Taten bezichtigte. In den folgenden mündlichen Auseinandersetzungen bekräftigte sie ihre Schilderungen, weigerte sich zu bereuen und erbitterte damit insbesondere Magdalena Kohler immer stärker. Sie erntete dafür Vorwürfe, Schläge, neue Zwangs-massnahmen. Da alles nichts fruchtete, zogen die "heiligen El-tern" andere Mitglieder bei, denen sie die krassesten Stellen der Sündenbekenntnisse vorlasen und sie veranlassten, Bernadette durch Schläge "den Teufel auszutreiben".

5) Am Nachmittag des 14. Mai 1966 erreichte die Spannung ih-ren Höhepunkt. Die zu Besuch eingetroffenen Brüder Barmettler und Bettio stellten das Mädchen wiederholt zur Rede. Trotzige Antworten wurden mit neuen Schlägen quittiert. Vor und wäh-rend des späten Nachtessens wurde von nichts anderem als der angeblichen Unkeuschheit, dem Teufelsbündnis, der Unbotmäs-sigkeit und der Renitenz Bernadettes gesprochen. Auf Geheiss von Bettio begab sich das Mädchen in sein Zimmer, wohin Bettio und die Brüder Barmettler folgten. Kurze Zeit da-nach kamen auch Stocker und Magdalena Kohler dazu. Das Mädchen musste bekleidet auf das Bett knien und wurde nun von den sechs erwachsenen Personen unbarmherzig verprügelt. Zuerst erhielt es mit einem dünnen Spazierstock und, als dieser zerbrach, mit einem dickeren Stock, nachher mit einer Reitpeit-sche, einem Plastikrohr und dem abgebrochenen Spazierstock insgesamt gegen 100 brutale Schläge, vorwiegend auf das Ge-säss, teilweise auch auf Rücken und Extremitäten. Nach etwa ei-ner Stunde wurde das Mädchen unter entwürdigenden Demüti-gungen zu Bett geschickt. In der Nacht verschied Bernadette an einer Fettembolie, die als Folge der durch die brutale Züchtigung entstandenen schweren Zertrümmerung des Gewebes der Hinterbacken und ihrer Umgebung eingetreten war.

6) Um den "heiligen Eltern" Unannehmlichkeiten zu ersparen, verbrachten Bettio, die Brüder Barmettler und Mitglieder der Familie Hasler die Leiche am folgenden Tag in einem Auto nach Wangen bei Olten in die Wohnung des Heinrich Barmettler. Ab-

sprachegemäss berichtete dieser dem Arzt sowie der Polizei, er habe Bernadette als Ferienkind bei sich gehabt, er habe sie wiederholt wegen übermässiger Onanie geschlagen und sie am Morgen tot im Bette gefunden.

B.- Mit Urteil des Geschworenengerichtes des Kantons Zürich vom
4. Februar 1969 wurden die Angeklagten Josef Stocker, Magdalena Kohler, Emilio Bettio, Hans Barmettler, Heinrich Barmettler und Paul Barmettler der vorsätzlichen schweren Körperverletzung mit voraussehbarer Todesfolge (Art. 122 Ziff. 1 und 2 StGB), die Angeklagten Bettio, Hans, Heinrich und Paul Barmettler ausserdem der Begünstigung (Art. 305 Abs. 1 und 2 StGB) schuldig erklärt und wie folgt bestraft: Josef Stocker und Magdalena Kohler mit je 10 Jahren Zuchthaus, Emilio Bettio mit 4 Jahren Gefängnis, Hans, Heinrich und Paul Barmettler mit je 3 1/2 Jahren Gefängnis. Josef Stocker und Magdalena Kohler wurden ausserdem für die Dauer von 5 Jahren in der bürgerlichen Ehrenfähigkeit eingestellt und für die Dauer von 15 Jahren aus der Schweiz ausgewiesen.
Einige der bisher nicht genannten beteiligten Personen wurden ausserhalb des schwurgerichtlichen Verfahrens abgeurteilt.

C.- Alle sechs Angeklagten haben gegen das Urteil des Geschworenengerichts sowohl kantonale wie eidgenössische Nichtigkeitsbeschwerde erhoben.

Mit Urteil vom 21. April 1970 hat das Kassationsgericht des Kantons Zürich die kantonalen Nichtigkeitsbeschwerden, soweit es darauf eingetreten ist, abgewiesen.

Der ausserordentliche Staatsanwalt des Kantons Zürich erhob ebenfalls Nichtigkeitsbeschwerde an das Bundesgericht, zog sie jedoch wieder zurück. Er verzichtete auf Vernehmlassung zu den Nichtigkeitsbeschwerden der Angeklagten.

Die Anträge der Beschwerdeführer lauten übereinstimmend dahin, es sei das angefochtene Urteil aufzuheben und die Sache zu neuer Beurteilung an das Geschworenengericht zurückzuweisen. Die Beschwerdebegründungen sind, soweit von Bedeutung, aus den nachfolgenden Erwägungen ersichtlich.

Der Kassationshof weist die Beschwerden ab.

Auszug aus den Erwägungen:

Aus den Erwägungen:

Erwägung 4

4.- Alle Beschwerdeführer bestreiten, dass sie den Tod des Mädchens als Folge der Misshandlungen im Sinne von Art. 122 Ziff. 2 StGB hätten voraussehen können.

Die Voraussehbarkeit der Todesfolge ist eine vom Kassationshof frei zu überprüfende Rechtsfrage (BGE 83 IV 189). Dabei ist der Kassationshof an die tatsächlichen Feststellungen der Vorinstanz gebunden; die von den Beschwerdeführern daran geübte Kritik ist unbeachtlich.

a) Bei der Körperverletzung mit voraussehbarer Todesfolge nach Art. 122 Ziff. 2 StGB handelt es sich (ähnlich wie bei den Tatbeständen der Art. 119 Ziff. 3 Abs. 3, 123 Ziff. 3, 134 Ziff. 1 Abs. 3 und 139 Ziff. 2 Abs. 5) um die Verbindung zwischen einer vorsätzlichen Haupttat und einem Fahrlässigkeitsdelikt. Der Täter hat die Haupttat gewollt und die weitergehende Folge seines

Verhaltens, den Tod des Opfers, pflichtwidrig nicht bedacht, obwohl er sie hätte voraussehen können. Nicht erforderlich ist, dass der Täter die Möglichkeit des Todes tatsächlich vorausgesehen hat. Es genügt, dass er sie bei Anwendung der Vorsicht, zu der er nach den Umständen des Falles und seinen persönlichen Verhältnissen verpflichtet war, hätte voraussehen können (BGE 83 IV 189 f.). Unbewusste Fahrlässigkeit genügt (BGE 74 IV 84 E 2; Urteil vom 23. September 1952 i.S. Odermatt S. 8/9).

b) Angesichts der hohen Mindeststrafen gewisser qualifizierter Tatbestände hat das Bundesgericht erklärt, die Voraussehbarkeit der Todesfolge sei nicht schon bei jeder, auch der geringsten Fahrlässigkeit anzunehmen. Es müsse eine besonders erhebliche und naheliegende Gefahr bestanden haben, die der Täter erkennen konnte (BGE 74 IV 84 f., 69 IV 231).

Die in jenen Entscheiden für die Einschränkung des Fahrlässigkeitsbegriffes gegebene Begründung vermag nicht voll zu überzeugen. Der Vergleich mit der Strafdrohung für die gewöhnliche fahrlässige Tötung (Art. 117 StBG) übersieht, dass dieser Tatbestand schon erfüllt ist, wenn der Täter überhaupt ohne deliktischen Vorsatz handelt. Bei Tatbeständen wie demjenigen des Art. 122 Ziff. 2 dagegen delinquiert der Täter vorsätzlich und lässt fahrlässig die mögliche Todesfolge seines Handelns ausser acht. Das rechtfertigt eine gegenüber der gewöhnlichen fahrlässigen Tötung verschärfte Strafdrohung. Das Bundesgericht hat denn auch in späteren Entscheiden erklärt, die Tragweite der Bestimmung würde zu stark eingeschränkt, wenn verlangt würde, dass die Möglichkeit des Todes sich dem Täter ganz besonders stark hätte aufdrängen sollen (Urteil Odermatt S. 9); es genüge, dass der Täter das Leben des Opfers in eine besonders erhebliche und naheliegende Gefahr brachte und er diese erkennen konnte (Urteil vom 10. November 1969 i.S. Périat S. 4/5). In Auslegung des Art. 134 Ziff. 1 Abs. 3 StGB hat ferner der Kassationshof festgestellt, es müsse genügen, dass der Täter den Tod des Kindes als nicht bloss ganz entfernte Möglichkeit voraussehen konnte (BGE 89 IV 9 E 1).

Zusammenfassend ist somit vom normalen Fahrlässigkeitsbegriff auszugehen. Als Gefahr kommt nur eine konkrete Gefahr in Frage, das heisst ein Zustand, aufgrund dessen nach dem gewöhnlichen Lauf der Dinge die Wahrscheinlichkeit oder nahe Möglichkeit der Verletzung des geschützten Rechtsgutes besteht, wobei nicht eine mathematische Wahrscheinlichkeit von mehr als 50% vorausgesetzt ist. Der Eintritt der Rechtsgutverletzung, hier des Todes, muss nicht unausweichlich erscheinen, sonst würden die hier in Frage stehenden Fahrlässigkeitsdelikte zu Vorsatztaten (BGE 94 IV 62 mit Hinweisen). Das gilt jedenfalls dort ohne Einschränkung, wo der Unterschied im Strafminimum zwischen der Haupttat und dem damit verbundenen Fahrlässigkeitsdelikt nicht sehr gross ist.

Das trifft auf Art. 122 StGB zu. Auf schwere Körperverletzung ist eine Strafe von 6 Monaten Gefängnis bis zu 10 Jahren Zuchthaus angedroht. Bei voraussehbarer Todesfolge ist die Mindeststrafe ein Jahr Zuchthaus. Der Unterschied beträgt also lediglich 6 Monate Freiheitsentzug.

c) Die Vorinstanz hat in ihrem Urteil die bundesgerichtliche Praxis richtig wiedergegeben und grundsätzlich zutreffende rechtliche Schlüsse gezogen. Insbesondere ist ihrer Erwägung zuzustimmen, dass an die Voraussehbarkeit des Todes bei Art. 122 keine allzu grossen Anforderungen gestellt werden dürfen, zumal wenn wie im vorliegenden Fall die schwere Körperverletzung gerade in einer lebensgefährlichen Verletzung bestand. Was die Beschwerdeführer in rechtlicher Beziehung dagegen vorbringen, schlägt nicht durch.

Stocker fordert eine Abstufung der Anforderungen nicht nur nach den unterschiedlichen Strafminima, sondern nach dem Strafrahmen insgesamt. Dem ist nicht zuzustimmen. Nur der allzu grosse Sprung vom normalen auf das hohe Strafminimum des qualifizierten Tatbestandes kann allenfalls eine einschränkende Auslegung der Voraussetzungen der Fahrlässigkeit rechtfertigen. Dagegen ist die Festsetzung der Strafe über das Minimum hinaus im jeweiligen Strafrahmen weitgehend abhängig von den konkreten Strafzumessungsgründen.

Kohler will die in BGE 89 IV 8 zu Art. 134 StGB entwickelte und seither vorgenommene Korrektur der Einschränkung nicht für den Fall des Art. 122 Ziff. 2 gelten lassen. Es ist nicht einzusehen, wieso die beiden Tatbestände verschieden behandelt werden sollten. Der Unterschied der Strafminima zwischen Art. 134 Ziff. 1 Abs. 1 und Abs. 2 ist zwar um einen Monat geringer als zwischen Art. 122 Ziff. 1 und 2, während der Unterschied zwischen Art. 134 Ziff. 1 Abs. 2 und Abs. 3 gleich hoch ist wie bei Art. 122.

Bettio beruft sich darauf, dass zwischen einfacher und schwerer Körperverletzung kein grosser Unterschied vorhanden sei. Das trifft zwar für das Wissen um den Erfolg zu, nicht aber für die Strafdrohung. Einfache Körperverletzung ist Antragsdelikt, das mit Gefängnisstrafe ohne Minimum bedroht wird; in leichten Fällen kann der Richter die Strafe nach freiem Ermessen mildern. Bei voraussehbarer Todesfolge ist die Mindeststrafe 1 Jahr Zuchthaus. Der Unterschied ist also viel erheblicher als zwischen Art. 122 Ziff. 1 und 2.

Die Brüder Barmettler nehmen irrtümlich an, bei schwerer Körperverletzung dürfe die Voraussehbarkeit nur unter den erschwerten Voraussetzungen bejaht werden, die für Art. 123 mit seinem grossen Unterschied der Strafminima entwickelt worden sind.

d) Die Vorinstanz kommt zum Schluss, bei normaler Vorsicht hätte
vorausgesehen werden können, dass die schweren Misshandlungen zum Tode des Kindes führen konnten. Die Beschwerdeführer bestreiten dies. Das Bundesgericht hat zu prüfen, ob nach allgemeiner Lebenserfahrung der Tod des Mädchens mehr als nur eine ganz entfernte, unwahrscheinliche Folge der Misshandlungen war.

Alle Beschwerdeführer berufen sich darauf, dass normalerweise niemand daran denkt, Schläge auf das bekleidete Gesäss eines nahezu dem Kindesalter entwachsenen Mädchens könnten zu dessen Tod führen, zumal dann, wenn die gezüchtigte Person keinen Schmerzenslaut von sich gibt.

Züchtigungen durch Rutenschläge auf das Gesäss waren früher auch in der Schweiz ein alltägliches Erziehungsmittel und sind es immer noch weit herum in der Welt. Im Bereiche religiöser Betätigung kennt man das Flagellantentum, wobei sich die Beteiligten selbst oder gegenseitig mit Stecken, Peitschen, Riemen usw. bis aufs Blut schlagen. Auch die moderne Geschichte politisch-kriegerischer Auseinandersetzungen ist voll von Schrekkensszenen, wo erwachsene Menschen unbarmherzig ausgepeitscht wurden. Kaum jemals hat man berichtet, dass ein Opfer an den Folgen dieser Misshandlung gestorben wäre. Demgegenüber ist bekannt, dass Schläge in die Nieren, Geschlechtsorgane usw. zu lebensgefährlichen Verletzungen oder zum Tod führen können. Vor der Publizität, die dem vorliegenden Fall zuteil wurde, war ausserhalb von medizinischen Fachkreisen in der Schweiz wohl kaum jemandem bekannt, dass heftige Schläge auf das bekleidete Gesäss durch die Möglichkeit einer Fettembolie gefährlicher sind als Schläge auf die nackte Haut, wobei diese aufspringt und das Blut die Fettkörperchen wegschwemmen kann.

Was die Beschwerdeführer darüber vorbringen, ist an sich zutreffend. Das Geschworenengericht hat aber selbst nichts anderes behauptet. Dagegen macht es geltend, die eingeklagten Misshandlungen seien so schwer gewesen, dass mit dem Eintritt des Todes als naheliegender Folge habe gerechnet werden müssen. Denkt man dabei nur an die Fettembolie, so sind Zweifel nicht zu beseitigen, selbst wenn der Täter ihre Möglichkeit kannte. Den Beschwerdeführern ist nicht zuzumuten, dass sie an diese Möglichkeit gedacht hätten. Ihr Hinweis darauf, dass sie nach Weisung der "heiligen Eltern" darnach getrachtet hätten, dem Mädchen nur gerade auf den Hinterteil Schläge zu versetzen, nützt allerdings nichts; dies um so weniger, als bei der Autopsie auch Verletzungen auf Rücken, Beinen und Händen festgestellt wurden.

Das angefochtene Urteil nimmt an, auch der Laie müsse mit der nicht entfernten Möglichkeit des Todes rechnen, wenn ein körperlich eher schwächliches Mädchen von sechs erwachsenen Menschen gegen hundert gezielte Hiebe erhalte; als Todesursachen kämen dabei auch etwa ein Schock mit anschliessender Herzlähmung, ein Herzschlag oder massive innere Blutungen in Frage. Das leuchtet ein. Die erwähnten Todesursachen liegen in der Tat auch für einen Laien näher. Dass andere Ursachen zum Tod geführt haben, ist bedeutungslos. Entscheidend ist, ob der Täter die Möglichkeit der Todesfolge als solche erkennen konnte. Im vorliegenden Fall ging es nicht um eine mehr oder weniger saftige Tracht Prügel, sondern um ein verheerendes Strafgericht, das von keinem Mitgefühl, geschweige denn von christlicher Nächstenliebe, gezügelt wurde. Die sechs Beschwerdeführer haben in ihrer religiös verbrämten brutalen Grausamkeit das junge Mädchen nach Leibeskräften verprügelt. Sie lösten sich reihum ab, sodass nach einer Serie von Schlägen der nächste Täter mit frischen Kräften auf das Opfer losging. Ein Spazierstock zerbrach unter der Wucht der Schläge. Die nächsten Peiniger nahmen einen dickeren Stock, ein Plastikrohr, eine Peitsche und wieder den abgebrochenen Rest des ersten Stockes. Hätten die Täter den Leibhaftigen vor sich gehabt, sie hätten nicht brutaler dreinschlagen können. Sie waren entschlossen, diesmal ganze Arbeit zu leisten. Es ist bezeichnend, dass sie nicht aus Erbarmen mit ihrem Opfer oder aus später Einsicht mit der Quälerei aufhörten, sondern nur, weil schliesslich dem gepeinigten Mädchen vor Schmerz der Stuhl abging und der sich verbreitende Geruch den Tätern unangenehm war. Dieses Unbehagen, keine menschlich-christliche Regung des Mitleids, veranlasste sie, die Tortur zu beenden. Vollzieht sich eine Misshandlung eines 17-jährigen geschwächten Mädchens aber unter solchen Umständen, dann müssen die Täter ernsthaft mit dem Tode des Opfers als einer nicht abwegigen Folge ihres Verhaltens rechnen. Dem Umstand, dass Bernadette keinen Ton von sich gab, kommt keine Bedeutung zu. Das Mädchen suchte sich in seinem Schmerz durch Vorhalten der Hände zu schützen, wobei es genau so unbarmherzig auf Handrücken und Finger Stockschläge erhielt.

Erwägung 5

5.- Die Täter sind nur strafbar, wenn sie ein Verschulden trifft, das heisst wenn sie den Tod des Mädchens fahrlässig nicht vorausgesehen haben. Die Frage, ob die Angeklagten bei pflichtgemässer Vorsicht die Folge ihres Tuns hätten voraussehen können, ist vom Kassationshof frei zu überprüfen. Die Beschwerdeführer bestreiten jedes Verschulden.

a) Stocker ist von allen Angeklagten der intelligenteste, gebildetste und der Mann mit der grössten Lebenserfahrung. Mit Recht verweist die Vorinstanz darauf, dass er als Priester und Erzieher die mit der Prügelstrafe verbundene Gefahr auch physischer Natur kannte. Die Vorinstanz stellt denn auch verbindlich fest, er habe die Fähigkeit besessen, sich über die Folgen einer solchen Züchtigung Rechenschaft abzulegen. Am Tatabend blieb er ausserhalb des "Affektsturmes", der den Mitangeklagten zugute gehalten wird.

Dass Bernadette bekleidet war und keinen Schmerzenslaut von sich gab, entlastet Stocker wie erwähnt nicht. Art und Anzahl der Hiebe waren derart, dass die Kleider nicht mehr als Schutz zu werten waren. Dass Bernadette Schmerzen litt, hätte Stocker selbst dann nicht entgehen können, wenn das Mädchen sich nicht mit den Händen zu schützen gesucht hätte.

Stocker beruft sich wie die Mitangeklagten darauf, dass er Bernadette nur vor dem Teufel retten wollte, dass er in neurotischer Fehlentwicklung gehandelt habe; da er sich immer um das Kind gekümmert habe, sei ihm auch nicht zuzumuten, dass er es allein im Zimmer hätte sterben lassen, wenn er vom nahen Tod Kenntnis gehabt hätte; als Verfolgter, der sich versteckt gehalten habe, hätte er zudem alles unterlassen, was zu einer Strafverfolgung hätte führen können.

Auch diese Einwände gehen fehl. Selbst wenn man Stocker zubilligt, dass er nicht aus bewusstem Sadismus handelte, sondern an seine religiöse Motivation glaubt, ändert das nichts. Die Motive der Angeklagten sind nicht entscheidend für die Frage, welche Folgen ihres Verhaltens sie bei pflichtgemässer Aufmerksamkeit voraussehen konnten. Dass Stocker den Tod als zwangsläufige Folge vorausgesehen oder nach Abbruch der Prügelei gewusst hätte, dass Bernadette tödlich verletzt war, wird weder vom Gesetz verlangt noch von der Anklage oder von der Vorinstanz behauptet. Stocker kann nichts daraus ableiten, dass Bernadette sich noch waschen und ihre Kleider reinigen konnte. Auch seine Berufung auf sein illegales Versteck nützt ihm nichts, war ihm doch im kritischen Zeitpunkt bekannt, dass die Strafverfolgung längst aufgehoben war, sodass er höchstens mit fremdenpolizeilichen Unannehmlichkeiten hätte rechnen müssen.

b) Von Magdalena Kohler und den übrigen Angeklagten stellt die Vorinstanz fest, sie hätten bei den Misshandlungen vorsätzlich schwere Körperverletzungen begangen. Sie wussten, dass das Mädchen durch die Vielzahl heftiger Stockschläge körperliche Verletzungen erleiden könnte. Diese Feststellungen sind für den Kassationshof verbindlich. Wenn die Beschwerde Kohler im Zusammenhang mit der Frage der Voraussehbarkeit des Todes darzutun sucht, die Angeklagte habe überhaupt nicht an eine Verletzung des Mädchens gedacht, geschweige denn an eine schwere Verletzung, so sind diese Einwände nicht zu hören. Wie Magdalena Kohler der Umstand entlasten soll, dass sie erst nach Beginn der Prügelszene dazu gekommen sei, also nicht mehr die ganze erste Schlagserie angesehen habe, ist unerfindlich. Sie sah den Zustand des Mädchens, den entzweigebrochenen Spazierstock; sie selbst hatte die Mitangeklagten unter schweren seelischen Druck gesetzt, um sie zu der harten Bestrafung zu zwingen, sie kannte die Züchtigungsprozedur als Ganzes, nahm vorerst aktiv und anschliessend als zustimmender Zuschauer daran teil. Auch für sie gilt das oben über die Unerheblichkeit der Kleidung und der mangelnden Schmerzensäusserung Ausgeführte.

Magdalena Kohler beruft sich auf ihre neurotisch verdrängten triebhaften Aggressionen, auf die dadurch beeinträchtigte Denkfähigkeit in bezug auf die ethische Beurteilung der Misshandlungen und auf den Affektsturm, in dem sie sich während jenes Abends befand. Die Vorinstanz hat die neurotische Fehlentwicklung, die Beeinträchtigung des Urteilsvermögens und den Affektsturm bejaht und bei der Strafzumessung berücksichtigt. Weder das Gutachten noch die Vorinstanz haben aus dieser besonderen geistigen Verfassung jedoch abgeleitet, Magdalena Kohler sei nicht oder nicht völlig befähigt gewesen, sich über die möglichen Folgen ihres Tuns ein Bild zu machen. Beide verweisen auf die normale Intelligenz, die überdurchschnittliche Willenskraft und die gewohnheitsmässige Ausrichtung und Übung ihres Denkens. Das Urteil hebt hervor, dass sie gerade angesichts ihrer durchschnittlichen Intelligenz, ihrer Menschenkenntnis und ihrer Lebenserfahrung hätte wissen müssen, dass eine solche Misshandlung zu inneren Verletzungen und zum Tode führen kann. Geht man von der in diesem Satz liegenden verbindlichen Feststellung aus, dass Intelligenz, Menschenkenntnis und Lebenserfahrung der Beschwerdeführerin jedenfalls hinsichtlich der Beurteilung der möglichen Tatfolgen ordnungsgemäss funktionierten, so erscheint auch die Schlussfolgerung berechtigt, dass die Beschwerdeführerin fahrlässig die mögliche Todesfolge ausser acht gelassen hat. Dass die Vorinstanz die Verantwortlichkeit der Magdalena Kohler für die Tat selbst anders beurteilt als die Überlegungen über allfällige Folgen der Tat, ist nicht zu bemängeln. Die neurotische Fehlentwicklung und der Affektsturm trübten zwar Wissen und Willen der Täterin, soweit es um den Entschluss zur Züchtigung des verhassten Mädchens ging, aber nicht auch notwendigerweise die an sich affektfreie Frage, welche Folgen solche Misshandlungen haben würden.

c) Die Vorinstanz anerkennt, dass die Verhältnisse bei Bettio und den Brüdern Barmettler etwas anders liegen, vor allem für den geistig nicht vollwertigen Heinrich Barmettler. Sie sind geistig etwas primitiv, bildungsmässig unter dem Niveau der "heiligen Eltern" und waren diesen in blindem Glauben und Gehorsam ergeben.

aa) Der Anwalt Bettios begründet ausführlich, warum sein Klient nicht in der Lage gewesen sei, den Tod des misshandelten Mädchens vorauszusehen. Er sei auch nach Meinung des Geschworenengerichts infantil, den "heiligen Eltern" in blindem Glauben ergeben und in einem Affektsturm gewesen. Sein Glaube an Stocker sei soweit gegangen, dass er von diesem erwartete, er könne das tote Mädchen wieder zum Leben erwecken. Eine solche Geisteshaltung, die zur Annahme verminderter Zurechnungsfähigkeit führte, schliesse auch die Voraussehbarkeit des Todes aus.

Dieser Argumentation ist nicht beizupflichten. Wo die verminderte Zurechnungsfähigkeit die Folge von Geisteskrankheit oder Geistesschwäche ist, wird sie sich regelmässig auf allen Gebieten des Wissens und Wollens auswirken. Wo aber wie hier eine gewisse Primitivität und eine nur mittelmässige Intelligenz für sich allein die Zurechnungsfähigkeit nicht vermindern, sondern wo die Verminderung auf eine religiöse Fehlentwicklung und eine geradezu hörige Bindung an geistige Mentoren zurückgeht, wird sich die Beeinträchtigung nur auf Gebieten zeigen, wo diese Umstände eine Rolle spielen. Dass Bettio an die "Heilandsbotschaft" und die beinahe göttliche Sendung der "heiligen Eltern" glaubte, dass er ihre unsinnige Fehlbeurteilung und -leitung der anvertrauten Kinder kritiklos guthiess, beeinträchtigte zwar sicherlich seine Zurechnungsfähigkeit in Bezug auf den Entschluss zur Züchtigung des Mädchens. Was für Folgen diese unmenschliche Züchtigung aber haben konnte, vermochte er nach seiner gewöhnlichen Intelligenz zu beurteilen, denn dies hatte mit seinem Glauben nichts zu tun.

Das gilt selbst dann, wenn man auf die merkwürdige These der Verteidigung eingeht, Bettio habe geglaubt, Christus wolle diese Art der Züchtigung des Mädchens, lasse aber niemanden schwer verletzen oder gar töten. Akten und Urteil enthalten keine Grundlage für die Annahme, Bettio habe sich dermassen von christlicher Lehre und Lebenserfahrung entfernt, dass ihm einerseits abstossende Brutalität "als Christi Willen erschien", und er anderseits wirklich hätte glauben können - trotz gegenteiliger täglicher Erfahrung in der ganzen Welt - Christus lasse es nicht zu, dass Menschen andere Menschen töten würden.

Bettio macht schliesslich geltend, er habe sich an der Prügelszene nicht bis zu deren Ende beteiligt, sondern sei vorher ins Nebenzimmer gegangen, um für das Mädchen zu beten. Der Einwand könnte für die Frage der Voraussehbarkeit des Todes von Bedeutung sein, wenn Bernadette während der Anwesenheit von Bettio nur leichte Schläge erhalten hätte und Bettio an der weiteren Entwicklung völlig unbeteiligt gewesen wäre. Beides trifft nicht zu. Bettio hat das Mädchen mit voller Kraft mit einem dicken Spazierstock geschlagen. Er wusste und billigte, dass alle sechs Personen sich reihum in der Misshandlung ablösten. Als er sich ins Nebenzimmer begab, glaubte er nicht etwa, die Prügelei sei zu Ende, sondern wollte deren Fortsetzung und unternahm nichts zu deren Beendigung. Die Vorinstanz hat durchaus zutreffend alle Angeklagten für die Gesamtheit der Vorfälle als Mittäter behandelt. Bettio hatte sich zu überlegen, welche Folgen die gemeinsam ausgeübte Misshandlung haben werde, nicht nur derjenige Teil, bei dem er selbst den Stock schwang.

bb) Der Verteidiger der Brüder Barmettler macht ebenfalls die geringe Intelligenz und völlige Abhängigkeit seiner Klienten von den "heiligen Eltern" geltend. Die Beschwerde behauptet, bei den Brüdern Barmettler habe die durch Primitivität und blinden Glauben bewirkte Verminderung der Zurechnungsfähigkeit auch die Möglichkeit ausgeschaltet, in ihrem Tun eine Gefahr für das Leben des Opfers zu erkennen. Sie hätten die Möglichkeit des Todes im Affektrausch nicht voraussehen können.

Dass auch diese Angeklagten um die Möglichkeit einer schweren Körperverletzung wussten und sie in Kauf nahmen, ist von der Vorinstanz verbindlich festgestellt. Aus dem Umstand aber, dass auch die Brüder Barmettler trotz der herabgesetzten Intelligenz und des akuten Affektsturms sich darüber Rechenschaft geben konnten, dem Mädchen mit ihrem Dreinschlagen möglicherweise schwere Verletzungen beizubringen, und dass sie ferner ihren Willen betätigen konnten, in Kenntnis dieser möglichen Folgen mit der Prügelei fortzufahren, ergibt sich zwangsläufig, dass sie auch im übrigen bei der Einschätzung der ganzen Sachlage vernünftiger Überlegungen fähig waren. Auch für sie gilt, dass sich zwar ihr irregeleitetes religiöses Gefühl, die blinde Gläubigkeit an die "heiligen Eltern" und der Affektsturm auf den Entschluss zur Tat und deren Fortsetzung auswirkten, dagegen schwerlich auf die Beurteilung möglicher Tatfolgen. Bei dieser ging es nicht um Glaubenssätze, die Bindung an die "heiligen Eltern" und um Affekte. Die Intelligenz und die Kenntnisse der Täter reichten aus, um sie bei pflichtgemässer Überlegung erkennen zu lassen, dass die Misshandlungen zum Tode des Opfers führen konnten. Was die Vorinstanz dazu ausführt, lässt sich jedenfalls vertreten. Die drei Brüder, besonders Heinrich, sind zwar keine "Kirchenlichter". Sie und Bettio haben aber durch ihren Erfolg im Leben bewiesen, dass es ihnen weder an Urteilsvermögen noch an einer gewissen Erfahrung mangelt. Alle vier Angeklagten haben sich nach den verbindlichen Feststellungen der Vorinstanz in ihrem Beruf mit grosser Tüchtigkeit emporgearbeitet und sich auch in ihrem privaten Leben bewährt; wären sie nicht mit dem "heiligen Werk" in Berührung gekommen, so hätte sich ihr weiteres Leben in geordneten Bahnen bewegt.

Aus dem Umstand, dass vor allem Bettio und die Brüder Barmettler geschlagen haben und immerhin fähig waren, zu überlegen, wie die Schläge am meisten Wirkung haben, und so folgerichtig z.B. die Spazierstöcke am unteren Ende hielten, folgert die Vorinstanz, dass sie trotz ihres angeblichen rauschähnlichen Zustandes auch überlegen konnten, dass eine solche massive Schlägerei den Tod des Mädchens zur Folge haben konnte. Dazu seien weder höhere Bildung noch besondere medizinische Kenntnisse erforderlich gewesen. Der Ausdruck des "zu Tode Prügelns" sei auch einfachen Menschen geläufig. Dass aber tödliche Folgen einer eigentlichen Prügelorgie nicht bloss eine ganz entfernte Möglichkeit darstellten, hätten auch Bettio und die drei Brüder Barmettler voraussehen können. Einen anderen Schluss liessen weder ihre Primitivität noch ihre durchschnittliche Schulbildung noch ihre Angst vor den "heiligen Eltern" oder ihre Gemütserregung zu.

Diese Ausführungen haben zu einem wesentlichen Teil tatsächlichen und damit verbindlichen Charakter. Geht man davon aus, dann erscheinen die rechtlichen Folgerungen zutreffend.

Was die Urteilsbegründung offenlegt, ist die perverse Steigerung dessen, was die großen Kirchen mehr oder weniger offen als Exorzismus betreiben. Allerdings gehören weder Stock noch Peitsche zur „üblichen" Teufelsaustreibung, die „Werkzeuge" beschränken sich auf Gebet, Weihwasser und Kruzifix.

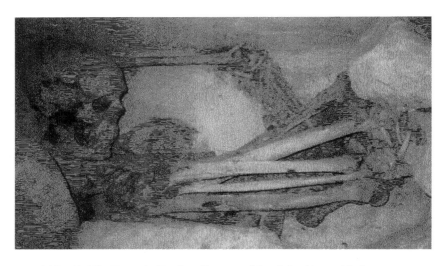

Abb. 50: Ein Toter in Hockstellung, auf der Seite liegend beigesetzt.

Kommt die Rede auf den Exorzismus, wird in den meisten Fällen die katholische Kirche im selben Atemzug genannt, „man kennt das ja". Was „man" nicht kennt ist der Umstand, daß Papst Benedikt XVI. die Zahl der ausgebildeten Exorzisten um weitere 3000 zu erhöhen gedenkt, der Teufel ist schließlich überall und unter seinem Amtsvorgänger, Johannes Paul II., hatte der Stand eine bittere Phase der Stagnation erlitten. Wie notwendig der Exorzismus heute ist, weiß der Pfarrer Ernst Alt, jener Pfarrer Alt, der im April 1978 zu sechs Monaten Haft, ausgesetzt auf drei Jahre zur Bewährung, wegen „fahrlässiger Tötung durch Unterlassung" verurteilt wurde, ganz genau[142]:

> Der Exorzismus ist das Gebet der Kirche gegen Satan und all sein Wirken.
> Der Exorzismus läßt wieder die Strukturen der Kirche erkennen und stellt sie wieder her.
> Der Exorzismus ist die Waffe der Kirche gegen Satan, er ist die Waffe, die Jesus uns selber in die Hand gegeben hat:
> „Treibt die Dämonen aus!"
> Er selbst und seine Jünger haben es uns vorgemacht:
> „Unreiner Geist, ich gebiete dir, fahre aus!"
> Der Exorzismus ist biblisch.
>
> Manche sagen, der Exorzismus passe nicht mehr in unsere Zeit, er sei mittelalterlich...
> Eine Mutter, deren Kinder in den Satanismus abgeglitten sind, weiß es besser.
> Eltern, deren verfluchte Tochter zeit ihres jungen Lebens von Dämonen gequält wird, wissen, dass es nur ein Mittel gibt:
> „Treibt die Dämonen aus!"
>
> Die Exorzisten, die als einfache Seelsorger mit Besessenheit konfrontiert wurden – so wie der Schreiber dieser Zeilen – erkennen erstaunt, wie sehr Christus in seiner Kirche durch seine Diener gerade im Exorzismus mit großer Aktualität wirkt.

Der Ruheständler Alt muß es wissen, ist er doch Fachmann auf dem Gebiet der Teufelsaustreibung, auch wenn diese mitunter anders ausgeht als geplant. – Wofür er dann im sogenannten „Aschaffenburger Exorzistenprozess" die sechs Monate auf Bewährung erhielt.

---

[142] In „Der Exorzismus der Katholischen Kirche"; mit kirchlicher Imprimatur vom 15. August 2005.

Tatort ist Klingenberg am Main, eine fränkische Stadt im bayerischen Landkreis Miltenberg. Opfer ist die damals 23-jährige Pädagogikstudentin Anneliese Michel.

Das Unheil beginnt 1968 mit seinem Lauf, Anneliese erleidet eines Nachts einen Anfall, der sie lähmt und krampfen läßt.

Im Mittelalter wurde solch ein Anfall häufig als göttliche Strafe oder Beweis dämonischer Besessenheit interpretiert. Aber das Mädchen lebt, Gott sei Dank, nicht im Mittelalter, sie kommt in ein Krankenhaus, wo die Neurologen eine schwere Epilepsie diagnostizieren.

Anneliese Michel ist fromm, sehr fromm sogar. Sie betet täglich Rosenkränze und geht zweimal wöchentlich zur Messe.

Im Krankenhaus wird sie mit Antikonvulsiva, krampfunterdrückenden Medikamenten, therapiert. Erfolgreich, wie es scheint, die Anfälle werden seltener und bleiben schließlich ganz aus.

Dafür erscheinen ihr 1970 beim Rosenkranzbeten Teufelsfratzen. Die Erscheinungen kommen immer wieder und werden ab einem nicht mehr feststellbaren Zeitpunkt von Stimmen begleitet. Die Botschaft ist immer die gleiche, Anneliese ist verdammt und müsse in der Hölle schmoren.

Anneliese Michel leidet an Depressionen, bringt alle Phasen ihres täglichen Lebens mit Schuld, Sühne und Buße in Verbindung. Sie leidet und vergleicht sich mit den Heiligen, die ebenfalls litten. Sie betet um Erlösung und denkt dabei an Selbstmord.

Die Arztbesuche erweisen sich als sinnlos, kein Mediziner kann einer Patientin helfen, die ihm ihre Wahnvorstellungen und Halluzinationen verschweigt, mehr verbirgt als offenbart.

Anneliese ist 20 Jahre alt, hat trotz ihres Leidens das Abitur gemacht und ihr Studium begonnen.

Die Depressionen und der Leidensdruck nehmen zu. Die vom Katholizismus durchdrungenen Eltern erhoffen nun Linderung durch ihre Kirche und bitten im Sommer 1973 verschiedene Pfarrer um eine Teufelsaustreibung; wenn die nüchterne Humanmedizin versagt, kann nur der Himmel helfen.

Der Himmel, vertreten durch die angesprochenen Geistlichen, lehnt ab, eine Besessenheit muß von der Kirche festgestellt werden und ebenso, daß es sich um keine Geisteskrankheit handelt, wie es im Katechismus vorgeschrieben ist[143]:

> Wenn die Kirche öffentlich und autoritativ im Namen Jesu Christi darum betet, daß eine Person oder ein Gegenstand vor der Macht des bösen Feindes beschützt und seiner Herrschaft entrissen wird, spricht man von einem Exorzismus. Jesus hat solche Gebete vollzogen; von ihm hat die Kirche Vollmacht und Auftrag, Exorzismen vorzunehmen. In einfacher Form wird der Exorzismus bei der Feier der Taufe vollzogen. Der feierliche, sogenannte Große Exorzismus darf nur von einem Priester und nur mit Erlaubnis des Bischofs vorgenommen werden. Man muß dabei klug vorgehen und sich streng an die von der Kirche aufgestellten Regeln halten. Der Exorzismus dient dazu, Dämonen auszutreiben oder vom Einfluß von Dämonen zu befreien und zwar kraft der geistigen Autorität, die Jesus seiner Kirche anvertraut hat. Etwas ganz anderes sind Krankheiten, vor allem psychischer Art; solche zu behandeln ist Sache der ärztlichen Heilkunde. Folglich ist es wichtig, daß man, bevor man einen Exorzismus feiert, sich Gewißheit darüber verschafft, daß es sich wirklich um die Gegenwart des bösen Feindes und nicht um eine Krankheit handelt.

Die „Gegenwart des bösen Feindes" bedeutet, daß der Körper von einem oder mehreren Dämonen oder dem Teufel selbst übernommen worden ist und legitimiert sich durch heftigen Widerwillen gegen religiöses Kultgerät, zu welchem insbesondere Kruzifixe, Weihwasser und die Heilige Schrift gehören. Werden dazu auch noch „übernatürliche Kräfte" festgestellt, kann die *infestatio*, die Besessenheit, als so gut wie bewiesen betrachtet werden.

---

[143] Katechismus der Katholischen Kirche Nr. 1673.

Dann steht nur noch der Bischof vor der Zelebration des Exorzismus, denn nur er darf, wie im Katechismus vorgeschrieben, nach sorgfältiger Prüfung aller Beweise die Genehmigung erteilen.

Ein Jahr später, 1974, wird auch das Gesuch des Pfarrers Ernst Alt abgelehnt, der Anneliese Michel seelsorgerisch betreut. Alt ist von der Entscheidung seines Würzburger Bischofs enttäuscht und empfiehlt der nicht minder enttäuschten Anneliese, ihren ohnehin schon religiös geprägten Lebensstil noch strenger auszurichten.

Anfang 1975 schreibt Anneliese Michel an ihren Seelsorger:

> Ich bin nichts, alles an mir ist Eitelkeit, was soll ich tun, ich muß mich bessern, beten Sie für mich.

Mehr und mehr wird Anneliese vom Teufel beeinflußt. Die sachverständigen Psychologen sehen das anders und werden vor Gericht von einer Beeinflussung durch eine gestörte sexuelle Entwicklung und die diagnostizierte Schläfenlappenepilepsie sprechen. Die Aggressionen Annelieses sind direkte Folge der Unterdrückung ihrer Kritik und Zweifel an den autoritären Eltern.

Pfarrer Alt sammelt indes weitere Beweise und legt den Katalog erneut Bischof Josef Stangl vor:

- Anneliese Michel schlägt Jesusbilder von der Wand.
- Anneliese Michel zerreißt und zerfetzt Rosenkränze.
- Anneliese Michel zerbricht und zerschmettert Kruzifixe.
- Anneliese Michel zeigt sich nackt im Elternhaus.
- Anneliese Michel uriniert im Elternhaus auf den Fußboden.
- Anneliese Michel beschimpft, schlägt und beißt Familienmitglieder.
- Anneliese Michel schläft nachts nackt auf dem Steinboden ihres Zimmers.

- Anneliese Michel folgt dem Verbot der Dämonen, an den Mahlzeiten teilzunehmen; stattdessen ißt sie Spinnen, Fliegen und Kohle und trinkt ihren Urin.
- Anneliese Michel wälzt sich brüllend auf dem Boden und bringt sich schwere Verletzungen bei.

Unerwähnt bleibt, daß diese Zeichen der Besessenheit nur im Elternhaus und nur sporadisch auftreten. In den wochenlangen Phasen der Normalität studiert Anneliese Michel an der Pädagogischen Hochschule in Würzburg und besucht die Gottesdienste in Klingenberg.

Als Bischof Stangl im September 1975 die „Feier" des Großen Exorzismus genehmigt und mit der Durchführung den Salvatorianerpater Arnold Renz beauftragt, geht er noch von dem aus dem Jahr 1614 stammenden Ritual aus, in welchem der Teufel durch eine festgelegte Abfolge von Gebeten, Anrufungen und Beschwörungen ausgetrieben wird:

I. Bedrohung:
Bedrohung des bösen Geistes mit Gott und den Heiligen.

II. Namenserfragung:
Den Namen erfragen, um den bösen Geist beim Namen nennen und damit bannen zu können.

III. Ausfahrwort:
Den bösen Geist zum Verlassen des Körpers der besessenen Person zwingen.

IV. Rückkehrverbot:
Verbieten der Rückkehr in den befreiten Körper.

Vorgetragen wird in lateinischer Sprache, notwendig um sprachlichen Abweichungen keinen Raum zu bieten, nur wem es am nötigen Latein mangelt, dem ist die Muttersprache gestattet; genau vorgeschrieben ist auch, an welchen Stellen das Kreuzzeichen, +, zu schlagen ist[144]:

---

[144] Authentischer lateinischer Text nach der von Papst Pius XII. erweiterten und genehmigten Fassung.

Adiuro ergo te, omnis immundissime spiritus, omne phantasma,
omnis incursio satanae, in Nomine Iesu Christi + Nazareni, qui
post Iavacrum Ioannis in desertum ductus est, et te in tuis
sedibus vicit:
ut, quem ille de limo terrae ad honorem gloriae suae formavit, tu
desinas impugnare: et in homine miserabili non humanam
fragilitatem, sed imaginem omnipotentis Deis contremiscas...

So beginnt eine der kanonisierten Beschwörungen, mit denen der oder
das Böse aus dem besessenen Köper herausgezwungen werden soll, vollständig nachzulesen in deutscher Sprache[145]:

> Ich beschwöre dich also, wer immer du bist, unreiner Geist, Ge-
> spenst, teuflischer Ansturm, im Namen Jesu Christi + aus
> Nazaret, der nach der Taufe des Johannes in die Wüste geführt
> wurde und dich in deinem eigenen Bereich überwunden hat:
> Lass ab, den Menschen zu bekämpfen, den Gott aus dem Staub
> der Erde zu seiner Ehre erschaffen hat.
> Fürchte im armseligen Erdenkind nicht die menschliche Schwä-
> che, sondern das Ebenbild des allmächtigen Gottes!
> Weiche also Gott +, der dich und deine Bosheit in Pharao und in
> dessen Heerschar durch Mose, seinen Diener, im Meer versenk-
> te!
> Weiche Gott +, der dich durch seinen treuen Diener David mit
> geistlichen Liedern aus dem König Saul vertrieb und in die
> Flucht schlug.
> Weiche Gott +, der dich im Verräter Judas verdammt hat.
> Jener trifft dich mit göttlichen + Schlägen, in dessen Gegenwart
> du samt deinen Heerscharen zitternd ausriefest:

---

[145] Nach der von Papst Pius XII. erweiterten und genehmigten Fassung mit
deutscher Übersetzung des authentischen lateinischen Textes.

Was habe ich mit dir zu schaffen, Jesus, Sohn des höchsten Gottes?

Bist du hierhergekommen, um uns schon vor der Zeit zu quälen?

Jener bedrängt dich mit ewigem Feuer, der am Ende der Zeiten zu den Gottlosen sagen wird:

Weichet von mir, ihr Verfluchten, ins ewige Feuer, das dem Teufel und seinen Engeln bestimmt ist!

Dich, du Gottloser, und deine Engel werden Würmer peinigen, die niemals sterben.

Dir und deinen Engeln ist ein unauslöschliches Feuer bereitet.

Denn du bist der Urheber verfluchten Mordens, der Anstifter der Blutschande, der Anführer der Religionsfrevler, der Lenker schändlicher Taten, der Lehrmeister der Irrlehrer, der Erfinder jeglicher Unzucht.

Weiche +, du Gottloser, weiche +, du Verruchter, weiche mit all deinen Vorspiegelungen!

Gott wollte ja, daß der Mensch sein Tempel sei. Warum willst du noch länger hier verweilen?

Erweise Gott, dem allmächtigen Vater +, die Ehre, vor dem sich jedes Knie beugt!

Mach Platz unserem Herrn Jesus + Christus, der für die Menschen sein heiligstes Blut vergossen hat!

Mach Platz dem Heiligen + Geist, der dich durch seinen heiligen Apostel Petrus in Simon, dem Zauberer, sichtbar niederstreckte, der deinen Trug in Hananias und Saphira verurteilte, der dich im König Herodes, der Gott die Ehre verweigerte, bestrafte, der dich im Zauberer Elymas durch den Apostel Paulus mit Blindheit schlug und durch ihn mit einem Machtwort dir befahl, aus der Magd auszufahren, die einen Wahrsagergeist hatte!

Weiche also jetzt +, weiche +, du Verführer!

Dein Wohnsitz ist die Wüste.

Deine Behausung ist die Schlange:

Dort sollst du gedemütigt und niedergeworfen werden.

Es gibt keinen Aufschub mehr.

Sieh, Gott der Herrscher, kommt schnell herbei.

Loderndes Feuer läuft vor ihm her und verzehrt seine Feinde ringsum.

Den Menschen magst du täuschen, mit Gott kannst du keinen Spott treiben.

Er, dessen Augen nichts verborgen ist, stößt dich hinaus.

Er, dessen Macht das All unterworfen ist, treibt dich aus.

Jener weist dich ab, der für dich und deine Engel die ewige Hölle bereitet hat.

Aus seinem Mund geht ein scharfes Schwert aus und er wird kommen, zu richten die Lebenden und die Toten.

Amen.

Nur am Rande sei bemerkt, daß nach archäologischer Erkenntnis weder der zitierte oder ein anderer Pharao noch seine Heerscharen in einem Meer versanken, erst recht nicht im Roten[146]; ebenso sei angemerkt, daß ohne den „Verräter Judas" die christliche Heilsgeschichte gar nicht erst zustandegekommen wäre[147].

---

[146] Ausführlich in „Ärzte, Magier, Pharaonen – Mythos und Realität der altägyptischen Medizin"; Peter W.F. Heller; Engelsdorfer Verlag, Leipzig 2008.
[147] Ausführlich in „Schelte für das Christentum – Frommer Schwindel, echter Glaube"; Peter W.F. Heller; Engelsdorfer Verlag, Leipzig 2008.

Als der genehmigte Exorzismus erstmalig im Haus der Michels praktiziert wird, ahnt niemand der Beteiligten, die Eltern Josef und Anna Michel, Annelieses drei Schwestern, ein befreundetes Ehepaar, welches für sich den zweifelhaften Ruhm beansprucht, die Besessenheit als erste festgestellt zu haben, sowie Arnold Renz und der ihm assistierende Ernst Alt, daß Anneliese Michel nur noch neun Monate leben wird.

Vom September 1975 bis zum Juli 1976 werden jede Woche ein bis zwei Exorzismen abgehalten. Erfolgreich, denn die Dämonen geben ihre Namen preis, Judas, Hitler, Luzifer, Nero, Kain und ein vor einiger Zeit verstorbener fränkischer Pfarrer. Warum dieser Geistliche zu den Dämonen gehört, wird nicht enthüllt. - *de mortuis nil nisi bene*, über die Toten soll man nichts Schlechtes sagen.

Zwischen den Sitzungen setzt Anneliese ihr Studium in Würzburg fort und legt ihre Abschlußprüfung an der Hochschule ab; die Dinge entwickeln sich gut, zunächst.

Anneliese Michels Dämonen scheuen das Weihwasser, sie schlägt um sich und beißt, drei Männer müssen sie festhalten.

Die Dämonen wollen den Körper nicht verlassen und zunehmend entgleitet das Ritual.

Weder das Beten des Vaterunsers noch des Ave-Marias und auch nicht das vorgehaltene Kruzifix besänftigen die Tobende, sie muß zeitweilig gefesselt werden.

Jetzt stellen sich die Anfälle wieder ein, Anneliese wird immer öfter bewußtlos, Lähmungen suchen sie heim; sie verläßt das Haus nicht mehr.

Ihre Zwänge erhalten eine neue Qualität, mit bis zu 600 Kniebeugen in einer Sitzung wollen die bösen Geister den Körper schwächen und sie umbringen.

Niemand kommt auf die Idee, Anneliese Einhalt zu gebieten, auch nicht, als ihre Knie bereits aufgeplatzt sind. Und niemand kommt auf die Idee, ärztliche Hilfe anzufordern, als die junge Frau immer mehr abgemagert, weil sie über Wochen jede Nahrungsaufnahme verweigert, eine Lungenentzündung und hohes Fieber hat.

Gegen 8 Uhr am Morgen des 1. Juli 1976 stellt Anna Michel den Tod ihrer bis zum Skelett abgemagerten Tochter fest.

Der herbeigerufene Pfarrer Ernst Alt verständigt gegen 13 Uhr 30 die Staatsanwaltschaft in Aschaffenburg.

Ein Vernehmungsprotokoll überliefert seine Sicht vom Leben und Sterben der Anna Michel, die zum Zeitpunkt ihres Todes nur noch 31 kg wog:

> Sie hat das Leid anderer auf sich genommen und ein Sühneopfer erbracht. Es war eine atemberaubende Erfahrung.

Die Deutsche Bischofskonferenz setzte schleunigst eine Untersuchungskommission ein. In deren Abschlußbericht ist nichts von einer „atemberaubenden Erfahrung" zu lesen, die Kommission gibt als Ergebnis bekannt, daß Anneliese Michel „nicht besessen" war.

Abb. 51: Die Kanopenkrüge waren nach den Söhnen des Horus benannt: Duamutef, der Falke, für den Krug mit dem Magen. Kebechsenuef, der Schakal, für den mit dem Darm. Hapi, der Pavian, für den mit den Lungen. Amset, menschlich dargestellt, gab den Namen für das Gefäß mit der Leber.

Abb. 52: In der ersten Prüfung des ägyptischen Totengerichts wird der Verstorbene von Anubis zu einer Waage geführt, auf welcher das Herz gegen eine Feder abgewogen und alles Handeln im vergangenen Leben von Thot niedergeschrieben wird. Wiegt die Feder schwerer, ist diese erste Prüfung bestanden und der Verstorbene wird von Horus weitergeführt.Ist das Herz zu schwer, wird es von einem Ungeheuer, dem großen Fresser, verschlungen.

Der Exorzismus ist kein Privileg der katholischen Kirche, auch die lutherisch-evangelische Kirche kennt das Ritual, wenngleich in entschieden moderaterer Form.

Nur eine geringe Zahl von Kirchengemeinden hält sich noch an die von Martin Luther erstmals in seinem „Taufbüchlein" von 1526 gegebene Empfehlung, vor der Taufe entweder den „Kleinen Exorzismus" oder den „Großen Exorzismus" durchzuführen, um so den Wechsel des Täuflings aus dem Machtbereich des Teufels in den Machtbereich Gottes zu bewirken; aus dem aktuellen „Kleinen Katechismus" ist sie ganz verschwunden.

Die Exorzismen unterscheiden sich lediglich durch die gesprochene Beschwörungsformel, zu welcher über dem Täufling das Kreuzzeichen geschlagen wird. Die Formel des „Kleinen Exorzismus" lautet:

Fahre aus Du unreiner Geist und gib Raum dem heiligen Geist.

Die Beschwörung im „Großen Exorzismus" bedarf einiger Worte mehr:

> Ich beschwöre Dich, Du unreiner Geist, bei dem Namen des Va-
> ters und des Sohnes und des Heiligen Geistes, daß Du ausfahrest
> und weichest von diesem Diener Jesu Christi.

Wer dem Rauchen huldigt oder sich an Pornographie ergötzt und als
Mitglied einer der Pfingstkirchen dabei erwischt wird, läuft Gefahr, von
der Gemeinde als vom Dämon besessen betrachtet zu werden.

Der anberaumte Exorzismus, hier treffend als „Befreiungsdienst" bezeichnet, erweist sich als harmlos; er besteht im Regelfall aus dem Auflegen der Hand und dem Sprechen eines kurzen Gebetes.

Sind ganze Immobilien vom Bösen verseucht, hilft ein gemeinsames
„Freibeten".

Über die jeweiligen Erfolge schweigen sich die Beteiligten bislang aus.

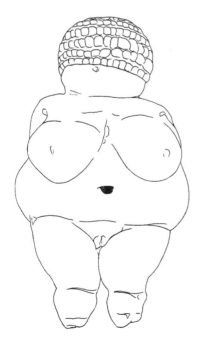

Abb. 53: Die Venus von Willendorf.
1908 finden Bauarbeiter bei Ausschachtungen im österreichischen Willendorf
eine 11 cm hohe, aus Kalkstein gearbeitete, nackte Frauenfigur mit vollen Brüsten
und breitem Gesäß, den gesichtslosen
Kopf bedeckt eine Lockenfrisur. Farbreste
weisen eine dick aufgetragene Bemalung
mit Rötel nach. Über Umwege gelangt das
Artefakt nach Wien, wo Wissenschaftler
das Alter auf etwa 25 000 Jahre datieren.

Nach dem Zusammenbruch des kommunistischen Regimes Ende 1989 erlebt die orthodoxe Kirche Rumäniens eine regelrechte Wiedergeburt. Seit dem Ende des Zweiten Weltkriegs werden erstmalig neue Klöster gebaut oder verfallene wiederhergerichtet. In vielen dieser Bauten gibt es bis heute kein fließendes Wasser und keine Elektrizität, was den Zustrom der Novizinnen und Novizen in keinster Weise mindert. Und in einem extremen Fall stellt sich die Frage, ob der Klostervorsteher eventuell ein direkter Nachfahre von Vlad Drăculea, bekannter unter dem Namen Dracula, und Nicolae Ceauşescu ist.

Irina Maricica Cornici, 1982 im westrumänischen Arad geboren und im dortigen Waisenhaus aufgewachsen, zieht es 2003 in die Fremde. Nicht die Abenteuerlust treibt sie, sondern die in Rumänien allgegenwärtige Armut.

Ihre Mutter, Elena Antohi, hat sie ein Jahr nach der Geburt in das Waisenhaus gegeben. Der Vater hatte sich erhängt, die Mutter war zu arm um das Kind zu ernähren, außerdem trank sie

Von einer Agentur wird sie nach Niederbayern vermittelt, wo sie gegen Kost und Logis sowie einen geringen Lohn bei einer Familie als Au-pair-Mädchen arbeitet.

Irina ist ebenso freundlich wie fleißig und bessert mit zusätzlichen Arbeiten in Haus und Garten ihren Lohn auf. Als sie nach zwei Jahren, sehr zum Leidwesen der bayerischen Familie, nach Rumänien zurückkehrt, hat sie 4000 Euro gespart; eine unglaublich hohe Summe als Mitgift für ein rumänisches Waisenmädchen, ein Vermögen für rumänische Verhältnisse.

Im heimatlichen Arad wird sie von einer befreundeten Familie aufgenommen, die stolz darauf ist, die nunmehr „reiche" Heimkehrerin in ihren bescheidenen Räumlichkeiten beherbergen zu dürfen.

Ende März 2005 reist Irina ins ostrumänische Tanacu, unweit der Grenze zu Moldawien, und besucht eine Freundin, die als Nonne im rumänisch-orthodoxen Kloster der „Heiligen Dreifaltigkeit" ihr Leben dem Glauben geweiht hat und mit der sie seit der gemeinsamen Zeit im Waisenhaus befreundet ist.

Als Irina Maricica nach Arad zurückkehrt, ist sie sich ihrer Bestimmung gewiß; sie will, gleich ihrer Freundin, ihr Leben als Nonne fortsetzen und hat dem Kloster bereits das gesparte Geld versprochen.

Die Freude auf das Zukünftige schlägt jäh in blankes Entsetzen um, das Geld ist bis auf 500 Euro unwiederbringlich weg, die „Freunde" haben davon eine Wohnung gekauft, in die sie bereits eingezogen sind.

Mit fast leeren Händen bittet Irina um Aufnahme in die klösterliche Gemeinschaft, welche ihr gewährt wird; die hochgespannte Erwartung des Klosters auf den versprochenen Geldsegen kann sie nicht erfüllen.

Bereits in den ersten Wochen stellen die Nonnen bei Irina Veränderungen fest, die sie nicht einschätzen können und die sie erschrecken. Die neue Novizin kauert über Stunden in regungsloser Apathie in ihrer Zelle, versäumt die Gebets- und Essenszeiten, und wird dann ohne erkennbaren Anlaß von bis an Raserei grenzenden Ausbrüchen der Wut geschüttelt.

Schließlich bleibt nichts anderes übrig, als die junge Frau unter der Obhut einiger älterer Nonnen in das Krankenhaus im benachbarten Vaslui zu bringen, wo Dr. Gheorge Silvestrovici eine beginnende Schizophrenie diagnostiziert und die stationäre Unterbringung anordnet.

Die Nonnen protestieren mit Vehemenz, die Kranke könne auf keinen Fall bleiben, sie müsse vor einer langwierigen Behandlung in der Klinik noch einige unaufschiebbare, persönliche Angelegenheiten im Kloster regeln.

Widerwillig stimmt Dr. Silvestrovici der sofortigen Entlassung zu, wenn auch unter der Bedingung, daß Irina Maricica sich in zehn Tagen erneut im Krankenhaus meldet und sich für unbestimmte Zeit zur Behandlung ihrer psychischen Störung aufnehmen läßt.

Hinter dem Drängen der Ordensschwestern steht weder eine unaufschiebbare noch persönliche Angelegenheit, sondern der Prior des Klosters, der 29-jährige Daniel Corogeanu. Ein Theologiestudium kann er nicht vorweisen, dafür aber den rechten Glauben. Die Erzdiözese hat ihn zum Priester ordiniert, weil es an geistlichem Nachwuchs fehlt und seine Predigten von den Bewohnern des abgelegenen Dorfes Tanacu mit Begeisterung aufgenommen werden.

Der Prior ist zu einem anderen Schluß als der Arzt gekommen, Irina Maricica Cornici ist nicht krank, sondern vom Teufel besessen. Und den kann er besser austreiben als jeder Mediziner in der Kreisstadt Vaslui, den Teufel treibt man schließlich nicht mit Pillen aus.

Am 10. Juni 2005 beginnt der Exorzismus, am 13. Juni ordnet Daniel Corogeanu an, Irina mit Ketten an Armen und Beinen an ein Kreuz zu fesseln. Da kein passendes Kreuz vorhanden ist, nageln im Klostergarten vier ausgewählte Nonnen zwei Holzbretter entsprechend zusammen.

Irina Maricicas Hand- und Fußgelenke werden mit Tüchern umwickelt, bevor sie mit Eisenketten an das Kreuz gefesselt wird; mit Vorhängeschlössern werden die Ketten geschlossen.

Eine weitere Kette fixiert die Hüfte, ein stramm vor die Brust gebundenes Tuch den Oberkörper am Kreuz, der Mund wird mit einem Klebeband verschlossen.

Dann wird das Kreuz vom Prior und den vier Nonnen, Anastasia, Siluana, Bahomia und Leonila, in die Klosterkirche geschleift und auf Kissen gelagert. Letztere müssen als Dämpfer herhalten, da sich die Gekreuzigte windet und bäumt; das Klebeband macht ihre Schreie nahezu unverständlich.

In den folgenden drei Tagen spricht Daniel Corogeanu Gebete und besprengt die aufs Kreuz gefesselte Irina mit Weihwasser. Anderes Wasser erhält sie nicht, ebenso keine Nahrung, der Mund bleibt mit Klebeband verschlossen, der Gang zur Toilette verwehrt.

Zunehmend heftiger werdende Krämpfe überzeugen den Prior, daß der Teufel immer noch in Irina Maricica Cornici steckt. Der Grund ist ihm völlig klar, sie hat ihre Sünden nicht gebeichtet.

Am 17. Juni merkt Corogeanu endlich, daß die junge Frau nicht mit dem Teufel, sondern mit dem Tod kämpft und läßt einen Rettungswagen aus Vaslui kommen.

Während der Fahrt stirbt Irina; sie ist zu diesem Zeitpunkt 25 Jahre alt. Wassermangel, Atemnot und ein schwerer Schock werden als Todesursache festgestellt.

„Wir haben Irinas Seele gerettet, der Teufel ist um den Preis ihres Körpers besiegt worden.", wird Daniel Corogeanu später sagen.

Das Gericht in Vaslui sieht es anders und verurteilt ihn am 20. Februar 2007 wegen Mordes zu 14 Jahren Gefängnis. Die hauptbeteiligte Nonne wird mit 8 und die drei anderen Nonnen werden mit je 5 Jahren Gefängnis bestraft.

Die Orthodoxe Kirche entzieht dem vormaligen Prior die Priesterwürde und exkommuniziert die Nonnen.

Abb. 54: Schüttelt die mehr oder weniger possierliche Märchengestalt „Frau Holle" ihre Betten aus, prescht die Frau Holle der Mythologie auf einem Schimmel über die Wolken und sorgt so für „Flockengewimmel".
Zeichnung von Friedrich P. Thumann, 1866 zum Professor an der Großherzoglich-Sächsischen Kunstschule in Weimar berufen.

Der Exorzismus hat eine lange Tradition und stammt aus archaischer Zeit, als Schamanen die bösen Geister aus den Körpern und Seelen der Kranken vertrieben. In seinen Ursprüngen ist die Austreibung eine völlig wertfreie Kraft, die den Menschen von den Göttern verliehen wurde, um die Schläge des Bösen abzuwehren.

In der Antike und im Mittelalter galt die Austreibung als normale Behandlung, war doch die tatsächliche Ursache meist ebenso unbekannt wie die Wechselwirkung krankheitsauslösender Faktoren.

Im alten Ägypten waren es die Magier (Abb. 55), die durch ihre aus den großen Eckzähnen der Nilpferde hergestellten Zaubermesser (Abb. 56) in die Lage versetzt wurden, Krankheiten und Dämonen symbolisch aus einem Körper herauszuschneiden und durch bloßes Vorhalten bannen zu können.

Die ägyptischen Magier praktizierten ihre Kunst nicht als Wunderdoktoren im Sinne heutiger Handaufleger und Geistheiler. Ihrem Können wird man gerechter, wenn man sie nicht als Magier oder Zauberer bezeichnet, sondern als Seelenärzte[148].

Wer heute beispielsweise an Schwermut, Platzangst oder Alkoholismus leidet, sucht vernünftigerweise Heilung bei einem Psychiater. Der wird eine Gesprächstherapie verordnen, die mit Medikamenten unterstützt und von kleinen Aufgaben, wie zum Beispiel einer Buchführung, über typische Situationen der Erkrankung oder zeitliches Auftreten bestimmter Symptome begleitet wird.

Der ägyptische Magier bannt den Dämon, der die Krankheit auslöst, indem er eine Therapie aus Heilmitteln, Zaubersprüchen und Amuletten kombiniert. Durch seine magische Einflußnahme bekämpft er die in der Tiefe der Psyche liegenden Ursachen; er nimmt positiven Einfluß auf die Wechselwirkungen und Abhängigkeitsprozesse zwischen Körper und Seele.

Zur Ausstattung des Magiers gehörte, neben seinem Zaubermesser, den Heilpflanzen und Arzneien eine Anzahl von Wachsfiguren. Aus diesen

---

[148] Ausführlich in „Ärzte, Magier, Pharaonen – Mythos und Realität der altägyptischen Medizin"; Peter W.F. Heller; Engelsdorfer Verlag, Leipzig 2008.

Figuren konnte er zum Beispiel ein Abbild des Patienten formen und die Krankheit magisch entfernen. Er konnte dem Patienten zusätzlich versichern, er werde diesen Vorgang auch nach seinem Weggang stetig wiederholen und so das Vertrauen des Kranken in die Wirksamkeit der gesamten Therapie erhöhen. Durch das Verwandeln der kranken in eine gesunde Wachsfigur, das Zeigen der Genesung, setzte er gleichzeitig den Placeboeffekt ein, dessen Wirkung den ägyptischen Ärzten mit Sicherheit geläufig war.

Als Placeboeffekt bezeichnet man heute Heilungen, die durch einen wirkungsfreien Ersatz, eben das Placebo, des wirkenden Medikamentes oder der Behandlung hervorgerufen werden und ihre Ursache in der menschlichen Vorstellungskraft, in der Psyche, haben.
Der Begriff Placebo stammt aus der lateinischen Sprache und bedeutet „Ich werde gefallen". Im Alten Testament der lateinischen Bibel steht in Psalm 116,9: *„Placebo domino in regio vivorum ..."* was soviel bedeutet wie „Ich werde dem Herrn gefallen im Land der Lebenden."
Im Hochmittelalter wurde der gesungene Psalm zur festen Einleitung der Totenmesse; das Anfangswort, also *Placebo,* entwickelte sich zur Bezeichnung für Totenmessen. Um das 14. Jahrhundert herum bestand die Trauergemeinschaft pestbedingt oftmals mehr aus bezahlten denn aus echten Trauernden, die an Stelle der Familie und Freunde bei der Beisetzung anwesend waren und den Psalm, das Placebo, sangen. So bekam das Wort „Placebo" im Laufe der Zeit auch die Bedeutung von Ersatz, wobei diese später auch noch auf Lügner, Heuchler und Schmeichler ausgedehnt wurde. Erst Mitte des 18. Jahrhunderts wurde der Begriff des Placebos in die Medizin übernommen.
Wie der Placeboeffekt wirkt, ist heute festgestellt:
Die durch das Placebo ausgelöste und begründete Hoffnung auf Heilung führt zu Änderungen im Gehirn, bei denen vermehrt Endorphine, sogenannte Glückshormone, ausgeschüttet werden. Diese blockieren Kontaktpunkte im schmerzleitenden Nervensystem und senken dessen Akti-

vität. Das Großhirn nimmt dadurch keine Reize wahr und der Patient fühlt sich schmerzfrei und besser.

Als besonders wirkungsvoll erweist sich der Placeboeffekt, wenn das Placebo, gleich ob als Arznei oder therapeutisch-magische Handlung eingesetzt, eindrucksvoll und sichtbar aufwendig hergestellt, verabreicht oder durchgeführt wird.

Auch das dürften sowohl die ägyptischen Magier als auch die Ärzte gewusst und ihr Wissen entsprechend eingesetzt haben. So wird im Papyrus Ebers empfohlen, beim Auflegen eines Heilmittels einen Zauberspruch zu sagen, der an Wortkraft kaum zu überbieten ist[149]:

Anfang vom Spruch für das Auflegen eines Heilmittels auf irgendein Körperglied eines Mannes:
Ich bin herausgekommen aus Heliopolis zusammen mit den Großen des großen Hauses, den Herren des Schutzes, den Herrschern der Ewigkeit. Und schließlich bin ich herausgekommen aus Sais zusammen mit der Mutter der Götter. Sie haben mir ihren Schutz gegeben, denn Sprüche sind bei mir, die die Allherrin erschaffen hat, um zu beseitigen die Einwirkung eines Gottes, einer Göttin, eines Toten oder einer Toten - beliebig fortzusetzen -, welche in diesem meinem Kopf, in diesem meinem Nacken, in diesen meinen Schultern, in diesem meinem Fleisch und in diesen meinen Körpergliedern sind, um zu bestrafen den Verleumder, den Obersten derer, die eintreten lassen eine Störung in dieses mein Fleisch, Dumpfheit in diese meine Körperglieder, als etwas, das eintritt in dieses mein Fleisch, in diesen meinen Kopf, in diese meine Schultern, in diesen meinen Körper und in diese meine Körperteile.
Ich gehöre Ra, der sagt: Ich bin es, der ihn schützen wird vor seinen Feinden. Sein Führer ist Thot, der veranlasst, daß die Schrift redet. Er macht ein medizinisches Kompendium, er gibt

---

[149] Eb 1, 1,1-1,11; Übersetzung von Wolfhart Westendorf.

nützliche Kenntnis den Wissenden, die hinter ihm sind, um zu erlösen den Kranken, von dem ein Gott wünscht, daß er ihn am Leben erhält. Ich bin einer, von dem ein Gott wünscht, daß er Dich am Leben erhält.
Werde gesprochen während des Auflegens eines Heilmittels auf irgendein Körperglied eines Mannes, das krank ist. Wirklich vorzüglich, Millionen Mal.

Von Hippokrates, einem der berühmtesten Ärzte Griechenlands, ist schriftlich überliefert, daß er Frauenleiden mit von ihm entwickelten Räucherkuren behandelte, welche die Austreibung der krankheitsverursachenden Geister provozieren sollten.
Die Patientinnen saßen dabei mit gespreizten Beinen über einem Räucherbecken, in dem eine kokelnde Mischung aus Robbenfett, Ziegenkot, Hasenhaaren, Rindermist und diversen Gewürzen einen Rauch von übelstem Gestank verbreitete. Die Nebenwirkungen, Husten, Brechreiz und gewaltiges Kopfweh, wurden billigend in Kauf genommen, denn die Mehrzahl der Frauen erklärte danach den Dämon als entwichen und sich als geheilt. – Wohl aus Angst, ansonsten erneut auf den Räuchertopf steigen zu müssen[150].

Spätestens seit Sigmund Freud dürfte allen Beteiligten klar sein, daß die Behandlung psychischer Störungen in die Hand von Fachleuten gehört; ein gebrochenes Bein läßt wohl kaum jemand vom Kammerjäger behandeln.
Mag der seelsorgerische Auftrag noch so verpflichtend sein, im Vordergrund muß das Wohl der „Besessenen" stehen, die in der profanen Obhut klinischer Psychiatrie meist besser aufgehoben sind als im weihrauchgeschwängerten Milieu religiöser Rituale. Nichts spricht dagegen, daß

---

[150] Ausführlich in „Ärzte, Magier, Pharaonen – Mythos und Realität der altägyptischen Medizin"; Peter W.F. Heller; Engelsdorfer Verlag, Leipzig 2008.

geistlicher Beistand die Behandlung unterstützt, soweit die Therapie es zuläßt und diese der Hand der Mediziner nicht entgleitet.

Auch wenn der Placeboeffekt bei der Betreuung durch einen Geistlichen zum Tragen kommt oder kommen könnte, gehört in dessen Obhut nur die geistliche und auf keinen Fall die geistige Verwirrung.

Abb. 55:Die Hieroglyphen für den ägyptischen Magier, *sau* (*ḥk3w*).

Eine Besessenheit der besonderen Art hatte Ende der 1960er-Jahre eine Rechtsanwaltskanzlei im oberbayerischen Alpenvorland, in Rosenheim, medienwirksam zu vermelden.

Glühende Glühbirnen und leuchtende Neonröhren explodierten, Lampen schwangen hin und her, Bilder rotierten an der Wand und eine gemessene Stromstärke von stoßweise bis zu 50 Ampere, 10 hätten es nur sein dürfen, ließ massenhaft Sicherungen zu Bruch gehen.

Mobiliar wurde von Geisterhand verschoben, welche auch nicht davor zurückschreckte, Schubladen zu öffnen und deren Inhalt auf dem Boden zu verstreuen.

Eine besondere Vorliebe hatte der Teufel für das Telefonieren, innerhalb einer einzigen Stunde wählte er beispielsweise sechzigmal die Zeitansage; gebührenpflichtig, versteht sich.

Daß es der Teufel war, bewies sich durch seine Spuren, vom Volksmund als Teufelsdreck bezeichnete, verwischte, schwarze Flecken an den Wänden. Die hinterließ er aber nur, wenn er vorher geklopft hatte; neben dem Hang zum Telefon offenbar die zweite Vorliebe.

All das ereignete sich ausschließlich, wenn sich eine 19-jährige Mitarbeiterin in der Kanzlei aufhielt, welche nach eigener und der Meinung ihres Arbeitgebers an dem Treiben völlig unschuldig war und mit dem Teufelswerk nichts zu tun hatte. Das brachte ihr den Ruf eines hochbegabten Mediums ein.

Das „Institut für Grenzgebiete der Psychologie und Psychohygiene" der Albert-Ludwigs-Universität Freiburg entsandte ihren habilitierten Leiter, der die Begabung der Neunzehnjährigen bestätigte.

Eine ganze Delegation entsandte das zuständige Fernmeldeamt; die bodenständigen Techniker kümmerten sich weniger um Grenzgebiete der Psychologie als mehr um die am Ende ihrer Untersuchung für einwandfrei befundene Telefonanlage. Sie bannen den Teufel, zumindest den Telefonteufel, mit einem Telefonschloss, zu dem nur der Rechtsanwalt den Schlüssel besitzt.

Unverrichteter Dinge mußten hingegen die Spezialisten abziehen, welche das Stromnetz überprüft hatten. Von Ratlosigkeit geprägt ist der Bericht der Rosenheimer Prüfamtaußenstelle vom 21. Dezember 1967, in dem es heißt[151]:

> Das Stromversorgungswerk war von Anfang an in Ordnung. Für die phänomenalen Erscheinungen müssen für die Technik bisher unbekannte Kräfte verursachend sein.

Das ist der Stand der Dinge, zumindest bis der Illusionist mit dem Künstlernamen „Allan", im Nebenberuf „Geisterjäger", zusammen mit einem Psychologen und einem Journalisten, alle im gemeinsamen Kampf gegen den Aberglauben erprobt, vom Rosenheimer Anwalt mit viel Freundlichkeit empfangen wird.

Das Trio sieht sich in der Kanzlei um und findet Hinweise, die weder auf den Teufel noch auf die hohe Schule der Zauberkunst, vielmehr auf den reichen Fundus schlichter Pennälerstreiche weisen.

So können heiße Glühbirnen bersten, wenn sie mit kaltem Wasser angespritzt werden, zum Beispiel aus einer Wasserpistole. Enorme Schwan-

---

[151] Verfaßt vom damaligen Leiter der Rosenheimer Prüfamtaußenstelle, Paul Brunner.

kungen im Hausstromnetz lassen sich mit Hilfe eines selbstgebastelten Gleichrichters und eines Schraubenziehers erzielen.

Besondere Aufmerksamkeit wird einer pendelnden Lampe gewidmet, deren Schwingungen am 4. Dezember 1967 vom Kanzleipersonal protokolliert wurden:

11 Uhr 30:	Lampe im kleinen Flur schwingt aus.
15 Uhr:	Lampe im kleinen Flur schwingt schräg.
15 Uhr 12:	Lampe im kleinen Flur schwingt erneut, diesmal länger.
15 Uhr 19:	Lampe im kleinen Flur schwingt.
16 Uhr 23:	Lampe schwingt so stark aus, daß sie am gegenüberliegenden Türrahmen anschlägt.

Aus der Zeit der Gasbeleuchtung stammt das Gasrohr an der Decke des „kleinen Flurs", der Rest eines Nylonfadens an diesem Rohr sowie an einem Kettenglied der Lampe ist entschieden neueren Datums.

Hinweise auf Nylonfäden finden sich auch an Bildern; ein Wandkalender hängt an einem Nagelstumpf ohne Kopf, ein Bilderrahmen ist „auf Bruch" präpariert.

Die Haushälterin wird nach dem Klopfgeist befragt, während einer der drei Geisterjäger im Zimmer nebenan mit der Faust an die Wand klopft. Die Frau schüttelt den Kopf, das ist nicht das richtige Klopfen. Dann klopft es wieder und diesmal ist es das „richtige" Klopfen.

Der Teufel hat sich enttarnt, er zeigt sich als Gummiknüppel, der hinter einem mit Ziergefäßen beladenen Regal lag. Beim Schlagen gegen die Wand hinterläßt er schwarze Wischspuren, Teufelsdreck.

Die Verabschiedung fällt weit weniger freundlich aus als der Empfang. Am 31. Juli 1968 wechselt die Mitarbeiterin, das „hochbegabte Medium", in eine andere Kanzlei. Mit ihr verschwindet auch der Teufel, ohne allerdings in der neuen Kanzlei wieder aufzutauchen. Ob er endgültig zur Hölle gefahren ist?

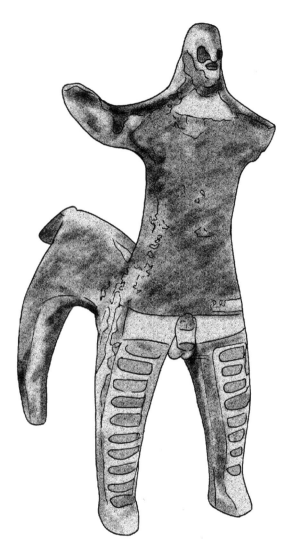

Der drohende Centaur, eine Terrakotte aus dem späten 8. Jahrhundert v. Chr., gehört zu den eindrucksvollsten Funden, welche die Archäologen in Uruk freilegten. Zu dieser Zeit war Uruk mit hoher Wahrscheinlichkeit die größte Stadt der Alten Welt und wurde erst rund 200 Jahre später von Babylon überflügelt. Der Centaur zählt heute zu den Schätzen der Staatlichen Antikensammlung München.

Epilog

Weder Adam noch Eva haben jemals in der von der Bibel angebotenen Formulierung existiert und können somit auch das Böse nicht in die Welt gebracht haben.
Das Paar selbst, die Schlange und auch das Paradies, erweisen sich bei kritischer Betrachtung als ein Konglomerat aus Elementen frühorientalischen Götterglaubens und Überlieferungen aus vorgeschichtlicher Zeit.
Als Paten der als Genesis bezeichneten Schöpfungsgeschichte haben die Mythen der frühen Völker Mesopotamiens, von den Sumerern bis hin zu den Babyloniern, den Autoren bei ihrer Niederschrift im sechsten und fünften vorchristlichen Jahrhundert beigestanden.
Das macht jede Überlegung zur „Erbsünde" obsolet, wenn nicht gar lächerlich.

Der Mensch und sein Gehirn, immer noch das des urzeitlichen Jägers und Sammlers, neigen zur Personifizierung natürlicher, wenn auch in ihren Ursachen nicht greifbaren, Gegebenheiten und Ereignisse.
Ethnologische Forschungen haben inzwischen gezeigt, wie eine Religion entsteht und sich entwickelt. Entgegen früheren Thesen ist der Auslöser einer Religionsbildung nicht die Suche nach dem Erklärbaren für das Unerklärbare, wie in den nördlichen Breiten zum Beispiel die Phänomene Blitz und Donner und in Ägypten Wind, Mond und Sonnenlauf, auch nicht das Phänomen des Todes, sondern völlig anderer Art.
Die vorzeitlichen Menschen waren nicht die Sucher nach Erklärungen für ihre Umwelt, dazu war das Leben viel zu hart und die Lebens- und Sippenerhaltung vorrangig. Sie suchten Erleichterung für ihr Dasein, zum Beispiel durch bessere Jagd und später durch reichlichere Ernten.
So übertrugen sie Verhaltensweisen des eigenen Lebens in erste religiöse Rituale und legten Opfergaben als Tauschhandel mit den Mächten der Natur nieder.
Begleitend versuchten sie in einem weiteren Schritt, mit den Göttern zu kommunizieren, malten Symbole ihrer Wünsche an Höhlenwände, spra-

chen Gebete oder versetzten sich mit Drogen in Trance. In dieser Phase religiöser Evolution setzte auch die menschliche Neigung ein, alles Unerklärliche durch „jenseitige" Mächte zu erklären.

Im weiteren Verlauf werden Gottheiten mit Namen und Zuständigkeiten geschaffen und mit fortschreitender Entwicklung vermenschlicht, was die Kommunikation mit ihnen auf „gleicher Augenhöhe" erleichtert. So wird auch das Böse personifiziert und präsentiert sich im Christentum und seinen korrespondierenden Religionen in der Person des Teufels.

Daß bei diesem Vorgang kirchlicherseits von den sogenannten Kirchenvätern mehr als nur kräftig nachgeholfen wurde, mindert in keinster Weise den Volksglauben an diese Gestalt.

Gelegen kam bei der „Schöpfung" des Teufels die Möglichkeit, diesen mit Attributen aus dem alten, dem heidnischen, Götterglauben auszustatten, der, wenn auch regional unterschiedlich, in der Tradition seine mehr oder weniger deutlichen Spuren zeigte, die es nachhaltig zu tilgen galt.

Zum permanenten Kampf gegen den Teufel scheint sich die Katholische Kirche als auserwählt und berufen zu befinden, die einen direkten Zusammenhang zwischen Sünde und Teufel erkennt, wie es Papst Paul VI., ihm wurde 1953 das Großkreuz des Verdienstordens der Bundesrepublik Deutschland verliehen, in seiner Generalaudienz am 15. November 1972 ausführte:

Eines der großen Bedürfnisse der Kirche ist die Abwehr jenes Bösen, das wir den Dämon nennen. Wir stoßen auf die Sünde, die eine Pervertierung der menschlichen Freiheit und tiefste Ursache des Todes ist, weil sie uns von Gott, der Quelle des Lebens, trennt. Und die Sünde gibt ihrerseits einem dunklen feindlichen Täter, dem Dämon, der die Sünde bewirkt, Gelegenheit zum Eingriff in uns und unsere Welt. Das Böse ist eine wirkende Macht, ein lebendiges spirituelles Wesen, verderbt und verderbend, eine schreckliche Realität, mysteriös und beängstigend...

Im Vergleich mit der christlichen Höllenvorstellung nebst Teufel nehmen sich die Jenseitswelten der Klassischen Antike sowie Mittel- und Nordeuropas ausgesprochen harmlos aus, denn nach wie vor überwiegt in der Christenheit das Bild einer Flammenhölle voller böser Geister, welche die armen Seelen allen erdenklichen Torturen unterwerfen; die gegenteiligen Worte Papst Johannes Paul II. vermochten daran kaum etwas zu ändern.

Abb. 56: Mit aus den großen Eckzähnen der Nilpferde hergestellten Zaubermessern sahen sich die altägyptischen Magier in der Lage, Krankheiten und Dämonen symbolisch aus einem Körper herauszuschneiden und durch bloßes Vorhalten bannen zu können.

Der italienische Dichter und Philosoph Dante Alighieri, einer der bedeutendsten Dichter des mittelalterlichen Europas, schuf im frühen vierzehnten Jahrhundert mit seiner „Göttlichen Komödie" nicht nur die italienische Literatursprache, sondern auch das Bild der Hölle, wie es in seinen wesentlichen Zügen bis heute überkommen ist.

Wie tief geprägt diese Züge sind, zeigt sich nicht zuletzt an der Tatsache, daß es weder mit dem Aufkommen des Humanismus und der Aufklärung im siebzehnten Jahrhundert noch der Französischen Revolution im späten achtzehnten Jahrhundert gelang, Dantes Höllenbild aus den christlichen Köpfen zu verdrängen.

Der Grund liegt auf der Hand, den Kirchen ist nur wenig daran gelegen, diese angstauslösende Metapher zu bannen, gehört die angedrohte Höllenqual doch zu den wirkmächtigsten Instrumenten des Klerus', dem inzwischen nahezu sämtliche weltlichen Druckmittel entzogen worden sind.

Letzeres läßt die Worte von Nicolas-Sylvestre Bergier, dem großen französischen Theologen, Apologeten und Gegner Voltaires, in der *Encyclopédie Française* von 1772 verstehen, nämlich „daß die Hölle erfunden werden müßte, wenn es sie nicht gäbe."...

Die Venus vom Galgenberg.
Die 7,2 cm hohe Figur aus grünem Serpentin wurde am 23. September 1988 bei den Grabungen an einem Wohnplatz paläolithischer Jäger auf dem Galgenberg zwischen Stratzing und Krems-Rehberg in Niederösterreich gefunden. Die Datierung mittels Radiokarbontest auf ein Alter von 30 000 Jahren konnte durch in der gleichen Schicht geborgene Holzteilchen bestätigt werden. Fraglich ist, ob es sich tatsächlich um eine Muttergottheit, eine Ahnin der Frau Holle, oder einen Jäger mit Keule handelt.

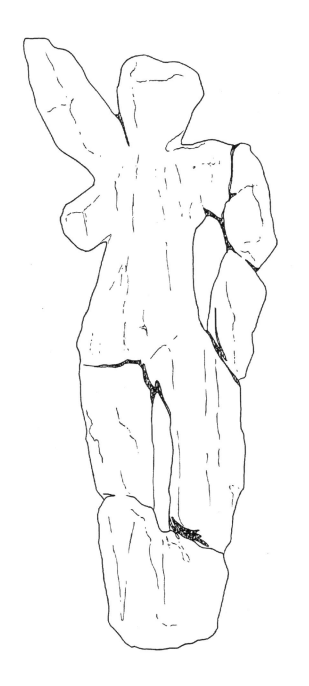

Glossar

AAS

Abkürzung für *Acta Apostolica Sedis*, dem seit 1909 in lateinischer Sprache einmal jährlich erscheinenden Amtsblatt des Vatikans. Vorgänger war das von 1869 bis 1909 erschienene Amtsblatt *Acta Sanctae Sedis*.

A.B.

Abkürzung für „Augsburger Bekenntnis".

Achilles

Achilleus, verdeutscht Achill; in der griechischen Mythologie ein außer an der Ferse unverwundbarer Held der Griechen vom Stamm der Achaier im sagenhaften Kampf um Troja.

Akkusativ

Grammatisch der 4. Fall, auch als Wenfall bezeichnet, da mit Wen oder Was nach dem Akkusativ gefragt wird.

Allegorie

Abgeleitet vom griechischen αλληγορέω, „etwas anders ausdrücken"; literarische Form einer indirekten Aussage, bei der eine Sache, ein Vorgang, ein Ding oder eine Person wegen einer Ähnlichkeitsbeziehung als Zeichen für eine Sache, einen Vorgang, ein Ding oder eine Person eingesetzt wird.

Altes Observatorium Peking

Gegründet von den Astronomen Wáng Xún, 王恂, und Guō Shǒujìng, 郭守敬, in der Nähe des heutigen, als Museum dienenden Observatoriums. Es ersetzt das Observatorium, welches im Auftrag Kublai Khans seit 1279 dafür sorgte, daß der sich nach Sonne und Mond orientierende Kalender der Chinesen nicht allzusehr in Unordnung geriet.

Altes Reich

Das Alte Reich Ägyptens wird zwischen 2640 und 2134 v. Chr. angesetzt. Beginnt mit der 3. Dynastie 2640 und endet mit der 8. Dynastie 2134 v. Chr.

Ambrosius von Mailand

Geboren 339 in Trier; gestorben am 4. April 397 in Mailand. Jüngerer Bruder der heiligen Marcellina. 372 oder 373 Präfekt der Provinz Ämilien und Ligurien. 374 zum Bischof von Mailand gewählt. Wurde 1298 mit dem Ehrennamen „Kirchenvater" ausgestattet.

Amenti

Nach der altägyptischen Lehre die westliche Eingangspforte, durch welche der Verstorbene das Jenseits betritt.

Amorth, Gabriele

Pater Gabriele Amorth; geboren am 1. Mai 1925 in Modena, Italien. Römisch-katholischer Priester, oberster Exorzist des Papstes, seit 1986 ordinierter Exorzist der Diözese Rom und seit 1994 gewählter Präsident der Internationalen Vereinigung der Exorzisten, einer 1990 von ihm selbst gegründeten Organisation.

Amun

Auch Amen, Amon, Ammon, Amoun, selten auch Imenand. Schöpfer- und Fruchtbarkeitsgott; in Karnak als Reichsgott verehrt. Göttergestalt mit hoher Federkrone. Tierische Erscheinungsform Widder oder Stier.

Anubis

Schutzgott der Balsamierer, Vermittler zwischen dem Verstorbenen und dem Totengericht. Illegitimer Sohn des Osiris mit Nephthys. Tritt als Schakal, schwarzer Hund oder Mensch mit Schakalkopf auf.

Aphrodisiakum
Abgeleitet von Aphrodite, der altgriechischen Göttin der Liebe. Bezeichnung für ein Mittel zur Steigerung, Wiedererweckung oder Belebung der sexuellen Begierde und des Lustempfindens.

Apologet
Abgeleitet vom griechischen απολογηστής, „Verteidiger". Ursprünglich Titel eines juristischen Magistratsbeamten im griechischen Stadtstaat, bezeichnet der Begriff heute den Verteidiger einer Weltanschauung oder Religion.

Apostel
Im Verständnis christlicher Tradition sind Apostel zur Mission berufene Auferstehungszeugen Jesu Christi. Abgeleitet vom griechischen απόστολος, *apostolos*, was soviel wie Gesandter oder Sendbote bedeutet. Kennzeichnend für einen Apostel ist das nur kurze Verweilen an einer Wirkungsstätte, welche er nach Aufbau einer neuen Gemeinde zu weiteren Missionierungen wieder verläßt.

Archaisch
Aus der Urzeit der Menschheit stammend; mit dem undifferenzierten und sachlich nicht immer gerechtfertigten Makel des Primitiven und der Ungerechtigkeit behaftet.

Armillarsphäre
Astronomisches Gerät sowohl zur Messung von Koordinaten am Himmel als auch der Darstellung der Bewegung von Himmelskörpern. Besteht aus mehreren, gegeneinander drehbaren Metallringen und bildet in der Gesamtheit eine Kugel.

Artus
Englisch *Arthur*; vorgeblich in der Tintagel in Cornwall geboren; sagenhafter britischer König, dem die Vereinigung der britischen Kleinkönig-

tümer zum Kampf gegen die eindringenden Angeln und Sachsen um 500 unter seiner Führung zugeschrieben wird. Im Rittersaal seiner Burg Camelot soll sich ein runder Tisch befunden haben, an welchem sich die aus den zwölf besten Rittern des Abendlandes bestehende „Tafelrunde" versammelte.

Ascot-Pferderennen
Royal Ascot, seit dem 11. August 1711 alljährlich auf dem Ascot Racecourse in Ascot nahe Windsor, Grafschaft Berkshire, auf Initiative der damaligen Königin Anne abgehalten.

AT
Abkürzung für „Altes Testament".

Athanasius Kircher
Latinisiert *Athanasius Kircherus Fuldensis*; geboren am 2. Mai 1602 in Geisa in der Rhön; gestorben am 27. November 1680 in Rom. Deutscher Jesuit und Universalgelehrter. Lehrte und forschte am Collegium Romanum in Rom. Übersetzte erstmalig, wenn auch völlig falsch, die ägyptischen Hieroglyphen.

Attische Demokratie
Vorläuferin einer auf das Prinzip der Volkssouveränität gegründeten politischen Ordnung mit dem Zentrum Athen. Frauen, Sklaven und Bewohnern Athens auswärtiger Herkunft, Metöken, hatten kein Stimmrecht. Erreichte ihre deutlichste Ausprägung zwischen den Perserkriegen und dem Peloponnesischen Krieg, der mit dem Sieg Spartas endete, also zwischen 490 und 404 v. Chr.

Augsburger Bekenntnis
Abgekürzt „A.B.", auch *Confessio Augustana*, abgekürzt „CA", oder „Augsburger Konfession". Grundlegendes Bekenntnis der lutherischen Reichsstände, welches auf dem Reichstag von Augsburg am 25. Juni 1539 Kaiser Karl V. in 28 Artikeln schriftlich fixiert dargelegt wurde.

Augustinus von Hippo
Geboren am 13. November 354 in Tagaste, dem heutigen Souk Ahras, Algerien; gestorben 28. August 430 in Hippo Regius, dem algerischen Annaba. Von 395 bis zu seinem Tod Bischof von Hippo Regius. Eines seiner Hauptwerke ist die Schrift *De civitate Dei*, "Über den Gottesstaat", an welcher er unter dem Eindruck der Eroberung Roms durch die Westgoten von 413 bis 426 arbeitete.

Au-pair
Au-pair-Mädchen, Au-pair-Junge; Bezeichnung junger Erwachsener, selten auch Jugendlicher, die gegen Kost und Logis sowie ein Taschengeld bei einer Gastfamilie im In- oder Ausland tätig sind, um im Gegenzug Sprache und Kultur des Gastlandes oder der Gastregion kennenzulernen.

Avesta
Heiliges Buch des Zoroastrismus. Beinhaltet eine Sammlung sprachlich und stilistisch unterschiedlicher Texte aus verschiedenen Zeiten; enthält die sogenannten Gathas, die fünf ältesten Hymnen des Werkes, welche dem Propheten Zaratustra selbst zugeschrieben werden.

Bedellion
Altertümlicher Oberbegriff für Weihrauch, zum Räuchern verwendete Harze des Baumes aus der Familie der Balsambaumgewächse, *Burseraceae*, der Gattung *Boswellia*, welcher in sechs Arten in den Trockengebieten um das Horn von Afrika, in Arabien und Indien gedeiht.

Beltane
Auch *Beltaine*; *Bealtaine* oder *Bhealltainn*. Keltisches Frühlings- und Fruchtbarkeitsfest, welches in der Nacht zum und am 1. Mai gefeiert wird. Gilt als zweiter Höhepunkt des keltischen Jahreskreises, hier als Fest der Aufblühenden Jugend.

Benedikt XII.

Als Jacques Fournier um 1283 in Saverdun bei Toulouse geboren; gestorben am 25. April 1342 in Avignon. Papst vom 20. Dezember 1334 bis zu seinem Tode 1342. Hochgelehrter Theologe und Reorganisator der Kurie, Verfasser diverser Traktate zur Bekämpfung verbreiteter Irrlehren. Gab große Summen für die Renovierung des Peterskirche und des Laterans aus, blieb aber auf Drängen des französischen Königs Philipp VI. und der Mehrheit der Kardinäle wegen der anarchischen Situation in Italien und im Kirchenstaat in Avignon.

Bergier, Nicolas-Sylvestre

Geboren am 31. Dezember 1718 in Darney, Département Vosges in den Vogesen, Frankreich; gestorben am 9. April 1790 in Paris. Katholischer Theologe und Apologet wider den französischen Deismus und Materialismus; streitbarer Gegner Voltaires. Domherr von Nôtre-Dame de Paris, Beichtvater des Bruders Ludwigs XIV., Autor christlicher Schriften und zeitweilig Mitarbeiter an der Encyclopédie Française.

Bernhard von Clairvaux

Um 1090 auf Burg Fontaines nahe Dijon geboren; gestorben am 20. August 1153 in der gleichnamigen Abtei von Clairvaux bei Troyes, welcher er als Abt vorstand. 1174 von Papst Alexander III. heiliggesprochen. Warb im Auftrag Papst Eugen III. erfolgreich für den Zweiten Kreuzzug. Verdammte das weltliche Rittertum wegen sittlichen und moralischen Verfalls und idealisierte die Verbindung des Mönchtums mit dem Rittertum, was letztlich zur Gründung des Templerordens führte.

Bonifatius

Winfried von Wessex; geboren um 673 in Crediton bei Wessex im Südwesten Englands aus adelig-grundherrschaftlichem Geschlecht; gestorben am 5. Juni 754 bei Dokkum, heute die nördlichste Stadt der Niederlande. Erziehung im Kloster Exeter, später im Kloster von Nursling bei Winchester. Wird als „Apostel von Deutschland" bezeichnet. 716 erste

Missionsreise zu den Friesen; 722 von Papst Gregor II. in Rom zum Missionsbischof geweiht; 723 Fällung der Donar-Eiche in Geismar bei Fritzlar in Hessen; 747 Ordination zum Erzbischof mit Sitz in Mainz, Abdankung 753; 754 letzte Missionsreise, bei welcher er und 52 seiner Gefährten in Dokkum von Friesen erschlagen werden. 1855 Heiligsprechung durch Papst Pius IX.

Bonifatius VIII.

Geboren um 1235 in Anagni, Latium, als Benedetto Caetani; gestorben am 11. Oktober 1303 in Rom. Papst von 1294 bis zu seinem Tode. Zunächst mit Philipp IV. von Frankreich verbündet, geriet er mit dem König in Streit, da dieser den Kirchenzehnten für sich beanspruchte und 1296 den französischen Klerus besteuern wollte. Am 7. September 1303 wurde im Auftrag Philipps ein Attentat auf den in seiner Sommerresidenz in Anagni weilenden Papst verübt, welches er überlebte und am 25. September nach Rom zurückkehrte.

Borromäerinnen

Barmherzige Schwestern vom heiligen Karl Borromäus; katholische, sich der Krankenpflege widmende Ordensgemeinschaft; gegründet 1652 in Nancy, Frankreich.

Bosch, Hieronymus

Jeroen Anthoniszoon van Aken, nannte sich „Bosch" nach seiner Heimatstadt Den Bosch. Geboren um 1450 in Den Bosch, Hauptstadt der niederländischen Provinz Nordbrabant; gestorben ebenda im August 1516. Bedeutender Maler des ausgehenden Mittelalters.

Bossuet, Jacques Bénigne

Geboren am 27. September 1627 in Dijon, Frankreich; gestorben am 12. April 1704 in Paris. Bischof von Meaux und Erzieher des Kronprinzen und vom König geschätzter Autor, Mitglied der *Académie Française*.

Botticelli, Sandro
Eigentlich Alessandro die Mariano Filipepi. Geboren am 1. März 1445 in Florenz; ebenda gestorben am 17. Mai 1510. Bedeutender italienischer Maler und Zeichner der frühen Renaissance.

Buddhismus
Weltweit viertgrößte Religion mit Ursprung in Indien, besonders in Süd-, Südost- und Ostasien verbreitet. Beruft sich auf die Lehre des nach der Überlieferung 563 v. Chr. geborenen und 483 v. Chr. verstorbenen Siddhartha Gautama, Ehrentitel *Buddha*, „Erwachter", welche eine fundamentale und befreiende Einsicht in die Grundbedingungen allen Lebens beinhaltet, aus welcher sich die Überwindung des Daseins im Jetzt ergibt. Wichtiger Inhalt der Religion ist der Glaube an die Seelenwanderung.

Bulge
Einbuchtung; altertümliche Bezeichnung für eine Senke, ein Tal oder einen Graben.

Byzanz
Verkürzt für das Byzantinische, bzw. Oströmische Reich. Kaiserreich im östlichen Mittelmeerraum, in der Spätantike aus der östlichen Hälfte des Römischen Reiches entstanden; untergegangen 1453 mit der Eroberung Konstantinopels, dem heutigen Istanbul, durch die Osmanen.

Calvin, Johannes
Jean Cauvin, verdeutscht Johannes Calvin, geboren am 12. Juli 1509 in Noyon, Frankreich; gestorben am 27. Mai 1564 in Genf, Schweiz. Reformator und Begründer des Calvinismus. Nach diesem ist alles Menschenwerk, wie z.B. auch Sakramente und Reliquien, der Versuch der Einschränkung göttlicher Souveränität durch Bindung an Irdisches. Calvins Gnaden- und Offenbarungslehre gelten als besonders schroff.

Ceauşescu, Nicolae

Nicolae Ceauşescu; geboren am 26. Januar 1918 in Scorniceşti; Tod durch Erschießen am 25. Dezember 1989 in Târgovişte. Von 1965 bis 1989 Generalsekretär der Rumänischen Kommunistischen Partei; von 1967 bis 1989 Staatspräsident Rumäniens, bis 1974 als Vorsitzender des Staatsrates. Baute eine Diktatur nach stalinistischem Vorbild mit ausgeprägtem Personenkult auf, in welchem er Wert auf den Titel *Conducător*, „Führer", legte.

Chatten

Germanischer Volksstamm mit Siedlungsschwerpunkt im Bereich der Täler von Eder, Fulda und des Oberlaufes der Lahn. Namensgeber des heutigen Hessen.

Clemens V.

Papst von 1305 bis 1314; verlegte 1309 die päpstliche Residenz nach Avignon.

Clermont

Clermont-Ferrand, Hauptstadt der Region Auvergne, Frankreich. Bischofssitz Seit dem 4. Jahrhundert Bischofssitz.

Constantin I.

Flavius Valerius Constantinus; geboren am 27. Februar um 278 in Naissus, dem heutigen Niš in Serbien; gestorben am 22. Mai 337 bei Nikomedia, dem heutigen İzmit in der Türkei. Von 306 bis 337 römischer Kaiser, Alleinherrschaft jedoch erst seit 324.

Dante Alighieri

Geboren 1265 in Florenz; gestorben am 14. September 1321 in Ravenna. Italienischer Dichter und Philosoph, der mit seiner *La Comedia*, „Die Komödie", die italienische Literatursprache schuf und das bis dahin dominierende Latein ablöste. Bekanntester Dichter Italiens und einer der bedeutendsten Dichter des europäischen Mittelalters.

Daoismus

Abgeleitet vom chinesischen *dàojiào*, „Lehre des Weges", auch Taoismus. Chinesische Philosophie und Religion, gilt als in China begründete und authentische Religion. Ursprünge im 4. Jahrhundert v. Chr.; gründet sich auf die Weisheiten des Laozi, auch Laotse oder Lao-tzu. Prägte neben dem Konfuzianismus und Buddhismus als eine der „Drei Lehren" China maßgeblich, insbesondere in den Bereichen Politik, Wirtschaft, Literatur, Kunst, Musik, Ernährungskunde, Medizin, Chemie, Kampfkunst und Geographie.

Deklination

Beugung; Regel, nach welcher bestimmte Wortarten in der Grammatik einer Sprache nach Fall, Zahl und Geschlecht verändert werden.

Deus lo vult

„Gott will es", spätlateinischer Schlachtruf der Kreuzfahrer.

Dogma

Vom griechischen δόγμα, *dógma*, Meinung, Lehrsatz; bezeichnet eine festlegende Definition um einem Glauben einen unumstößlichen Wahrheitsgehalt zuzuschreiben, eine Übereinstimmung mit der Wirklichkeit allerdings voraussetzend.

Dokkum

Nördlichste Stadt der Niederlande. Hier wurde der missionierende heilige Bonifatius am 5. Juni 754 während einer Einsegnung von einem Friesen erschlagen.

Domitian

Titus Flavius Domitianus; geboren am 24. Oktober 51 in Rom; gestorben am 18. September 96 in Rom. Römischer Kaiser von 81 bis 96, Nachfolger seines Bruders Titus, dritter und letzter Herrscher aus dem Hause der Flavier.

Drăculea

Vlad III. Drăculea, auch Vlad III. Țepeș; geboren am 7. Dezember 1431, vermutlich in Sighișoara; gestorben im Dezember 1476 in Bukarest. War 1448 sowie von 1456 bis 1462 und 1476 Wojwode, entspricht in etwa dem Rang eines Herzogs, des Fürstentums Walachei im heutigen Rumänien. Den Beinamen *Țepeș*, „der Pfähler", erhielt er wegen seiner bevorzugten Hinrichtungsart, dem Pfählen. Der Beiname Drăculea, Sohn des Drachen, leitet sich von der Mitgliedschaft seines Vaters, Vlad II. Dracul, im sogenannten „Drachenorden", einem 1408 gegründeten katholischen Adelsorden, ab; nach der Bedeutung des rumänischen Wortes *Drac*, „Teufel", häufig falsch als „Sohn des Teufels" übersetzt. Die Legenden um Vlad III. Drăculea dienten dem irischen Schriftsteller Bram Stoker als Vorlage für seinen 1897 veröffentlichten Roman „Dracula".

Duat

Nach der altägyptischen Lehre der östliche Teil des Jenseits', welches der Verstorbene nach dem Passieren des westlichen Teils betritt. Die Psychostasie, der Vorgang des letzten Gerichts, findet auf der Grenze zwischen beiden Teilen statt.

EA

Abkürzung für „El Amarna", Amarna-Brief.

Echnaton

Amenophis IV., „Amun ist zufrieden", Pharao von 1364 bis 1347 v. Chr.; nannte sich ab etwa 1345 v. Chr. Echnaton, „Lebender Aton".

Emission

Abgeleitet vom lateinischen *emittere*, „herausschicken", „heraussenden", wörtlich „Austrag". Bezeichnet im Allgemeinen das Aussenden von Störfaktoren in die Umwelt.

Epilepsie

Abgeleitet vom altgriechischen ἐπίληψις, epílēpsis, „der Anfall", „der Übergriff"; lateinisch *epilepsia*; auch Fallsucht oder Krampfleiden genannt. Bezeichnet ein Krankheitsbild mit mindestens einem spontan auftretenden Krampfanfall, welcher durch keine vorausgehende erkennbare Ursache hervorgerufen wird.

Etymologie

Wissenschaft von der Herkunft und Geschichte der Wörter unter besonderer Berücksichtigung der Entwicklung ihrer Bedeutung und Form.

European Values Study

Umfassende, transnationale empirische Langzeitstudie zu den Werten und Einstellungen der Europäer.

Farnesische Sammlung

Sammlungen antiker griechischer und römischer Kunstschätze, angelegt von der Familie Farnese zwischen dem 16. und 19. Jahrhundert in Rom und Caprarola, südöstlich von Viterbo. Schwerpunkt sind römische Nachbildungen griechischer Skulpturen.

Felide

Katzenartiges Fabeltier der Mythologie.

Figurine

Kleine, antike Statue.

Flagellanten
Christliche Laienbewegung im 13. und 14. Jahrhundert, deren Anhänger durch Geißelung Buße taten.

Freud, Sigmund
Sigmund Freud, ursprünglich Sigismund Schlomo Freud; geboren am 6. Mai 1856 im mährischen Freiberg, heute das tschechische Příbor; gestorben am 23. September 1939 in London. Bedeutender österreichischer Arzt, Tiefenpsychologe sowie Glaubensskeptiker und Religionskritiker. Erlangte als Begründer der Psychoanalyse weltweite Bekanntheit. Wird zu den einflußreichsten Denkern des 20. Jahrhunderts gezählt.

Galileisches Fernrohr
Auch als „Holländisches Fernrohr" bezeichnet, da es um 1608 vom holländischen Brillenmacher Hans Lipperhey in Middelburg in der heutigen Provinz Zeeland erfunden wurde; Galileo Galilei entwickelte das Fernrohr weiter. Das Fernrohr hat als Objektiv eine Sammellinse und als Okular eine Zerstreuungslinse kleinerer Brennweite; die Objekte werden aufrecht und seitenrichtig dargestellt, die Bauweise ist kurz. Da das Gesichtsfeld sehr klein ist, findet das Prinzip heute nur noch in Operngläsern und Fernrohrbrillen seine Anwendung.

Gardiner, Alan
Sir Alan Henderson Gardiner; geboren am 29. März 1879 im Londoner Stadtteil Eltham; gestorben am 19. Dezember 1963 in Oxford; wird zu den bedeutendsten Ägyptologen des frühen 20. Jahrhunderts gezählt.

Gebrüder Grimm
Jacob Grimm; geboren am 4. Januar 1785 in Hanau, gestorben am 20. September 1863 in Berlin; und Wilhelm Grimm, geboren am 24. Februar 1786 in Hanau, gestorben am 16. Dezember 1859 in Berlin; bekannt als Sprachwissenschaftler und Märchensammler. Mitbegründer der Deutschen Germanistik und Philologie.

Genesis
Gräzisierung des hebräischen בְּרֵשִׁית, Bereschit, zu Γένεσις, Genesis. Bezeichnet das 1. Buche Mose, die Erzählung von der Erschaffung der Welt bis zum Wirken der Söhne Jakobs in Ägypten.

Gengen-Ur
Auch Gengen-Wer. Als Gans dargestellter Gott der ägyptischen Mythologie, der große Schreier. Steht als Synonym für den kontinuierlichen Kreislauf der Schöpfung.

Gere
In Dantes „Comedia" die Bezeichnung für das Brustbein mit Rippenansätzen.

Götze
Abwertende Bezeichnung für einen der eigenen Religion fremden Gott.

Gottesappellativ
Das Appellativ weist einen Begriff einer Gattung zu, ist ein Gattungsbegriff. Ursprünglich bezeichnet das Gottesappellativ den göttlichen „Inhaber" eines sakralen Bezirkes oder einer kultischen Funktionssphäre und ist daher meistens mit einem qualifizierenden Genitiv des göttlichen Zuständigkeitsbereiches verbunden, wie z.B. „Herr der Räucheraltäre".

Gregor I.
Gregor der Große, geboren um 540 und gestorben am 12. März 604 in Rom. Pontifikat vom 3. September 590 bis zu seinem Tode; 1295 von Bonifatius VIII. zum Heiligen gesprochen. Gilt als einer der bedeutendsten Päpste und zählt mit Hieronymus, Ambrosius von Mailand sowie Augustinus von Hippo zu den vier lateinischen Kirchenlehrern der Spätantike. Gründer einer Chorschule für liturgische Musik, in welcher die nach ihm benannten Gesänge vervollkommnet wurden. Als erster zum Papst gewählter Mönch förderte er die Ausbreitung des Ordenswesens.

Halleluja

Abgeleitet vom hebräischen הַלְלוּיָהּ, *halelu-Jáh*, welches sich aus *halal*, „preisen", „verherrlichen", „ausrufen" und *Jah*, der Kurzform von *Jahwe*, zusammensetzt und „Lobpreiset Jahwe" bedeutet.

Hamâ

Das am Orontes in Mittelsyrien gelegene Hamath der Bibel, in der lateinischen Bibel Emath genannt. Beispielhaft AT, IV. Mose 13, 21.

Hebraismen

Aus dem Hebräischen übernommene Ausdrücke.

Hel

In der nordischen Mythologie sowohl der Name des unterirdischen Totenreiches als auch dessen Herrscherin, der Totengöttin.

Helena

Flavia Iulia Helena Augusta; Mutter des oströmischen Kaisers Constantin I.; geboren um 249 in Drepanon, dem heutigen Karamürsel in der Türkei; gestorben am 18. August um 330 in Nikomedia, dem heutigen İzmit in der Türkei.

Hephaistos

Griechisch Ἥφαιστος, lateinisch *hephaestus*, deutsch „Hephäst". In der griechischen Mythologie Gott des Feuers und der Schmiede. Entspricht dem Vulcanus der Römer. Er schmiedete unter anderem Schild, Helm und Beinschienen des Achilles sowie das Zepter und die Donnerkeile für Zeus.

Hermokrates

Geburtsdatum unbekannt, geboren in Syrakus, Sizilien; gestorben 407 v. Chr. beim Straßenkampf im Rahmen eines Handstreichs zur Rückberufung seiner Verbannung in Syrakus. Syrakusanischer Staatsmann und

General, der 424 v. Chr. die sizilianischen Griechen einigte und politische Haupttriebskraft des sizilianischen Widerstands gegen Athen war.

Herodot

Griechischer Reiseschriftsteller, Geograph und Völkerkundler, geboren um 484 v. Chr. in Halikarnass, dem heutigen Bodrum in der Türkei. Gestorben nach 431 v. Chr., vermutlich in Thurii, einer Stadt in Magna Graecia nahe Sybaris am Golf von Tarent, Italien, wo sich sein Grab befindet.

Heron von Alexandria

Auch *Mechanicus* genannt. Herkunft und Lebensdaten unbekannt, lebte vermutlich im 1. Jahrhundert. Bedeutender Mathematiker und Ingenieur der Antike; lehrte am Museion der berühmten Bibliothek von Alexandria, welche während der Kämpfe zwischen dem römischen Kaiser Aurelianus und der Königin von Palmyra, Zenobia, 272 n. Chr. in Flammen aufging und vollständig ausbrannte. Seine Werke, die meisten als Vorlesungsnotizen eingeschätzt, liegen teilweise nur fragmentarisch vor; Schwerpunkt sind mathematische, optische und mechanische Themen. Am bekanntesten sind seine in Kopie vorliegenden Ausführungen zu automatischen, teilweise programmierbaren Geräten, welche als treibende Kraft Wasser, Luft, Hitze und die Schwerkraft nutzen.

Hethiter

Kleinasiatisches Volk des Altertums mit indoeuropäischer Sprache. Großreich im 2. vorchristlichen Jahrtausend, in wesentlichen Phasen mit der Hauptstadt Hattuša, bis 1960 Boğazköy genannt, heute Boğazkale, in Anatolien, Türkei.

Hippokrates

Hippokrates von Kos; geboren um 460 v. Chr. auf der Ägäisinsel Kos; gestorben um 370 v. Chr. im thessalischen Larissa. Gilt als der berühmteste Arzt der Antike und Begründer der Medizin als Wissenschaft.

Stammte aus dem Geschlecht der Asklepiaden, welche sich der direkten Abstammung vom Heilgott Asklepios rühmten.

Homo erectus
Ausgestorbene Hominiden-Art, die für rund zwei Millionen Jahren die die Erde besiedelte. Erste hominide Art, die das Feuer benutzte und das Jagen als ein wesentliches Element zur Sicherung ihrer Nahrungsversorgung einsetzte und wie ein Mensch laufen konnte. Aus dem Homo erectus entwickelte sich in Europa der Neandertaler und parallel in Afrika der Homo sapiens, der moderne Mensch. Die ältesten Funde werden auf 1,8 Millionen Jahre datiert.

Homophilie
Eine der Bezeichnungen für Homosexualität, welche jedoch ausschließlich eine positive Empfindung unter Wegfall des sexuellen Aspekts für das eigene Geschlecht ausdrückt.

Horus
Sohn der Isis und des Osiris, Gatte und Sohn der Hathor. Gott des Himmels und der Sonne, Schutzgott der ägyptischen Könige, Vertreter der Götter auf Erden. Heiligtum in Tell Edfu. Dargestellt als Falke oder falkenköpfiger Mann.

Hrozný, Bedřich
Bedřich Hrozný; tschechischer Altorientalist; geboren am 6. Mai 1879 in Lissa / Elbe; gestorben am 12. Dezember 1952 in Prag.

Hugenotten
Die ab etwa 1560 gebräuchliche Bezeichnung für die verfolgten calvinistischen Gläubigen. Mit Inkrafttreten der französischen Verfassung endete 1791 die Verfolgung und die Bezeichnung „Protestanten" setzte sich durch.

Institut Catholique de Paris

Katholische, 1875 gegründete Universität in Paris.

Irreversibel

Lateinisch für „nichtumkehrbar". Gegenteil von „Reversibilität".

Jesuiten

Spottname der *Societas Jesu*, der „Gesellschaft Jesu", der später vom Orden übernommen wurde. Am 15. August 1534 von einem Freundeskreis um Ignatius von Loyola gegründet. Besonderes Merkmal des Ordens ist der absolute Gehorsam gegenüber dem Papst. 1773 unter dem Druck absolutistischer Herrscher vom Papst verboten, 1814 wieder zugelassen.

Johannes Paul II.

Als Karol Jozef Wójtyla am 18. Mai 1920 in Wadowice, Polen, geboren; am 2. April 2005 in der Vatikanstadt gestorben. Bislang einziger aus Polen stammender Papst. Mit 26 Jahren und 5 Monaten, vom 16. Oktober 1978 bis zu seinem Tode, zweitlängstes Pontifikat in der Geschichte der katholischen Kirche. Trug maßgeblich zur Beendigung des Kommunismus in Osteuropa bei. Sein Nachfolger ist der deutschstämmige Benedikt XVI., sein Vorgänger der Italiener Johannes Paul I.

Julfest

Nordeuropäisches Fest der Wintersonnenwende, in den skandinavischen Sprachen heute die Bezeichnung für Weihnachten.

Jungsteinzeit

Auch Jungpaläolithikum oder Neolithikum, abgeleitet vom griechischen νέος, *neos*, „neu", „jung" und λίθος, *lithos*, „Stein". Epoche des Überganges von der aneignenden Gesellschaft der Jäger und Sammler zur seßhaften, produzierenden. Endet mit der regional unterschiedlich einsetzenden Verarbeitung von Kupfer, in Australien, Neuseeland und Schwarzafrika mit der von Eisen.

Jupiter (Mythologie)

Lateinisch *Iūpiter*, *Iuppiter* oder *Diēspiter*, eigentlich *Jupiter Optimus Maximus*. Oberste Gottheit der Römer. Im römischen Kalender sind ihm die Monate September und November gewidmet.

Justinian

Flavius Petrus Sabbatius Iustinianus, geboren um 482 bei Justiniana Prima, dem heutigen Caričin Grad in Serbien, als Imperator Caesar Flavius Iustinianus Augustus vom 1. August 527 bis zu seinem Tode 565 in Konstantinopel Kaiser des Römischen Reiches. 551 läßt er den letzten ägyptischen Tempel, den Isis-Tempel auf der oberägyptischen Nilinsel Philae, schließen. Gilt als einer der bedeutendsten Herrscher der Epoche des Überganges von der Antike zum Mittelalter.

Katechismus

Seit Beginn der Neuzeit das Handbuch der Unterweisung in den Grundfragen des christlichen Glaubens.

Katharer

Die Reinen, abgeleitet vom griechischen καθαρός, *katharós,* rein; auch Albigenser, nach der französischen Stadt Albi, einer Katharerhochburg, genannt. Vom 12. bis zum 14. Jahrhundert christliche Glaubensbewegung mit Konzentration in Südfrankreich, auch in Deutschland, Italien und Spanien vertreten. Von der Inquisition als Häretiker verfolgt und bis zur Bedeutungslosigkeit vernichtet.

Keret-Epos

Zwischen dem 14. und 13. Jahrhundert v. Chr. in Ugarit keilschriftlich auf drei Tontafeln, KTU 1.14-16, festgehaltene „Legende vom König Keret". Im Gegensatz zu den bis dahin üblichen Silbenschriften eine alphabetische Keilschrift mit einem kurzen, 22 Buchstaben nutzendem, und einem langen, 30 Buchstaben nutzendem, Alphabet.

Klassische Antike

Bezeichnung ausschließlich für das römisch-griechische Altertum ab etwa dem 12. bzw. dem 8 Jahrhundert v. Chr., beginnend mit dem Einsetzen der Schrift. Konventionell wird das Ende der Antike auf das Jahr 300 angesetzt; die Zeit zwischen 300 und 600 wird als Transformation bezeichnet, auf welche 600 das Mittelalter folgt.

Konfuzianismus

Chinesisch 儒家思想, „Ideen der Anhänger der Schule der Gelehrten", in der Kurzform auch als 儒家, *Rujia*, „Schule der Gelehrten" bezeichnet. Der Begriff wurde im 17. Jahrhunderte von christlichen Missionaren durch Latinisierung des Namens des Begründers der Schule, 孔子, 孔夫子, *Kongzi*, *Kongfuzi*, in „Konfuzius", geschaffen. Prägte neben dem Daoismus und Buddhismus als eine der „Drei Lehren" China maßgeblich, insbesondere in den Bereichen Politik, Wirtschaft, Literatur, Kunst, Musik, Ernährungskunde, Medizin, Chemie, Kampfkunst und Geographie.

Konglomerat

Ein Gemisch aus mindestens zwei in sich reinen Stoffen.

Konnotation

Nebenbedeutung eines Wortes, welche bei Verwendung eines Begriffes unbewußt oder unterschwellig mitschwingt.

Konzil von Vienne

Wurde ab dem 16. Oktober 1311 bis in das Jahr 1312 in Vienne, 30 km südlich von Lyon am linken Ufer der Rhône, von Papst Clemens V. als 15. Allgemeines Konzil einberufen. Zu den wichtigsten Ergebnissen des Konzils zählt die Feststellung, daß der Templerorden und seine Mitglieder sich weder der Häresie noch der Blasphemie, wie ihnen im Templerprozeß von 1307 vorgeworfen, schuldig gemacht haben. Dennoch sei der Orden aufzulösen, sein Besitz zu großem Teil auf den Johanniterorden zu übertragen.

Kopten
Von *Aigyptos*, der griechischen Bezeichnung Ägyptens, abgeleitete Bezeichnung der christlichen Ägypter. Die koptische Sprache ist die letzte Stufe des Ägyptischen, sie wurde in griechischer Schrift geschrieben. Ursprüngliche Bezeichnung für die Christen des Patriarchats von Alexandria, welches sich auf den Evangelisten Markus, erster Bischof von Alexandria und 68 in Alexandria als Märtyrer hingerichtet, bezieht.

Kopulation
Beim Menschen Bezeichnung für den Geschlechtsakt, bei Tieren der Begattung.

Krätze
Durch Milben verursachte parasitäre Hauterkrankung. Bei Tieren spricht man von der Räude.

Kritias
Geboren um 460 v. Chr.; gestorben 403 v. Chr. in Munichia, einem der Häfen von Athen. Nachfahre Solons und enger Verwandter Platons. Athenischer Politiker, Philosoph und Dichter aus einer der reichsten und mächtigsten Familien des Stadtstaates.

Kublai Khan
Enkel Dschingis Khans; geboren am 23.September 1215 in der Mongolei; gestorben am 18. Februar 1294 in Peking. Chinesischer Kaiser von 1271 bis zu seinem Tode.

Kyros II.
Kyros der Große mit dem ursprünglichen Beinamen „der Kleine", geboren um 601 v. Chr.; drei Tage nach einer während der Schlacht mit den Massageten erlittenen Verwundung an dieser 530 v. Chr. gestorben. Begründer des altpersischen Weltreiches, welches im Nordwesten über Medien bis nach Kleinasien reichte und sowohl das im heutigen Afgha-

nistan gelegene Baktrien als auch Babylon und Ur einschloß. Durch die Einnahme Phöniziens und der phönizischen Flotte wurde die Landmacht Persien auch zur navalen Macht.

Longobardo, Niccolò
Niccolò Longobardo; geboren 1565 auf Sizilien; gestorben 1654 in Peking. Jesuit und Missionar in China. Wurde 1629 vom kaiserlichen Hof gemeinsam mit seinem Jesuitenbruder Johann Schreck mit der Reform des chinesischen Kalendersystems beauftragt.

Ludwig XIV.
Louis XIV, auch *Louis le Grand* oder *le Roi Soleil*, „Sonnenkönig" genannt; geboren am 5. September 1638 in Saint-Germain-en-Laye, westlich von Paris; gestorben am 1. September 1715 in Versailles; von 1643 bis zu seinem Tode König von Frankreich und Navarra.

Luther, Martin
Dr. Martin Luther; geboren am 10. November 1483 in Eisleben; ebenda gestorben am 18. Februar 1546. Zu den Augustinermönchen gehörender Professor der Theologie und theologischer Urheber und Lehrer der Reformation. Wollte mit der Reformation die Fehlentwicklungen in der „Christentumsgeschichte" beseitigen. Einige europäische Fürstentümer nahmen die Entwicklung zum Anlaß, die Zentralmächte Papst und Kaiser zurückzudrängen, was wider Luthers Absicht zur Bildung der evangelisch-lutherischen und weiterer Konfessionen des Protestantismus und damit zur Kirchenspaltung führte. Übersetzte erstmalig die lateinische Bibel in die deutsche Sprache.

Malatya
Hauptstadt der gleichnamigen Provinz in der Türkei.

Memling, Hans
Nannte sich auch Jan van Mimmelynghe und Johannes Memmelinc,

bzw. Memlinc. Geboren um 1437 in Seligenstadt am Main, gestorben am 11. August 1494 im belgischen Brügge. Bedeutender deutscher Maler der niederländischen Schule.

Metamorphose
Vom griechischen μεταμόρφωσις, „Umgestaltung". Bezeichnet eine vollständige Umwandlung, Verwandlung oder Veränderung.

Metapher
Bildhafte Übertragung; Übertragen eines eigentlichen Bedeutungszusammenhanges in einen anderen.

Metropole
Vom neugriechischen μητρόπολη, *mitrópoli*, Mutterstadt; gemeinhin Bezeichnung für den politischen, wirtschaftlichen, kulturellen und sozialen Mittelpunkt einer Region. Auch Synonym für Weltstadt.

Minos
Name, eventuell auch Titel, eines sagenhaften Königs aus der griechischen Mythologie, der zwischen 3000 und 2500 v. Chr. das Minoische Reich von Kreta aus beherrschte. Der Sage nach war Minos so gierig auf Gold, daß er schließlich selbst zu Gold erstarrte.

Monogamie
Strenge Einehe, in welcher Ehe und Geschlechtsgemeinschaft zusammenfallen.

Mythologie
Systematische Beschäftigung mit Mythen oder deren Darlegung in wissenschaftlicher, literarischer oder religiöser Form.

Mythos

Ursprünglich die erzählerische Verknüpfung von Ereignissen. In der Neuzeit Bedeutungswandel für Erzählungen, die Anspruch auf Geltung erheben, beispielsweise eine Ideologie.

Nanbeichao

„Nördlichen und Südlichen Dynastien", von 420 bis 589 dauernde chinesische Kaiserdynastie.

Negation

Vom lateinischen *negare*, „verneinen". Bedeutet soviel wie Ablehnung, Verneinung oder Aufhebung.

Neith

Schöpfergöttin von Esna in Oberägypten; Haupt-Kultort in Sais, Unterägypten. Gattin des Chnum und Mutter des Sobek. Androgyne Schutzgöttin der Weber, der Wissenschaft und der Vernunft, außerdem Kriegsgöttin. Darstellung als Frau mit der roten Königskrone Unterägyptens oder einen Köcher mit zwei Pfeilen tragend.

Neues Reich

Das Neue Reich wird zwischen 1551 und 1070 v. Chr. angesetzt. Beginnt mit der 18. Dynastie 1551 und endet mit der 20. Dynastie, der späten Ramessidenzeit, 1070 v. Chr.

Neupersisches Reich

Sassanidenreich, zweites persisches Großreich. Existierte zwischen dem Ende des Partherreiches im Jahr 224 bis zur arabischen Eroberung und Beginn der Islamisierung Persiens nach der Schlacht von Nehawend im Jahr 642. Angesetzt wird das Ende auch mit dem Tod des Großkönigs-Yazdegerd im Jahr 651.

Nominativ
Grundform des Substantivs und der 1. Kasus, der 1. Fall in der Deklination, der Beugung. Umgangssprachlich auch als „Wer-Fall" bezeichnet.

Novize
Abgeleitet vom lateinischen *novus*, „neu". Ein Novize oder eine Novizin ist jemand, der neu in einen Orden eingetreten ist und sich nach der formellen Zulassung zum Noviziat in Ausbildung und Vorbereitung für das Ordensgelübde und damit die verbindliche Aufnahme in den Orden befindet.

NT
Abkürzung für „Neues Testament".

Obsolet
Adjektivische Bezeichnung für etwas Veraltetes im Sinne von „nicht mehr gebräuchlich" oder an Geltung Verlorenes.

Odin
Hauptgott in der nordischen Mythologie und, nach der eddischen Dichtung, Religion. Altisländisch *Óðinn*, südgermanisch *Wodan*, althochdeutsch *Wuotan*, altsächsisch *Uoden*, altenglisch *Wōden* und gemeingermanisch *Wôðanaz*.

Oligarchie
Zusammengesetzt aus dem griechischen ὀλίγοι, *oligoi*, „Wenige" und ἀρχή, *archē*, „Herrschaft". Bezeichnet eine kleine Gruppe von Personen oder Familien, die den Staat beherrschen; in der klassischen antiken Verfassungslehre die Entartung der Aristokratie.

Outremer
Abgeleitet vom französischen *outre mar*, jenseits des Meeres; Bezeichnung für die vier Kreuzfahrerstaaten: das Königreich Jerusalem, das Fürstentum Antiochia sowie die Grafschaften Edessa und Tripolis.

Pallas Athene

Auch *Athene Parthenos*, „Jungfrau Athene". Namensgeberin sowie Stadt- und Schutzgöttin des antiken Stadtstaates Athen.

Pallottiner

Als Bestandteil der „Vereinigung des Katholischen Apostolates" 1846 von Vincenco Pallotti in Rom gegründet; die Gründung des weiblichen Zweiges erfolgte bereits 1843. Kein Orden, sondern eine sogenannte Gesellschaft apostolischen Lebens. Die Mitglieder, Priester, Brüder und Schwestern, kennen, wie sonst bei Ordensgemeinschaften allgemein üblich, keine Gelübde gegenüber Gott, sondern versprechen ihrer Gesellschaft Armut, Ehelosigkeit, Gehorsam, Beharrlichkeit in der Berufung, Gütergemeinschaft und selbstlosen Dienst.

Papyrus Ebers

Umfassender medizinischer Papyrus aus der Zeit des Neuen Reiches, verfaßt um 1550 v. Chr. Von Georg Moritz Ebers 1873 im oberägyptischen Luxor käuflich erworben. Wird in der Universitätsbibliothek Leipzig aufbewahrt.

Paradigma

Vom griechischen παράδειγμα, *parádeigma,* stammend; zusammengesetzt aus *para*, „neben", und *deiknynai*, „zeigen", „begreiflich machen". Bedeutet soviel wie Abgrenzung, Beispiel, Muster oder Vorbild und wird meist im Sinne eines Lehrsatzes gebraucht. Als Adjektiv „paradigmatisch" im Gebrauch als lehrhaft, belehrend.

Parsen

Abgeleitet vom persischen *Pars*, „Perser". Ethnisch streng abgeschlossene, aus Persien stammende Gemeinschaft, welche der Lehre des Zoroastrismus, der Lehre Zarathustras, angehört. Die Mehrheit lebt heute in Indien.

Partition

Abgeleitet vom lateinischen *partitio*, „Abschnitt", „Teil". Bezeichnet eine Aufteilung.

Paul VI.

Am 26. September 1897 in Concesio nahe Brescia als Giovanni Battista Enrico Antonio Maria Montini geboren; gestorben am 6. August 1978 im päpstlichen Sommersitz Castel Gandolfo. Pontifikat vom 21. Juni 1963 bis zu seinem Tode am 6. August 1978. War im von seinem Vorgänger, Papst Johannes XXIII., 1962 einberufenen und 1965 beendeten Zweiten Vatikanischen Konzil maßgeblich für die Reform der Liturgie und die Verstärkung des Dialogs mit Andersgläubigen verantwortlich. Schaffte 1964 für sein Pontifikat die Tiara ab und faßte 1968 das Bekenntnis zur leiblichen Aufnahme der Jungfrau Maria als unbefleckt Empfangene in den Himmel in einem feierlichen Credo zusammen.

Peloponnesischer Krieg

Wurde von 431 bis 404 v. Chr. zwischen dem von Athen geführten Attischen Seebund und dem von Sparta geführten Peloponnesischen Bund ausgefochten und endete mit dem Sieg Spartas.

Perrault, Charles

Charles Perrault; geboren am 12. Januar 1628 in Paris; gestorben am 16. Mai 1703 in Paris. Oberster Rat des Sonnenkönigs Ludwig XIV. in allen Fragen der Kultur, veröffentlichte 1697 eine Märchensammlung, *Contes de Fées*, in welcher die Geschichte vom gestiefelten Kater zu den beliebtesten zählen sollte.

Pfingstkirche

Kirchen der Pfingstbewegung, einer Strömung des Christentums, welche das Wirken des Heiligen Geistes betont. Verwandte Glaubensbewegungen, beispielsweise verschiedene Erweckungsbewegungen oder Inspirationsgemeinden, lassen sich in Europa und Amerika für das 18. Jahrhundert nachweisen. Das heutige Pfingstchristentum entstand zu Beginn des 20. Jahrhunderts, die charismatischen Bewegungen Anfang der 1960er Jahre.

Philae
Oberägyptische Nilinsel mit einem bedeutenden Heiligtum der Göttin Isis. Auf Anweisung des spätrömischen Kaisers Justinian wird 551 dieser letzte Tempel Ägyptens geschlossen und in eine Kirche umgewandelt. Von den Fluten des Assuan-Staudammes bedroht, wird der Tempel zwischen 1977 und 1980 auf die höhere Insel Agilkia versetzt.

Philipp der Schöne
Philip IV. aus der Dynastie der Kapetinger; geboren 1268 in Fontaineybleau; dort gestorben 1314. Von 1285 bis 1314 König von Frankreich und als Philip I. König von Navarra.

Phrygisch
Persisch. Abgeleitet von der griechischen Bezeichnung eines Volkes, welches im 8. Jahrhundert v. Chr. in Anatolien herrschte.

Pius XII.
Am 2. März 1876 in Rom als Eugenio Maria Giuseppe Giovanni Pacelli geboren. Pontifikat vom 2. März 1939 bis zu seinem Tode am 9. Oktober 1958 im päpstlichen Sommersitz, Castel Gandolfo. Genehmigte die wissenschaftlichen, von 1940 bis 1949 dauernden, Grabungen in den Vatikanischen Grotten.

Platon
Lateinisch Plato; geboren 428 oder 427 v. Chr. in Athen oder Aigina; gestorben 348 oder 347 v. Chr. in Athen. Schüler des Sokrates und einer der bekanntesten und einflußreichsten Persönlichkeiten der Geistesgeschichte. Setzte Maßstäbe in der Staatstheorie, Ethik und Anthropologie, der Metaphysik und Erkenntnistheorie, der Kosmologie und der Kunst-

theorie sowie der Sprachphilosophie. Zu seinen bekanntesten Schülern zählte Aristoteles.

Population
Eine Gruppe von Individuen, die zusammen ein bestimmtes geographisches Areal besetzen.

Postulat
Vom lateinischen *postulatum*, Forderung, abgeleitet und bezeichnet eine unter Mitliefern des Beweises anzuerkennende Behauptung, wobei der Beweis häufig plausibel aber nicht unumstößlich ist und damit in sich fraglich bleibt. Das kirchliche Postulat fordert die Anerkennung einer allgemeingültigen, göttlichen Ordnung.

Primat
Vorrangstellung

Prior
Klösterliches Amt, im Regelfall in einem Männerkloster, beziehungsweise als Priorin in einem Frauenkloster. In Orden, welche keinen Abt oder keine Äbtissin kennen, Vorsteher oder Vorsteherin des Klosters.

Probat
Gleichbedeutend mit „erprobt", „bewährt", „wirksam".

Ptah
Schöpfergott von Memphis, Schutzgott der Baumeister und Handwerker sowie der Nekropole von Memphis. Wird als Mann in einer Mumienhülle mit blauer Kappe auf dem Kopf dargestellt.

Racha
Abgeleitet vom hebräischen *b'racha*, „Segen", im Sinne eines „Gesegneten", Konnotation mit der Bedeutung „Dümmling" oder „Hohlkopf".

Rapunzel
Pflanzenart der Gattung Feldsalat, *Valerianella*, aus der Familie der Baldriangewächse, *Valerianaceae*. Vom lateinischen *rapunculus*, „Rübchen", abgeleitet, da die Wurzeln meist rübenartig verdickt sind.

Rho, Giacomo
Geboren 1592 in Mailand; gestorben 1638 in Peking. Jesuit und Missionar in China. Führte nach dem Tode Johann Schrecks zusammen mit dem Jesuiten Adam Schall von Bell die Arbeiten am chinesischen Kalendersystem fort.

Ricci, Matteo
Geboren am 6. Oktober 1552 im italienischen Macerata; gestorben am 11. Mai 1610 in Peking. Reiste 1582 als erster jesuitischer Missionar und Vertreter seines Ordens nach China, wo er für den Rest seines Lebens blieb.

Rosenkranz
Bezeichnet sowohl eine als Zählkette für das vielgliedrige Rosenkranzgebet dienende Perlenschnur als auch das Rosenkranzgebet selbst.

Rowling, Joanne
Eigentlich Joanne Rowling, die Mittelinitiale K für Kathleen, der Name ihrer Großmutter, wurde von ihr selbst eingefügt. Geboren am 31. Juli 1965 in Yate, South Gloucestershire, England. Autorin der Buchreihe um den Zauberschüler Harry Potter.

Rubens, Peter Paul
Auch Pieter Pauwel Rubens oder Petrus Paulus Rubens. Geboren in den letzten Junitagen 1577 im westfälischen Siegen; gestorben am 30. Mai 1640 in Antwerpen, Belgien. Diplomat der spanisch-habsburgischen Krone; wird zu den bedeutendsten flämischen und bekanntesten Malern des Barock gezählt.

Runen

Älteste Schriftzeichen der Germanen mit dem Verbreitungsschwerpunkt Südskandinavien. Vor allem zwischen dem 2. und dem 12. Jahrhundert für geritzte oder gravierte Inschrift im Gebrauch. Niedergang mit dem Aufkommen des Christentums und der damit einhergehenden Durchsetzung der lateinischen Schrift. Der Begriff „Rune" hat seine Wurzel entweder im urgermanischen *rūn*, was sich im späteren Gotischen als *runa* fortsetzt, mit der Bedeutung „Geheimnis" und sich heute in „raunen" und „Geraune" wiederfindet, oder im Homonym *rūn*, „Einritzung".

Rune *ōþalan*

 Synonymes Zeichen für „Stammgut" oder „Landbesitz"; wies als Giebelschmuck den Stand des Hausbesitzers als den eines freien Bauern aus.

Salvatorianer

Societas Divini Salvatoris, „Gesellschaft des Göttlichen Heilands"; bei den Salvatorianerinnen *Sorores Divini Salvatoris*, „Schwestern des Göttlichen Heilands". Katholische Ordensgemeinschaft, die sich in drei Zweige, genannt die „Salvatorische Weggemeinschaft", aufteilt: Ordensmänner, Ordensfrauen und Laien. Von Franziskus Maria vom Kreuze Jordan 1881 gegründet; zusammen mit Freifrau Maria-Theresia von Wüllenweber 1888 die Salvatorianerinnen. Maria-Theresia wurde 1968 von Papst Paul VI. unter dem Ordensnamen „Mutter Maria von den Aposteln" selig gesprochen.

Sargon II.

'*Šarrum-ken*, akkadisch *scharru-kin*, „Der König ist legitim". Von 721 bis 705 v. Chr. König des Neuassyrischen Reiches; Namensgeber der Sargoniden-Dynastie. Sargon war nicht durch Geburt zum König vorbestimmt, der Name sollte nach außen seine Thronfolge als von den Göttern bestimmt und damit rechtmäßig verkünden.

Sassanidenreich

Reich der Sassaniden, Neupersisches Reich.

Schall von Bell

Johann Adam Schall von Bell; geboren am 1.Mai 1592 in Lüftelberg bei Meckenheim; gestorben am 15. August 1666 in Peking. Jesuit und Missionar in China. Führte nach dem Tode Johann Schrecks zusammen mit dem Jesuiten Giacomo Rho die Arbeiten am chinesischen Kalendersystem fort.

Schiller, Friedrich

Johann Christoph Friedrich Schiller, abgekürzt Friedrich Schiller; 1802 geadelt und seither „von Schiller". Geboren am 10. November 1759 in Marbach am Neckar, etwa 20 km nördlich von Stuttgart; gestorben am 9. Mai 1805 in Weimar. Deutscher Dichter, Philosoph und Historiker, gilt als der bedeutendste deutsche Dramatiker. Gehört mit Goethe, Herder und Wieland zum Viergestirn am Himmel der Weimarer Klassik.

Schizophrenie

Abgeleitet vom griechischen σχίζειν, *schizein*, „abspalten", und φρήν, *phrēn*, „Seele", „Zwerchfell". In der Diagnose als psychische Störungen des Denkens, der Wahrnehmung und der Affektivität, der Gemütsbewegungen, gekennzeichnet. Zählt mit zu den häufigsten Diagnosen im stationären Bereich der Psychiatrie.

Schlamassel

Über das Rotwelsch aus dem Westjiddischen übernommen; *shlimazl*, „Pech", „Unglück", „Mißgeschick". Vermutlich aus *mazl*, „Glück", „Geschick", und dem hebräischen Negationspartikel *šælō* zusammengesetzt.

Schreck, Johann

Auch Terrentius Constantiensis; geboren 1576 in Bingen; gestorben am 11. Mai 1630 in Peking, vermutlich an den Folgen eines medizinischen

Selbstversuchs. Jesuit und Universalgelehrter mit Vorliebe für die Mathematik und Astronomie, seit Herbst 1623 Missionar in China. 1629 vom kaiserlichen Hof gemeinsam mit seinem Jesuitenbruder Niccolò Longobardo der Reform des chinesischen Kalendersystems beauftragt.

Septuaginta
Älteste Übersetzung des Alten Testaments. Wurde in Altgriechisch vermutlich um 200 v. Chr. verfaßt und wird hellenistisch geprägten Juden im ägyptischen Alexandria zugeschrieben. Zugrunde liegt das lateinische Zahlwort *septuaginta*, „Siebzig". Es bezieht sich auf die Legende, nach welcher 72 jüdische Gelehrte die fünf Bücher Mose in 72 Tagen ins Griechische übersetzt haben sollen. Die Zahl 72 wurde zur Erinnerung an die 70 Auserwählten (AT, IV. Mose 11, 24) auf 70 abgerundet.

Serpentin
Trioktaedrisches Schichtsilikat, meist olivgrün, auch als Orphit oder Schlangenstein bezeichnet.

Signorelli, Luca
Geboren um 1441 im toskanischen Cortona; gestorben ebenda am 16. Oktober 1523. Bedeutender italienischer Maler und Hauptmeister der florentinischen Schule.

Solon
Geboren um 640 v. Chr. und gestorben um 560 v. Chr. in Athen. Griechischer Lyriker und athenischer Staatsmann. Wird zu den „sieben Weisen Griechenlands" gezählt.

Spätantike
Epoche der Mittelmeerwelt im Übergang von der Antike zum Mittelalter; der Transformation des antiken Erbes zwischen 300 und 600. Die genaue zeitliche Abgrenzung ist zwar umstritten, doch wird als Beginn meist der Regierungsantritt des römischen Kaisers Diokletian 284 n. Chr.

betrachtet. Als Ende dieses Zeitabschnittes wird für den Westen des Römischen Reiches die Ablösung des letzten Kaisers Romulus Augustus 476 oder auch der Langobardeneinfall in Italien 568 gesehen. Im östlichen Mittelmeerraum wird das Ende, je nach geographischer Lage, mit dem Tod des oströmischen Kaisers Justinian 565 oder der ab 632 einsetzenden arabischen Expansion angesetzt.

Spezies
Abgeleitet vom lateinischen *species*, „Anblick", „das Aussehen", „Gestalt", „äußere Erscheinung". Synonym für die Art eines Lebewesens.

Sprengel
Ursprüngliche Bezeichnung für den priesterlichen Weihwassersprenger. Heute bezeichnet der Begriff primär einen Kirchenkreis, ähnlich dem eines Regierungsbezirkes, sekundär den Wirkungskreis eines Priesters. Im Volksmund abwertend für kleine, abgelegene oder rückständige Gemeinden verwendet.

Stigmatisierung
Abgeleitet vom griechischen στίγμα, „Stich", „Brandmal". Meint im Allgemeinen das Versehen mit einem Zeichen, im Speziellen die zu sozialer Diskriminierung führende Charakterisierung einer Person oder Gruppe durch die Zuschreibung gesellschaftlich oder gruppenspezifisch negativ bewerteter Merkmale.

Straparola, Giovanni
Giovanni Francisco Straparola da Caravaggio; geboren um 1480 in Caravaggio nahe Bergamo; gestorben um 1558 in Venedig. Italienischer Märchensammler, als dessen bedeutendstes Werk die zwischen 1550 und 1553 geschriebene, zweibändige Märchensammlung *Le piacevoli notti*, „Die ergötzlichen Nächte", gilt.

Sturm, Julius
Julius Carl Reinhold Sturm, auch unter dem Pseudonym Julius Stern bekannt; geboren am 21. Juli 1816 in Bad Köstritz im thüringischen Landkreis Greiz; gestorben am 2. Mai 1896 in Leipzig. Wird zu den bedeutendsten Dichtern der Spätromantik gezählt. Von 1856 bis 1885 Pfarrer von Bad Köstritz. Veröffentlichte etwa 30 Bände mit Gedichten und Prosa-Werken.

Substantiv
In der Grammatik eine Wortart zur Andeutung eines Lebewesens, eines Gegenstandes oder einer Sache. Auch als Hauptwort, Gegenstandswort, Dingwort, Namenwort, Nomen oder Nennwort bezeichnet.

Sumerer
Volk unbekannter Herkunft, welches im Verlauf des vierten vorchristlichen Jahrtausends im südlichen Mesopotamien zuwanderte und mit der indigenen Bevölkerung assimilierte. Ältestes Zeugnis ist die Ubaid-Kultur mit bis in das 6. Jahrtausend v. Chr. datierten Tonwaren und Siedlungen. Den Sumerern kam um 3500 v. Chr. die entscheidende Rolle beim Übergang zur Hochkultur an Euphrat und Tigris zu; ihre für komplexe Sachverhalte brauchbare Schrift ist bereits für 3200 v. Chr. in der Schicht IVa der Grabungen in Uruk, dem heutigen Warka im Irak, etwa 300 km südöstlich von Bagdad, etwa 10 km östlich des heutigen Euphratverlaufs, dem biblischen Erech, und vermutlichem Namensgeber des Iraks, nachgewiesen. Ihr Land, südlich von Akkad gelegen, bezeichneten die Sumerer als *ken-gir*. Der Begriff „Sumerer" ist vom akkadischen *Šumeru* abgeleitet, welcher sowohl das Land als auch das Volk bezeichnet; bezieht seit dem 19. Jahrhundert auch die sumerische Kultur ein. Das letzte Reich der Sumerer, das Neusumerische Reich, zerfiel 2004 v. Chr. unter dem Einfluß des östlich gelegenen Reiches Elam.

Synkretismus
Verschmelzung von Religionen.

Synonym

Abgeleitet vom griechischen συνωνυμία, *synonymía*, bzw. von συνώνυμος, *synónymos*, „gleichnamig". Bezeichnet die Gleichheit oder Ähnlichkeit zweier unterschiedlicher Begriffe in ihrer Bedeutung.

Talmud

Hebräisch תלמוד, *talmūd*, "Belehrung", „Studium"; bedeutendstes Schriftwerk des Judentums nach dem Tanach, der jüdischen Bibel. Mit nahezu 10 000 Seiten der vollständigen Ausgabe sehr viel umfangreicher als die christliche Bibel.

Taoismus

Daoismus

Thisbiter

Eine aus Thisbe in Gilead stammende Person. Gilead ist ein biblisches Land östlich des Jordans auf der Höhe von Damaskus, nördlich vom Fluß Jarmuk und südlich vom Fluß Nahr ez-Zarqa begrenzt.

Thumann, Friedrich

Friedrich Paul Thumann; geboren am 5. Oktober 1834 in Schacksdorf, Niederlausitz; gestorben am 19. Februar 1908 in Berlin. Illustrator und Porträtmaler. 1866 zum Professor an der Großherzoglich-Sächsischen Kunstschule in Weimar berufen.

Thot

Ibisköpfiger Gott der Weisheit, des Mondes, der Schreibkunst und Wissenschaft; Bote und Schreiber der Götter, Schutzgott der Schreiber. Selten auch mit Paviankopf dargestellt.

Topographie

Abgeleitet vom griechischen τόπος, *tópos*, „Ort" und γραφειν, *grafeïn*, „zeichnen", „beschreiben"; wörtlich „Ortsbeschreibung", sinngemäß

„Geländeskizze". Zusammenfassung der Beschreibung der äußeren Elemente einer Landschaft.

Tora

Hebräisch תּוֹרָה, „Weisung", „Belehrung", „Gebot", abgeleitet vom hebräischen jarah, „unterweisen". Erster und wichtigster Hauptteil der hebräischen Bibel, des Tanach. Besteht aus fünf Buchrollen, in der christlichen Bibel die fünf Bücher Mose, deren Abfassung Mose zugeschrieben wird.

Tribunal

Erhöhter Sitz des Tribuns im antiken Rom; bezeichnet in der gehobenen Umgangssprache einen Gerichtshof.

Turricula

Würfelturm; hohles Türmchen aus Holz, Elfenbein oder Metall, welches zum Schutz vor Betrug den Wurf beim Würfelspiel ersetzt. Die oben eingeworfenen Würfel rollen über Stufen und schiefe Ebenen nach unten und verlassen den Turm durch eine Öffnung an der Vorderseite.

Ugarit

Das heutige Ra's Schamra; während der Bronzezeit wichtiges Handelszentrum im Norden Syriens, etwa 6 km nördlich des heutigen Latakia an der Küste gelegen. Ende der 1920er-Jahre wiederentdeckt, Ausgrabungen, zuerst durch französische Archäologen, seit 1930.

Urban II.

Geboren um 1035 in Châtillon-sur-Marne; gestorben am 29. Juli 1099 in Rom. Papst von 1088 bis 1099; 1881 von Papst Leo XIII. heiliggesprochen. Rief am 27. November 1095 die in Clermont versammelten Bischöfe und Äbte der abendländischen Christenheit zum Kreuzzug auf.

Verbiest, Ferdinand
Geboren am 9. Oktober 1623 im belgischen Pittem, Flandern; gestorben am 28. Januar 1688 in Peking. Jesuit und Missionar in China; ersetzte 1673 einen Großteil der Geräte des Pekinger Observatoriums und erweiterte das Instrumentarium.

Venus vom Galgenberg
Am 23.08.1988 am Galgenberg bei Stratzing, Niederösterreich, gefundene Figur aus grünem Serpentin. Entsprechend der Schnitzabfälle dürfte die 10 g leichte Skulptur nahe dem Fundort hergestellt worden sein. Aufbewahrung im Weinstadtmuseum Krems an der Donau, Österreich.

Venus von Willendorf
1908 bei Bauarbeiten in Willendorf an der Wachau, Österreich, gefunden. Gilt als das bekannteste Fundstück des Jungpaläolithikums. Aufbewahrung im Naturhistorischen Museum Wien, Österreich.

Verbum
Auch Verb; fachsprachlich der Ausdruck in der Grammatik für eine Wortart, welche eine Tätigkeit, ein Geschehen oder Zustand ausdrückt. Umgangssprachlich auch als „Tuwort" bezeichnet.

Voltaire
Eigentlich François Marie Arouet; geboren am 21. November 1649 in Paris und ebenda gestorben am 13. Mai 1778. Gilt als einer der einflußreichsten Autoren der französischen und europäischen Aufklärung. Mit seiner Kritik an den Mißständen des Absolutismus und der Feudalherrschaft sowie dem weltanschaulichen Monopol der katholischen Kirche zählt Voltaire zu den wichtigsten Wegbereitern der Französischen Revolution.

Vulgata
Lateinischer Bibeltext, abgeleitet vom lateinischen *vulgatus*, „allgemein

verbreitet". Von Hieronymus, der bereits 382 mit einer Revision vorhandener neutestamentlicher Texte begonnen hatte, im Auftrag Papst Damasus I. ab 390 unter überwiegender Benutzung des hebräischen Urtextes zusammengestellt. Zunächst nur für Studienzwecke zur Verfügung gestellt, kam die Vulgata erst im späten 8. Jahrhundert im westlichen Christentum in Gebrauch und wurde ab dem 9. Jahrhundert bis zu den Übersetzungen der Reformation als einzig gültige Bibel betrachtet.

Vulgo

Abgeleitet vom lateinischen *vulgus*, „das Volk", *vulgo* „im Volk" oder „in das Volk getragen", war als Zusatz im 18. und 19. Jahrhundert üblich, um Personen in amtlichen Dokumenten genauer zu kennzeichnen. Heute in der Literatur zur Kennzeichnung eines derben und einfachen Begriffes verwendet.

Walburga

Auch *Waldpurga, Walpurgis, Walburg, Waltpurde*. Geboren um 710 im südenglischen Wessex; gestorben vermutlich am 25. Februar 779 im mittelfränkischen Heidenheim. Kam, nicht vor 732, als Missionshelferin auf den Kontinent, vermutlich in ein Kloster bei Tauberbischofsheim. Übernahme und Umwandlung in ein Doppelkloster des benediktinischen Klosters Heidenheim nach dem Tode Wunibalds 761. Soll in Süddeutschland missioniert haben. Als Jahr der Heiligsprechung durch Papst Hadrian II. wird 870 vermutet, der 1. Mai gilt als gesichert. Ihre sterblichen Überreste befinden sich im Benediktinerinnen-Kloster Sankt Walburg in Eichstätt.

Walhall

Abgeleitet vom altnordischen *Valhall*, „Schlachtenhalle", oft fälschlich als *Walhalla* bezeichnet. Festsaal in Odins Burg, in der nordischen Mythologie der Ruheort der in einer Schlacht gefallenen Krieger, welche sich als besonders tapfer ausgezeichnet haben.

Weihrauch

Abgeleitet vom althochdeutschen *wîhrouch*, „weihender Rauch". Zum Räuchern verwendete Harze des Baumes aus der Familie der Balsambaumgewächse, *Burseraceae*, der Gattung *Boswellia*, welcher in sechs Arten in den Trockengebieten um das Horn von Afrika, in Arabien und Indien gedeiht.

Weihwasser

Wasser, über welchem von einem Priester ein Segensgebet gesprochen wurde und dem Salz und meist auch mit einem Duftstoff versetztes Salböl, Olivenöl, beigemischt wird. Der Ursprung findet sich in der antiken Lustration, der feierlichen Waschung zur Reinigung und Sühnung, beispielsweise dem „Waschen der Hände in Unschuld", und wird auf die rituelle Befreiung von negativen Mächten zurückgeführt.

Widukind

Lebensdaten unbekannt. Westfälischer Sachsenführer im Range etwa eines Herzogs, der zwischen 777 und 785 mit zunächst bemerkenswertem Erfolg den Widerstand in den Sachsenkriegen gegen Karl den Großen leitete. Wurde im Jahr 785, wahrscheinlich in der Pfalz von Attigny in der französischen Champagne, getauft. Das weitere Schicksal ist unbekannt.

Winckler, Hugo

Hugo Winckler, geboren am 4. Juli 1863 in Gräfenhainichen, Sachsen-Anhalt; gestorben am 19. April 1913 in Berlin. Professor für Orientalische Sprachen an der Universität Berlin, welcher bereits 1907 bei der Untersuchung der Amarna-Briefe das „verlorene" Reich der Hurriter als das „Reich von Mittani", das Reich des Briefsenders *tu-uš-e-rat-ta*, erkannte.

Wintersonnenwende
Zeitpunkt der geringsten Mittagshöhe der Sonne auf der Nordhalbkugel der Erde am 21. oder 22. Dezember. Danach werden die Tage bis zur Sommersonnenwende wieder länger.

Wright, William
William Wright; geboren 1830; gestorben 1889; britischer Orientalist.

Würfelturm
Lateinisch *turricula*; hohles Türmchen aus Holz, Elfenbein oder Metall, welches zum Schutz vor Betrug den Wurf beim Würfelspiel ersetzt. Die oben eingeworfenen Würfel rollen über Stufen und schiefe Ebenen nach unten und verlassen den Turm durch eine Öffnung an der Vorderseite.

Yangzi
Auch Jangtse, Yangtse oder Chang Jiang; mit 6380 Kilometer der längste Fluß Chinas, von denen nur rund 2800 Kilometer schiffbar sind; längster Fluß Asiens und nach Nil und Amazonas drittlängster Strom der Welt. Quellgebiet im tibetischen Qinghai-Plateau, Mündung bei Schanghai ins Ostchinesische Meer.

Yggdrasil
In der nordischen Mythologie der Name der Weltenesche, welche den gesamten Kosmos verkörpert.

Zeus
Oberster olympischer Gott in der griechischen Mythologie. Sohn des Kronos und der Rhea.

Zoomorph
Tierisch durchdrungen.

Bibliographie

Alighieri, Dante; Die göttliche Komödie; Aus dem Italienischen von Philates (König Johann von Sachsen); Diogenes Verlag AG Zürich; 1991

Allan / **Schiff**, Herbert / **Kramer**, Gert G.; Falsche Geister, echte Schwindler – Geisterjagd durch drei Jahrhunderte; Paul Zsolnay Verlag Gesellschaft m. b. H., Wien / Hamburg; 1969

Behn, Friedrich; Ausgrabungen und Ausgräber; 2., vermehrte Ausgabe; W. Kohlhammer Verlag, Stuttgart; 1961

Bonnet, Hans; Lexikon der ägyptischen Religionsgeschichte; Nikol Verlagsgesellschaft mbH & Co.KG, Hamburg; 2000

Childe, Gordon V.; Soziale Evolution; Suhrkamp Taschenbuch Wissenschaft 115, Suhrkamp Verlag Frankfurt am Main; 1975

Demurger, Alain; Die Templer, Aufstieg und Untergang 1120 – 1314; Verlag C.H. Beck, München; 2005

Demurger, Alain; Der letzte Templer – Leben und Sterben des Großmeisters Jacques de Molay; Deutscher Taschenbuch Verlag GmbH Co.KG, München; 2007

Edzard, Dietz Otto; Geschichte Mesopotamiens – Von den Sumerern bis zu Alexander dem Großen; Verlag C.H. Beck oHG, München; 2004

Eisenmann, Robert / **Wise**, Michael; Jesus und die Urchristen – Die Qumran-Rollen entschlüsselt; C. Bertelsmann Verlag GmbH, München; 1993

Eliade, Mircea; Die Schöpfungsmythen; Patmos Verlag GmbH & Co. KG, Düsseldorf; 2002

Fabianis, Valeria Manferto De (Hrsg.) / **Bourbon**, Fabio (Hrsg.); Archaeologica – Die große Enzyklopädie der untergegangenen Kulturen; White Star S.p.A, Vercelli, Italien; 2008

Finkelstein, Israel / **Silberman**, Neil A.; David und Salomo – Archäologen entschlüsseln einen Mythos; Verlag C.H. Beck oHG, München; 2006

Finkelstein, Israel / **Silberman**, Neil Asher.; Keine Posaunen vor Jericho – Die archäologische Wahrheit über die Bibel; Verlag C.H. Beck oHG, München; Sonderausgabe 2006

Freedmann, David N.; The Anchor Bible Dictionary, Band I; The Bantam Dell Publishing Group, New York; 1998

Freydank, Helmut / **Reincke**, Walter F. / **Schetelich**, Maria / **Thilo**, Thomas; Der Alte Orient in Stichworten; Koehler & Amelang (VOB), Leipzig; 1978

Galil, Gershon; The Chronology of the Kings of Israel and Judah; Brill Academic Publishers, Leiden u. Boston; 1996

Glyn, Daniel (Hrsg.) / **Rehork**, Joachim (Hrsg.); Enzyklopädie der Archäologie; Nikol Verlagsvertretungen GmbH, Hamburg; 1980

Gorys, Andrea; Wörterbuch Archäologie; Marix Verlag GmbH, Wiesbaden; 2004

Hamblin, William J. / **Seely**, David R.; Salomos Tempel - Mythos und Geschichte des Tempelberges in Jerusalem; Belser AG für Verlagsgeschäfte & Co. KG, Stuttgart; 2007

Haussig, Hans Wilhelm (Hrsg.); Wörterbuch der Mythologie - Erste Abteilung - Die alten Kulturvölker - Band I - Götter und Mythen im Vorderen Orient; Ernst Klett Verlag, Stuttgart; 1965

Helck, Wolfgang / **Otto**, Eberhard; Kleines Lexikon der Ägyptologie; Harrassowitz Verlag, Wiesbaden; 1999

Heller, Peter W.F.; Ärzte, Magier, Pharaonen – Mythos und Realität der altägyptischen Medizin; Engelsdorfer Verlag, Leipzig; 2008

Heller, Peter W.F.; Schelte für das Christentum – Frommer Schwindel, echter Glaube; Engelsdorfer Verlag, Leipzig; 2008

Heller, Peter W.F.; Die Spur des Allerheiligstens – Auf der Suche nach der Bundeslade; Engelsdorfer Verlag, Leipzig; 2009

Herodot; Historien; Übers. u. Hrsg. H. W. Haussig; Alfred Kröner Verlag Stuttgart; 1971

Janowski, Bernd (Hrsg.) / **Wilhelm**, Gernot (Hrsg.); Texte aus der Umwelt des Alten Testaments, Neue Folge, Band 1, Texte zum Rechts- und Wirtschaftsleben; Gütersloher Verlagshaus, Gütersloh; 2004

Janowski, Bernd (Hrsg.) / **Wilhelm**, Gernot (Hrsg.); Texte aus der Umwelt des Alten Testaments, Neue Folge, Band 2, Staatsverträge, Herrscherinschriften und andere Dokumente zur politischen Geschichte; Gütersloher Verlagshaus, Gütersloh; 2005

Kasser, Rodolphe / **Meyer**, Marvin / **Wurst**, Gregor; Das Evangelium des Judas; National Geographic, Washington DC; White Star Verlag GmbH, Wiesbaden; 2006

Kelly, John N.D.; Reclams Lexikon der Päpste, 2. aktualisierte Auflage; Philipp Reclam jun. Stuttgart; 2005

Knapp-Menzl, Klemens; Mönchtum an Donau und Nil – Severin von Norikum und Schenute von Atripe. Zwei Mönchsväter des fünften Jahrhunderts; Druck- und Verlagshaus Thaur GmbH, Thaur bei Innsbruck; 1997

Knudtzon, Joerg Alexander (Hrsg.); Die El-Amarna-Tafeln, Lieferung 7-9; Elibron Classics Replica Edition der von S. C. Hinrichs, Leipzig, 1908 publizierten Originalausgabe, Adamant Media Corporation, Boston, USA; 2006

Knudtzon, Joerg Alexander (Hrsg.); Die El-Amarna-Tafeln, Lieferung 13-15; Elibron Classics Replica Edition der von S. C. Hinrichs, Leipzig, 1911 publizierten Originalausgabe, Adamant Media Corporation, Boston, USA; 2006

Körtner, Ulrich / **Leutzsch**, Martin (Hrsg.); Papiasfragmente, Hirt des Hermas; Schriften des Urchristentums 3; Wissenschaftliche Buchgesellschaft, Darmstadt; 1998.

Kolpaktchy, Gregoire; Das ägyptische Totenbuch; Scherz Verlag, Bern, München, Wien; 2004

Kramer, Heinrich (Institoris) / **Jerouschek**, Günter (Hrsg.); Nürnberger Hexenhammer 1491; Faksimile der Handschrift von 1491 aus dem Staatsarchiv Nürnberg, Nr. D 251; Georg Olms Verlag Hildesheim, Zürich, New York; 1992

Krauss, Rolf; Das Ende der Amarnazeit; Hildesheimer Ägyptologische Beiträge 7; Gerstenberg Verlag, Hildesheim; 1978

Kühn, Herbert; Der Aufstieg der Menschheit; Fischer Bücherei KG, Frankfurt am Main; 1957

Kühn, Herbert; Das Erwachen der Menschheit; Fischer Bücherei KG, Frankfurt am Main; 1958

Kühn, Herbert; Die Entfaltung der Menschheit; Fischer Bücherei KG, Frankfurt am Main; 1958

Lambert, Malcolm; Geschichte der Katharer – Aufstieg und Fall der großen Ketzerbewegung; Wissenschaftliche Buchgesellschaft, Darmstadt; 2001

Lapide, Pinchas; Ist die Bibel richtig übersetzt?; Band 1 und 2; Gütersloher Verlagshaus GmbH, Gütersloh; 2004

Luther, Martin; Die Bibel oder die ganze Heilige Schrift des Alten u. Neuen Testaments nach der deutschen Übersetzung D. Martin Luthers; Privilegierte Württembergische Bibelanstalt, Stuttgart; 1933

Mädler, J. H. von; Der Himmel; B. G. Berendsohn, Hamburg; 1871

Maul, Stefan M. (Übersetzung); Gilgamesch; Verlag C.H. Beck oHG, München; 2007

Morenz, Siegfried; Ägyptische Religion; W. Kohlhammer Verlag, Stuttgart; 1960

Niklitschek, Alexander; Im Zaubergarten der Mathematik; Schlösser Verlag, Braunschweig; 1956

Platon / Wolf, Ursula (Hrsg.); Sämtliche Werke, Band 4, Timaios, Kritias, Minos, Nomoi; Rowohlt Taschenbuch Verlag GmbH, Reinbek bei Hamburg; 2006

Reichholf, Josef H.; Warum die Menschheit sesshaft wurde – Das größte Rätsel unserer Geschichte; S. Fischer Verlag GmbH, Frankfurt am Main; 2008

Schneider; K. / Uspenski, L.; Versiegelt mit sieben Siegeln; VEB F.A. Brockhaus Verlag Leipzig; 1970

Siegmund, Georg (Hrsg); Ecclesia Catholica; Der Exorzismus der Katholischen Kirche; Christiana-Verlag, Stein am Rhein/Schweiz; 2005

Sontheimer, Walther (Hrsg.) / **Ziegler**, Konrat (Hrsg.); Der Kleine Pauly – Lexikon der Antike, Band 1 bis 5; Deutscher Taschenbuch Verlag GmbH & Co. KG, München; 1979

Tuchmann, Barbara; Der ferne Spiegel – Das dramatische 14. Jahrhundert; Claassen Verlag, Düsseldorf; 1987

Uhlig, Helmut; Die Sumerer – Ein Volk am Anfang der Geschichte; Gondrom Verlag GmbH & Co. KG, Bindlach; 1993

Walter, Peter (Hrsg.); Lexikon der Heiligen und Heiligenverehrung. Lexikon für Theologie und Kirche, Band 1-3; Verlag Herder Freiburg im Breisgau; 2003

Warwick, Bray / **Trump**, David; Lexikon der Archäologie, Band 1 und 2; Rowohlt Verlag GmbH, Reinbek bei Hamburg; 1975

Wegner, Marcus; Exorzismus heute – Der Teufel spricht deutsch; Gütersloher Verlagshaus, Gütersloh; 2009

Wilhelm, Gernot; Grundzüge der Geschichte und Kultur der Hurriter; Wissenschaftliche Buchgesellschaft Darmstadt; 1982

Für eine helle Haut wurden Salben mit Alabasterstaub gemischt, was allerdings nur rein äußerlich den Anschein einer weißen Haut bewirkte. Doch gewährte das Steinmehl einen gewissen Sonnenschutz, ähnlich dem in unseren modernen Sonnencremes.

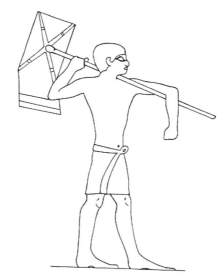

Abb. 18: Sonnenschirm, wie er im Grab des Ti in Saqqara dargestellt ist.

Als Salbengrundlage diente bei der Mehrzahl der Salben Honig, der auch in der heutigen Kosmetik wegen seiner sanften und in die Tiefe der Haut gehenden Wirkung geschätzt wird.

Auch Natronpulver wurde eingesetzt, welches, da es sich in der Salbengrundlage nicht auflösen konnte, seine kristallinische Form behielt und beim Einmassieren wie ein sehr feines Sandpapier die oberste Schicht der Haut von Hornpartikeln befreite. Die im Natronsalz enthaltene Pottasche bildete mit der Hautfeuchtigkeit eine schwache Lauge und öffnete durch Talg verstopfte Poren. Geklärter Rindertalg, vermengt mit Myrrhe, wurde gern als Gesichtscreme benutzt, da es die Haut zur Regeneration anregte.

Emulgatoren waren unbekannt und so gingen ölige und wässerige Zutaten keine stabile Mischung ein, sondern bildeten ein Gemisch, welches sich sehr schnell wieder trennte. Daher mußten solche Kosmetika direkt nach dem Zubereiten aufgetragen werden, was auch der Entfaltung der anderen Bestandteile und damit der Haut zu Gute kam.

Auch wenn neben Priestern und Ärzten ein Großteil der Bevölkerung das kahlgeschorene Haupt bevorzugte und Perücke trug, war die natürliche Kahlheit nicht sonderlich beliebt:

> Ein anderes Heilmittel für das Wachsenlassen der Haare eines Kahlen.
> Fett des wilden Löwen 1; Fett des Nilpferds 1; Fett des Krokodils 1; Fett des Katers 1; Fett der Schlange 1; Fett des Steinbocks 1; werde zu einer Masse gemacht; werde der Kopf des Kahlen damit gesalbt.

Über das Sexualleben der Alten Ägypter außerhalb des Königshofes ist relativ wenig bekannt. In den Tempeln und Gräbern wird meist nur das in Treue verbundene Ehepaar abgebildet, wie es in Baulichkeiten dieser Art auch nicht anders zu erwarten ist. Gelegentlich werden Tänzerinnen oder Musikantinnen gezeigt, teils mit, teils ohne Weinreben und Getränke, doch hier bleibt es bei Tanz und Musik, wenn auch nicht immer bei züchtiger Bedeckung.

In einigen handwerklichen Berufen, von den gewerblichen Liebesdiensten einmal abgesehen, wurde aus praktischen Gründen nackt gearbeitet. So sind zum Beispiel auf einem Relief in einem Grab in Meir aus der 12. Dynastie Bootsbauer bei der Fertigung eines Papyrusnachens zu sehen, die ihrem Handwerk völlig unbekleidet nachgehen. Ebenso bloß ist im Kairoer Museum auf dem Fragment einer Grabwand aus dem Alten Reich ein Helfer dargestellt, der mit hochgeschlagenem Schurz versucht, ein hornloses Opferrind niederzuwerfen. Ansonsten hielt sich die Männerwelt gern bedeckt.

In der Götterwelt ging es da schon etwas freier zu; der erigierte Penis des göttlichen Osiris wird nicht als anstößig empfunden und gilt als Beweis der unversehrten Wiedergeburt und Fruchtbarkeit. Gott Min, der Schutzherr der östlichen Wüstenstraßen, wird grundsätzlich nur mit hervorgereckter Männlichkeit dargestellt, deren imposante Länge er stolz mit der linken Hand umfaßt. Auch Geb wird nackt auf der Erde ausgestreckt gezeigt, doch halten sich hier die Proportionen im Normalmaß.

Die Götter hatten in Sachen Vaterschaft meist dann herzuhalten, wenn es galt, den König in seiner nicht von Geburt an bestimmten Göttlichkeit zu bestätigen. In einer Urkunde aus dem Mittleren Reich wird beschrieben, wie es zur Zeugung des Pharaos durch Gott Amun kam:

> Sie erwachte wegen des Geruchs des Gottes; sie lächelte angesichts Seiner Majestät. Er ging sogleich zu ihr, er wurde brünstig gegen sie, er gab sein Herz in sie, er ließ sie ihn sich sehen in seiner Gestalt des Gottes, nachdem er vor sie gekommen war, indem sie jauchzte beim Anblick seiner Schönheit; seine Liebe ging in ihren Leib.

In bürgerlichen Kreisen war die Schwängerung der Gattin durch Außenstehende verpönt, selbst wenn sich diese als Gott vorstellten und nach vollbrachter Tat schleunigst wieder empfahlen. Eine Ausnahme wurde nur bei unfruchtbaren Ehegatten im Rahmen des Tempelschlafes geduldet.

Aus der Überlieferung ist bekannt, daß die Ägypter den weltlichen Freuden und vor allem den fleischlichen Genüssen durchaus zugetan waren. Der hieraus resultierende Kindersegen war in der ehelichen Beziehung gern gesehen, wurde aber von allen Beteiligten weitaus weniger geschätzt, wenn er außerhalb zustande kam.

Als Präservative wurden Schweineblasen und essiggetränkte Hüllen aus feinem Leinen oder dünnem Leder verwendet, die allerdings erst mit den späten Griechen und Römern nach Ägypten kamen und dem Lustgewinn auf Grund von Material und Form nicht sonderlich zuträglich gewesen sein können.

Zu pharaonischen Zeiten wurde die Nachfrage nach empfängnisverhütenden Mitteln durch die Ärzte befriedigt, die allerlei Rezepturen für diesen Zweck bereithielten. So wird zum Beispiel im Papyrus Ebers eine Mixtur aus den uns unbekannten *q33*-Teilen der Dornakazie, aus Johannisbrotfrucht, Datteln und Honig empfohlen, die gut zerrieben und gemischt auf einen kleinen Lappen gegeben und mit diesem zusammen in die Vulva eingebracht wird. Dieses Mittel soll eine Wirkungsdauer zwischen 12 Monaten und drei Jahren haben. Als sicher kann nur angenommen werden, daß Honig und Datteln den Muttermund verklebten und damit das Eindringen der Spermien in die Eierstöcke erschwert und eventuell sogar ganz verhindert haben. Ob die Wirkungsdauer tatsächlich zutrifft, ist allerdings mehr als fraglich.

War nicht verhütet worden oder das Mittel unwirksam, blieb nur noch eine Unterbrechung der Schwangerschaft. Die dafür zusammengestellten Rezepte lesen sich mehr als abenteuerlich, doch sollte niemand voreilig den Stab über den altägyptischen Ärzten brechen, bevor diese Arzneien nicht von Pharmazeuten und Medizinern genau untersucht und die zum Teil noch unbekannten Wirkstoffe identifiziert worden sind. Es ist durchaus möglich, daß die „Heilmittel für das Verlassen, daß alles abgeht, das im Leibe einer Frau ist" wirksamer waren, als wir heute annehmen. So soll die zerriebene Scherbe eines speziellen Tongefäßes mit dem heute noch nicht erkannten Öl/Fett erwärmt und in die Vulva der Betroffenen eingegossen werden, um einen Abort hervorzurufen. Die gleiche Wirkung versprach man sich von Sirup aus entkernten Datteln, der mit Natronsalz gekocht und dann handwarm getrunken werden musste.

Die ägyptische Heilkunst brachte Instrumente hervor, die in der Mehrzahl auch nach heutigem Begriff durchaus modern anmuten. Zwar gab es keine Materialien wie Titan oder rostfreien Stahl, doch die aus Kupfer und Bronze hergestellten Werkzeuge verdienen in jedem Fall die Prädikate „Hochwertig" und „Präzise" (Abb. 19). Sie weisen so gut wie keinen Zierat auf und die in anderen Bereichen für den Ägypter so wichtige Ästhetik sowie der Einschluß des Religiösen ist der Funktion untergeordnet.

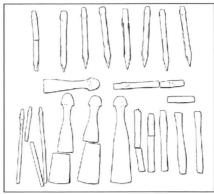

Abb. 19: Kupferne Schaber, Messer, Meißel und Lanzetten; chirurgische Instrumente der 5. und 6. Dynastie aus dem Grab des Arztes Qar in Saqqara und im dortigen Imhotep-Museum ausgestellt.

Das ärztliche Instrumentarium war ebenso vielseitig wie hoch entwickelt. Skalpelle gab es mit Klingen aus Kupfer oder Bronze, später auch aus Eisen. Für besonders scharfe Schnitte wurde ein dolchähnliches Messer mit einer Klinge aus Obsidian oder Feuerstein benutzt, welche in einen Griffknebel aus Elfenbein, Holz, Kupfer oder Bronze eingelassen war. Zur Öffnung von Geschwülsten nahm man das eingespannte Blatt der Binse, dessen scharfer Rand einen besonders sanften und feinen Schnitt möglich machte.

Die Meißel für das Öffnen des Mundes bei einer akuten Kiefernsperre waren aus Zedernholz geschnitzt; Brandblasen wurden mit einem Dorn der Dornakazie punktiert.

Auffallend ist eine gewaltige Schere, wie sie in dieser Art noch heute zum Schafscheren benutzt wird. Die über einen federnden Bogen miteinander verbundenen Scherblätter waren zum Durchtrennen von Leinenbinden gedacht.

Vom selben Autor im Engelsdorfer Verlag erschienen:

Peter W.F. Heller

Ärzte, Magier, Pharaonen

Mythos und Realität
der altägyptischen Medizin

Engelsdorfer
VERLAG

Der Kot von Mensch und Tier als Heilmittel? Tote Mäuse als Arznei für sterbende Kinder? Spannend und unterhaltsam beschreibt P.W.F. Heller die vielfältigen Facetten der altägyptischen Heilkunst sowie detailliert die Ausbildung der Priester und Ärzte, ebenso die Elemente ihres Wirkens wie Magie, Traumdeutung und Astronomie. Mit verwandten kulturgeschichtlichen Themen wie Religion und Gesellschaft verleiht Heller dem Panorama eines der interessantesten Bereiche der altägyptischen Kultur lebendige Gestalt.

Ärzte, Magier, Pharaonen – Mythos und Realität der altägyptischen Medizin
Sachbuch, ca. 360 Seiten, zahlr. sw-Abb., Paperback, 16,00 Euro [D]
ISBN-13: 978-3-86901-037-3- Engelsdorfer Verlag (2008)

Das Versprechen, mit dem das Christentum erfolgreich zur Eroberung der Welt antrat, ist subtil und traf den Nerv des in Kämpfende, Betende und Arbeitende aufgeteilten Früh- und Hochmittelalters. Zum einen bestand es in der Aussage, daß vor Gott alle Menschen gleich sind, wobei Kleriker und Adelige etwas gleicher sind, und zum anderen, daß irdisches Leiden mit himmlischer Seligkeit belohnt wird. Letzterem kam unerhörte Bedeutung zu, mußte die arbeitende Klasse doch nicht nur sich selbst, sondern auch die beiden anderen ernähren.

Die etwas unausgewogene Gleichheit zwischen Gemeinen auf der einen und Klerus und Adel auf der anderen Seite, wurde mit der Einsetzung des Königs durch Gott und dessen Salbung durch den Klerus legitimiert. Dieses Postulat beinhaltet, daß das Vergießen von Königsblut dem von Gottesblut und damit einem Sakrileg gleichkommt und machte die neue Religion für jeden Regenten zu einer höchst interessanten Angelegenheit.

Daß man sich eines Königs auch ohne Blutvergießen auf mortale Weise entledigen kann, zeigt das Beispiel Eduards II., von 1307 bis 1327 König von England und Wales. Eduard, mehr gutgebauten Knaben als der Damenwelt und seiner Gattin Isabella zugetan, wurde 1326 von unzufriedenen Adligen, allen voran die eigene Gattin und ihr Favorit Roger Mortimer, gefangen genommen und in den Kerker von Berkley Castle gesperrt. Zwar verzichtete er im Januar 1327 zu Gunsten seines Sohnes Eduard auf den Thron, doch war dies Isabella nicht Garantie genug. So wurde er im September von zwei Gefängniswärtern gepackt und bäuchlings niedergehalten, während ihm ein dritter einen Trichter zwischen die Hinterbacken schob und heißflüssiges Blei in die Gedärme füllte. Diese Behandlung überlebte der abgedankte Monarch nicht. - Er verschied, ganz ohne Blutverlust.

Die Worte des Paulus in seinem Brief an die Römer müssen den Herrschenden im wahrsten Sinne des Wortes wie eine Offenbarung geklungen haben:

> Jedermann sei untertan der Obrigkeit, die Gewalt über ihn hat. Denn es ist keine Obrigkeit ohne von Gott; wo aber Obrigkeit ist, die ist von Gott verordnet.
>
> Wer sich nun der Obrigkeit widersetzt, der widerstrebt Gottes Ordnung; die aber widerstreben, werden über sich ein Urteil empfangen.
>
> Denn die Gewaltigen sind nicht den guten Werken, sondern den bösen zu fürchten. Willst du dich aber nicht fürchten vor der Obrigkeit, so tue Gutes, so wirst du Lob von ihr haben.
>
> Denn sie ist Gottes Dienerin dir zugut. Tust du aber Böses, so fürchte dich; denn sie trägt das Schwert nicht umsonst; sie ist Gottes Dienerin, eine Rächerin zur Strafe über den, der Böses tut.
>
> Darum ist's not, untertan zu sein, nicht allein um der Strafe willen, sondern auch um des Gewissens willen.

Paulus beläßt es nicht dabei, die „Obrigkeit", also Klerus, Adel und die von diesen Beauftragten, mit göttlicher Autorität zu versehen, er belegt auch gleich die Steuern und Abgaben als von Gott gewollt:

> Derhalben müßt ihr auch Schoß geben; denn sie sind Gottes Diener, die solchen Schutz sollen handhaben.
>
> So gebet nun jedermann, was ihr schuldig seid: Schoß, dem der Schoß gebührt; Zoll, dem der Zoll gebührt; Furcht, dem die Furcht gebührt; Ehre dem die Ehre gebührt.

Als praktisch erwies sich der Umstand, daß der jeweilige Souverän entschied, was sein Volk zu glauben hatte und so galt die Missionierung des Oberhauptes als vorrangig.

In Rom führte die zunächst heimlich praktizierte Religion zu einigen Kuriositäten. So ließen Römer im Sinne der christlichen Brüderlichkeit ihre Sklaven frei, welche sich urplötzlich völlig mittellos und ohne ein Dach über dem Kopf auf der Straße wiederfanden. Auch der ehemalige Besitzer wurde durch diesen Akt der Nächstenliebe frei, nämlich von der Verpflichtung für Kost und Logis dieser vormaligen „Mitarbeiter" aufkommen zu müssen.

Der „heidnische" Frosch Chlodwigs I. wurde nach der im Jahre 496 gewonnenen Schlacht bei Zülpich zur stilisierten Lilie umgearbeitet, die seither das Wappen des französischen Königshauses bestimmt.

In der Frühzeit des mitteleuropäischen Christentums, zur Zeit Karls des Großen, war die Unantastbarkeit der Königswürde allerdings kein besonders gutes Argument, mußte doch selbst der Papst im „heiligen" Rom um sein Leben bangen. Ebenso wenig versprach das Lieben der Feinde oder das Hinhalten der anderen Wange nach einer Ohrfeige Aussicht auf missionarischen Erfolg. Der Hebel mußte daher anders angesetzt werden.

Die frühen Könige Mittel- und Nordeuropas waren gewählte Könige oder Stammeshäuptlinge, die im Zweikampf andere Häuptlinge besiegt und deren Stämme übernommen hatten und dadurch in den Königsrang erhoben worden waren. Da mit einer Herausforderung jederzeit gerechnet werden mußte, waren die Stammesführer meist starke Kämpfer; keine Position also für körperlich schwache oder mit einem Leiden behaftete Männer. So stand beim Ableben eines Fürsten oder Königs folgerichtig die Wahl eines neuen Anführers an, was nach altem Brauch jede dynastische Nachfolge ausschloß, sehr zum Verdruß manch königlichen Vaters.

In der christlichen Sicht wurde die Königswürde jedoch von Gott verliehen, die Prominenz königlichen Blutes war also göttlichen Ursprungs. Da dieses gottgegebene königliche Blut, gleich den physiognomischen Eigenheiten, an die Nachkommen weitergegeben wurde, mußte auch die Thronfolge durch den eigenen Nachwuchs im göttlichen Sinne und von göttlicher Natur sein.

Das war ein Argument, welches bei vielen Herrschenden ein offenes Ohr fand und entscheidend zur Etablierung der neuen Religion beitrug.

So hätte Childerich I. vom Stamme der Sugambrer, König der Salfranken und Stammvater des Merowingergeschlechts, seine Königswürde gerne an seinen Sohn weitergegeben. Eine Königswahl entschied jedoch anders und so konnte in der direkten Linie erst wieder sein Enkel Chlodwig I. das gerade entstandene Frankenreich von 482 bis 511 lenken.

Chlodwigs Wappentier war der Frosch, Hinweis auf die innige Verbundenheit mit einer Wassergottheit. Nach der wahrscheinlich 496 empfangenen Taufe im Anschluß an die für Chlodwig siegreich ausgegangene Schlacht bei Zülpich galt es nun, Unmengen heidnischer Frösche durch ein unverfänglicheres Symbol zu ersetzen. Dies ließ sich am einfachsten durch das Umwandeln in eine nahezu deckungsgleiche, stilisierte Lilie bewerkstelligen, welche seither das Wappen des französischen Königshauses bestimmt. Ob nun die Kreativität eines unbekannten königlichen Hofmalers oder das „Lilienwort" des Matthäusevangeliums den Anstoß gab, entzieht sich der geschichtlichen Überlieferung.

Legitimiert durch die Annahme des Christentums, teilt Chlodwig das Reich unter seinen vier Söhnen auf. Nach dem Aussterben dreier Linien fiel das gesamte Reich Chlothar I. zu, welches er von 558 bis 561 regierte.

Auch die Kronen der Herrscher blieben von der Christianisierung nicht verschont. Der umlaufende Reif, teils mit, teils ohne Bügel, war meist von Zacken gekrönt; Wolfszähnen nachempfunden und Zeichen der Stärke und Macht. Den Wolf ließ man im Schafspelz verschwinden, indem die Zacken durch Kreuze oder dreigefingerte Dolden ersetzt wurden, letztere als Symbol der Heiligen Dreifaltigkeit.

Die Insignien der Macht waren und sind bei allen gekrönten Herrschern Europas seit Karl dem Großen nahezu gleich; sie bestehen aus Krone, Zepter und Reichsapfel, wobei das Zepter gelegentlich und der Stimmung entsprechend gegen ein Schwert ausgetauscht wird.
Bildliche Darstellungen von Karl dem Großen sind nicht überliefert, zumindest keine von zeitgenössischen Künstlern gefertigten. Als realistisch wird gern das imposante Gemälde des Kaisers von Albrecht Dürer vorgezeigt, doch kann es mit dem Realismus nicht weit her sein, da der Nürnberger Maler mehr als 600 Jahre später lebte und ihm als Vorlage lediglich seine Phantasie zur Hand ging. Und die sagte ihm, daß bei Karl ein Schwert angebrachter war als das Zepter, führte der doch den Beinamen „Sachsenschlächter".
Gewiß gibt es Ausnahmen; so ließ sich Kaiser Friedrich II. lieber mit einem seiner Falken als mit den unhandlichen und schweren Utensilien abbilden, welche er gewißlich nicht als Garanten seiner Macht betrachtete. Der Kaiser, oft auch als *stupor mundi*, das Erstaunen der Welt, bezeichnet, empfand das Schwert mehr als ein notwendiges Übel denn Regierungsinstrument und bevorzugte zur Durchsetzung seiner Interessen seinen regen Verstand; geheime Verhandlungen mit Sultan Al-Kâmil führten 1228 zur kampflosen und feierlichen Übergabe Jerusalems an Friedrich II.
Die Staffage mit Krone, Zepter und Reichsapfel ist mitnichten ein auf das Mittelalter beschränktes Krönungsritual geblieben, vielmehr wird es auch in der Neuzeit zelebriert, so sich denn eine Möglichkeit bietet.

Vom selben Autor im Engelsdorfer Verlag erschienen:

Peter W.F. Heller

Schelte
für das
Christentum
Frommer Schwindel, echter Glaube

Engelsdorfer VERLAG

Christliche Symbole und Rituale erweisen sich als höchst heidnischen Ursprungs, Reliquien als grobe Fälschungen.

Es gibt Heilige, die niemals heilig gesprochen wurden und Wunder, die keine sind.

Ob der Apostel Petrus in Rom zu Tode kam und ob er überhaupt jemals in Rom war, ist mehr als fraglich.

Und warum konnte sich das Christentum als dominante Religion in Europa etablieren?

Schelte für das Christentum – Frommer Schwindel, echter Glaube
Sachbuch, ca. 420 Seiten, zahlr. sw-Abb., Paperback, 16,00 Euro [D]
ISBN-13: 978-3-86901-004-5 - Engelsdorfer Verlag (2008)

Nachdem der Feldherr Titus Flavius Vespasianus im Frühjahr des Jahres 70 nach weniger als vierwöchiger Belagerung die Mauern im Norden, Westen und Süden Jerusalems durchbrochen hat, halten die innere Stadt und der Tempel noch bis in den August hinein dem Ansturm der vier römischen Legionen stand.

Als die letzten Bastionen gestürmt und die halbverhungerten Verteidiger erschlagen sind, wird der jüdische Tempel geplündert, in Brand gesteckt und bis auf die Grundmauern zerstört.

Die Beute ist so gewaltig, daß mit ihr das größte Amphitheater der Welt, das Kolosseum in Rom, finanziert werden kann, wie es eine unlängst gefundene Inschrift bezeugt:

IMPERATOR VESPASIANUS AUGUSTUS
AMPHITHEATRUM NOVUM EX MANUBIS FIERI IUSSIT
(Kaiser Vespasian Augustus ließ das neue Amphitheater aus der Beute errichten.)

Kaiser Vespasian, Titus' Vater, gewährt dem siegreichen Feldherrn den Triumph, den festlichen Einzug unter dem Lorbeerkranz in Rom, gehuldigt von Volk und Senat, geehrt vom Kaiser.

Als Vespasian am 23. Juni 79 im kampanischen, für sein heilsames Wasser bekannten Aquae Cutiliae stirbt, besteigt Titus am nächsten Tag den Kaiserthron. Zwei Jahre später, am 13. September 81, verscheidet auch er, ebenfalls in Aquae Cutiliae und in der Villa seines Vaters.

Erst unter seinem Bruder und Nachfolger Domitian wird ihm zwischen dem Forum Romanum und dem Kolosseum zur Erinnerung an die Unterwerfung Judäas vom Senat und Volk Roms ein Triumphbogen aus pentelischem Marmor gestiftet.

Im südlichen Teil des inneren Gewölbes zeigt ein Relief, wie die Beute-stücke aus dem Jerusalemer Tempel in feierlicher Prozession durch das Siegestor getragen und zur Schau gestellt werden, der Schaubrottisch, die Silbertrompeten und die Menora, der siebenarmige Leuchter.
Was fehlt, ist die Bundeslade, das Heiligste des Judentums.
Verbrannte sie, ging sie mit dem Tempel unter? Wurde sie vor dem Fall Jerusalems an einem geheimen Ort versteckt? Oder wurde sie bereits 600 Jahre zuvor vom babylonischen König Nebukadnezar vernichtet?
Die Suche nach der Bundeslade beginnt mit der frühesten Spur, nieder-geschrieben im Alten Testament der Bibel, mit dem Auszug der Kinder Israel aus Ägypten, als am Nil die Pharaonen herrschten.

Ein Relief im inneren Gewölbe des Titusbogens zeigt, wie die Beutestücke aus dem Jerusalemer Tempel durch das Siegestor getragen werden.

Der Exodus begann aller Erkenntnis nach um 1215 v. Chr., zur Regierungszeit des Pharaos Merenptah, des vierten Herrschers der 19. Dynastie, Nachfolger Ramses' II.

Aus der vermuteten Epoche des Exodus' ist ein Name überliefert, dessen Träger semitischer Herkunft ist und der als Diplomat unter Ramses II. und dem nachfolgenden Merenptah die Interessen Ägyptens gegenüber den Stämmen der Beduinen vertreten hat: *Ramsesemperre*, „Ramses im Haus des Ra".

Als Pharao Merenptah Jerusalem und das Land Kanaan erobert hat, könnte sich Mose eine entsprechende Position eben dort erbeten haben, die ihm verweigert wird. Die Folge ist, daß Mose sich mit zwölf in Ägypten siedelnden Stämmen verbündet, um auf eigene Faust seinen Anspruch im militärisch geschwächten Kanaan durchzusetzen.

Doch gibt es weder einen wissenschaftlich haltbaren Beweis für die Identität Ramsesemperres mit Mose noch für dessen Anspruch auf Kanaan.

Auf dem Weg ins Gelobte Land trägt Gott am Berg Sinai dem Anführer Mose auf, ihm eine Wohnung zu bauen, in welcher die von Gott empfangenen Gesetzestafeln fortan Aufbewahrung finden sollen; Maß und Material sind genau vorgegeben:

> Macht eine Lade von Akazienholz; dritthalb Ellen soll die Länge sein, anderthalb Ellen die Breite und anderthalb Ellen die Höhe.

Die ägyptische Königselle, *meh* (*mḥ*), eine andere dürfte den seit Generationen in Ägypten angesiedelten Kindern Israel kaum vertraut gewesen sein, teilt sich in 7 Handbreiten, *schesep* (*šzp*), oder 28 Finger, *djeba* (*ḏbꜥ*), auf und mißt 0,523 m. Demnach war die Lade rund 1,80 m lang, etwa 80 cm breit und ebenso hoch.

Tatsächlich war die gesamte Konstruktion wesentlich höher, denn die Lade wurde noch mit einem oben aufgesetztem Gnadenstuhl gleichen Umfangs, ausgestattet mit zwei goldenen Cherubim, verschlossen.

Die Akazie gehört zu den Hartholzgewächsen, doch ist es nicht diese Eigenschaft, welche sie als Material der Lade prädestiniert. Vielmehr ist es der Umstand, daß der Baum an den Wurzelspitzen Stickstoffknöllchen ausbildet, die ihm ein Gedeihen in ariden, nährstoffarmen Böden, wie dem im Gebiet des Sinai, ermöglichen. Die Akazie war der einzige Baum, der den nomadisierenden Kindern Israel zur Verfügung stand, eine Alternative gab es nicht; die neben der Akazie dominierenden Ginstersträucher und Kapernbüsche sind denkbar ungeeignet.

Doch wer waren diese „Kinder Israel", woher kamen sie und welche Rolle spielte Israel in der ägyptischen Geschichte?

Im Alten Testament taucht die Bezeichnung „Israel" erstmalig im ersten Buch Mose auf. Gott erscheint dem in Kanaan siedelnden Jakob, nachdem ihm dieser einen Altar errichtet hat:

> Also kam Jakob gen Lus im Lande Kanaan, das da Beth-El heißt, samt all dem Volk, das mit ihm war,
> und baute daselbst einen Altar und hieß die Stätte El-Beth-El, darum daß ihm daselbst Gott offenbart war, da er floh vor seinem Bruder.
> Da starb Debora, der Rebekka Amme, und ward begraben unterhalb Beth-El unter der Eiche; und die ward genannt die Klageeiche.
> Und Gott erschien Jakob abermals, nachdem er aus Mesopotamien gekommen war, und segnete ihn
> und sprach zu ihm: Du heißt Jakob; aber du sollst nicht mehr Jakob heißen, sondern Israel sollst du heißen. Und also heißt man ihn Israel.
> Und Gott sprach zu ihm: Ich bin der allmächtige Gott; sei fruchtbar und mehre dich; Völker und Völkerhaufen sollen von dir kommen und Könige sollen aus deinen Lenden kommen;
> und das Land, das ich Abraham und Isaak gegeben habe, will ich dir geben.

Die „Kinder Israel" sind demnach also die Kinder, Nachfahren, des frommen Israel, vormals Jakob, und der Besitzanspruch auf Kanaan leitet sich von den Worten des Gottes ab, der es dem Israel übereignet hat. Zumindest nach der biblischen Schilderung.

Geographisch wird Kanaan von den Ufern des Orontes, des Jordans, des Mittelmeeres und des Toten Meeres sowie Syrien und der Wüste des Sinai begrenzt. Die für den südlichen Teil gebräuchliche Bezeichnung „Palästina" kam erst relativ spät auf; sie leitet sich von den Philistern ab, den *Pelesata* oder auch *Pilisitu*, den Seevölkern, welche sich zwischen dem 12. und 13. Jahrhundert v. Chr. an den südlichen Küsten Kanaans niederließen. Seit dem Mittleren Reich nannten die Ägypter diese Region *Retjenu* (*Rtnw*), in der Bibel wird sie als *Lotanu* bezeichnet.

Bereits zu Zeiten des Ketzerkönigs Amenophis IV., der sich ab etwa 1345 v. Chr. Echnaton nannte, siedelten in der Steppe zwischen Wüste und Fruchtland des westlichen Nildeltas nomadisierende, semitische Stämme.

Doch schon für viel früher, für die vordynastische Zeit, können Wanderbewegungen in das Nildelta mit großer Wahrscheinlichkeit angenommen werden, wenngleich diese Einwanderer nach heutiger Erkenntnis nicht aus Kanaan, sondern aus dem nordarabischen Raum stammen.

Erst zum Ende des Alten Reiches kommt es zu Zuwanderungen aus Kanaan, vermutlich als Folge der Feldzüge, die von den Königen der 5. Dynastie auf kanaanitischem Boden gegen die Beduinen des Sinai geführt worden waren; mit Sicherheit aber als Folge der militärischen Schwächung Ägyptens, verursacht durch Streitigkeiten der ägyptischen Fürstenhäuser um die Macht.

Die Einwanderung hält an, sehr zum Mißfallen der Ägypter. In den sogenannten Lehren, einer besonderen Form der ägyptischen Literatur, ist das Verhältnis der Ägypter zu diesen fremden Völkern oft und ausführlich dargelegt. So sind in der Lehre für König Merikare, wahrscheinlich verfaßt von seinem Vater Cheti III., die wenig herzlichen Zeilen zu lesen:

Gesagt wird dies vom elenden Asiaten...

Vom selben Autor im Engelsdorfer Verlag erschienen:

War die Bundeslade eine Manifestation Gottes oder ein Machtsymbol, eine lebenspendende Maschine oder eine todbringende Waffe? Wurden in ihr tatsächlich die Tafeln mit den Zehn Geboten aufbewahrt?
In welcher Schrift wurden die Gebote in die Tafeln gemeißelt?
Verbrannte Nebukadnezar die Bundeslade bei der Zerstörung des Jerusalemer Tempels? Oder konnte sie gerettet und von Kreuzrittern nach Europa gebracht werden?
Nicht alles erweist sich am Ende als Wahrheit, was man anfangs glaubt zu sehen...

Die Spur des Allerheiligstens – Auf der Suche nach der Bundeslade
Sachbuch, ca. 271 Seiten, zahlr. sw-Abb., Paperback, 14,00 Euro [D]
ISBN-10: 3869015071 - Engelsdorfer Verlag (2009)

Vorankündigung

Vorankündigung
ATLANTIS
Jenseits der Säulen des Herakles

Das Wissen über Atlantis vermittelt der griechische Philosoph Platon in seinem um 360 v. Chr. verfaßten Dialog zwischen Sokrates und Timaios von Lokri sowie im „Kritias", einer fiktiven Diskussion zwischen Sokrates, Timaios, dem athenischen Politiker, Philosophen und Dichter Kritias sowie dem syrakusanischen General und Staatsmann Hermokrates.

Nach Platon war Atlantis ein reicher und übermächtiger Inselstaat, der trotz aller Herrlichkeit innerhalb „eines schlimmen Tages und einer schlimmen Nacht" für immer im Meer versank:

> Indem aber in späterer Zeit gewaltige Erdbeben und Überschwemmungen eintraten, versank, indem nur ein schlimmer Tag und eine schlimme Nacht hereinbrach, eure Heeresmacht insgesamt und mit einem Male unter die Erde, und in gleicher Weise wurde auch die Insel Atlantis durch Versinken in das Meer den Augen entzogen.

Mit Platons Ausführungen beginnt der Archäologe und Autor Peter W.F. Heller sein in Vorbereitung befindliches Werk, in welchem er der sagenhaften Insel Atlantis nachspürt.

Für sagenhaft wurde auch das vom griechischen Dichter Homer in seiner Ilias beschriebene Troja befunden, zumindest bis Heinrich Schliemann im Jahre 1873 der verwunderten Welt mitteilte, Troja im Kern eines Siedlungshügels im türkischen Hisarlik gefunden zu haben.

Beschränkten die Angaben Homers das Suchgebiet auf den östlichen Mittelmeerraum, öffnet Platons Hinweis auf das „Atlantische Meer jenseits der Säulen des Herakles" ein vielfach größeres Feld.

So nimmt es nicht wunder, daß Atlantis an den verschiedensten Stellen lokalisiert wurde; für die einen ist es „unzweifelhaft" die Insel Helgoland in der Deutschen Bucht, für andere die untergegangene Landbrücke zwischen England und dem Kontinent. Als „verdächtig" eingestufte Felsformationen verleiten zur Verlegung des versunkenen Inselreiches in die Nähe der Bahamas, topographische Übereinstimmungen auf den Inselstaat Sri Lanka und Mauerreste an die Küste Westafrikas. Im 17. Jahrhundert wurde Schweden als Atlantis ausgemacht und zum Stammland aller europäischen und asiatischen Völker verkündet. – Die Beweise blieben bislang aus.

Nachgesagt wird den Atlantiden eine ans Wunderbare grenzende Technik. Sie sollen es gewesen sein, die den Alten Ägyptern das für den Pyramidenbau notwendige Wissen hinterlassen haben, die Nutzung elektrischen Stroms eingeschlossen. Die Beweise, „gern von der Wissenschaft unterschlagen", finden sich in Persien und Mexiko sowie an diversen Tempelwänden Ober- und Unterägyptens.
Auch über flugtaugliches Gerät soll Atlantis verfügt haben, bezeugt in der Bibel durch den Flug des alttestamentlichen Propheten Hesekiel.
Der weise König Salomo soll ein solches Fluggerät besessen haben und auch die Bundeslade Moses hat die vorgebliche Entladung ihrer tödlichen Stromschläge atlantidischer Technik zu verdanken.
Die Grundlagen der Bewässerungstechnik, gut für zwei Ernten im Jahr, verdankt die Welt Atlantis.
Nahtlos fügt sich in diese Welt der Wunder ein, daß die Staatsform des Inselreiches ein seither nie wieder erreichtes Ideal darstellt.

Peter W.F. Heller, Archäologe und Autor, ist den Atlantis zugeschriebenen Spuren gefolgt. In ausgewogener Balance zwischen wissenschaftlicher Korrektheit und Allgemeinverständlichkeit legt er die archäologischen Erkenntnisse mit historischen Überlieferungen und Sagen auf die Waagschale.
Nicht immer erweist sich am Ende als Wahrheit, was man anfangs glaubt zu sehen.

Peter W.F. Heller

ATLANTIS
Jenseits der Säulen des Herakles

Engelsdorfer VERLAG